Der Bergbau in Sachsen

Mein besonderer Dank gilt
Herrn Heino Neuber
aus Oelsnitz/Erzgebirge

Der Bergbau in Sachsen

im Spiegel der bergmännischen Tracht

beschrieben und illustriert
von
Eberhard Völker

ISBN 978-3-89772-322-1

Völker, Eberhard
Der Bergbau in Sachsen
im Spiegel der bergmännischen Tracht
1. Aufl. – [Leipzig]: Tauchaer Verlag 2024
ISBN 978-3-89772-322-1

Gestaltung / Layout: Ralf Müller, Leipzig
Druck und Bindung: PBtisk a.s., Příbram

Printed in the EU

www.tauchaer-verlag.de

Inhalt

Das Berggeschrey

Jede Geschichte hat ihre Legenden. Das gilt natürlich auch für die des Bergbaues in dem Gebirge, das nach dem reichen Erzfunden ab den 13. Jahrhundert seinen Namen erhielt. Auch wenn der Bergbau in dieser Gegend viel weiter zurückreicht, begann das große „Berggeschrey“ erst mit den Silberfunden bei Freiberg. Danach soll einst ein Fuhrmann, der sich auf dem Weg nach Böhmen befand, in der Gegend wo später Freiberg entstehen sollte, in der ausgefahrenen Wagenspur ein vom Regen ausgewaschenes glänzendes Stück entdeckt haben. Weil es so schön und so schwer war, warf er es auf dem Wagen und nahm es mit in seine Heimat. Später ergab die Probe, dass es sich um reines Silbererz handelte. Das Silber bei Elterlein habe ein Mönch aus dem Kloster Grünhain entdeckt: Er wollte sich nach dem langen Weg durch den Wald etwas auszuruhen und setzte sich nieder. Dabei stieß er sich jedoch unsanft, so dass er laut aufschrie, und als er nachschaute, fand er eine Zacke von Silber, die aus dem Boden hervorstand.

Von Schneeberg wird berichtet, dass ein Pferd mit dem Huf im Boden scharrte und dabei eine Erzstufe freilegte.

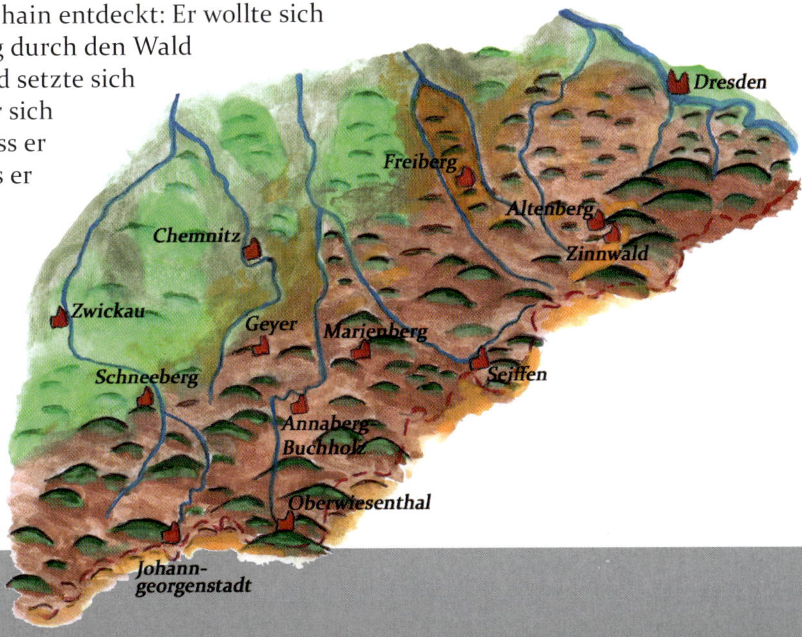

Einen anderen berühmten Gang in der Nähe von Schneeberg soll eine Magd aufgefunden haben, die Gras von der Wiese holte und dabei einen Silberzahn mit der Sichel abhieb.
Auf Zufallsfunde hin wurde natürlich intensiv nach Erzen gesucht. Es entsprach dem Zeitgeist, dass dabei die Wünschelrute eine große Rolle spielte: Um Silber auffinden zu können, musste man von einem Haselstrauch eine einjährige Astgabel schneiden, durch die von Ost und West die Sonne scheinen konnte, – dies geschah um Mitternacht, bei Mondschein und unter besonderen Beschwörungsformeln mit drei Schnitten und den Worten: „Im Namen des Vaters, des Sohnes und des Heiligen Geistes“. Durch den Glauben an ihre Wunderkraft zeigte die Rute, wenn man der aufgehenden Sonne entgegenlief, durch Ausschlagen einen unterirdischen Erzgang an. Bergbaukundige suchten auch nach Weiserpflanzen, die dort wuchsen, wo Erz zu finden war. Aber auch praktische Erfahrungen brachten Erfolge. Kahle steinige Stellen zum Beispiel, auf denen weder Bäume noch Sträucher wuchsen, konnten Ausbisse einer Erzader sein. Durch Zufall fand ein Bergmann das reiche Silbervorkommen von Annaberg, als er sich in einem Bach einen Fisch fangen wollte. Er wühlte dazu mit einem Stock unter dem Wasser, dabei fiel ein Stück vom Uferrand ab und es zeigte sich eine grünliche Erdart. Bei der Prüfung stellte der Bergmann fest, dass diese Erde relativ schwer war und tatsächlich ergab die Probe in Geyer einen reichen Silbergehalt.
Ebenso soll in den Nächten Bergwitterung, die wie brennendes Pulver plötzlich loderte und wieder erlosch, die Ausgänge und Klüfte der Erzadern angezeigt haben. Die Vorkommen um den Pöhlberg und um Scheibenberg sollen auf dieser Art entdeckt worden sein.
Weniger belegt sind dagegen Sagen, die das Fündigwerden nach Träumen oder Visionen nennen. Neben Annaberg wird diesbezüglich von Johanngeorgenstadt berichtet: Ein Köhler sei eingeschlummert, hätte aber plötzlich vom Fastenberg her ein Geläut – einer Stadt würdig – gehört. Ein anderer habe am Himmel über diesem Berg eine Stadt stehen sehen. Aus Überlieferung ähnlicher Vorkommen vor der Gründung von Joachimsthal erwartete man deshalb hier ebenfalls reiche Bodenschätze, die man tatsächlich später auch fand.
Zuerst waren es die Berichte von 1168 über die Silberfunde auf dem Gebiet des späteren Freibergs. Die Nachricht verbreitete sich schnell und viele kamen. Von dort aus begann auch die Suche nach Erzen im „Miriquidi“ – dem Gebiet, das später den Namen Erzgebirge bekam. Bereits vor der Entdeckung der reichen Silbererzgänge wurde dort erfolgreich nach Bodenschätzen geschürft, wie zum Beispiel in Oberschlema nach Kupfererz.
Wem gehörten aber die Erze? Darüber gab es, je nach der Interessenlage, unterschiedliche Vorstellungen. In den alten Bergbaugebieten entwickelte sich die Auffassung, dass die Schätze des

Berges Gemeineigentum seien und damit die Grundeigentümer nicht allein über sie verfügen könnten. Die Erze galten demnach als frei und herrenlos, und jedermann hatte das Recht, nach ihnen zu schürfen. So erwarb er den Bodenschatz als Eigentum. Dieses Gewohnheitsrecht war die eigentliche Bergfreiheit. Beim Grundherrn blieb demnach nur das Recht auf Verleihung eines Grubenfeldes. Die Grundeigentümer ihrerseits meinten natürlich, die Bodenschätze seien ein Teil des Bodens und damit ihr Eigentum. Gleichzeitig bestand auch der König auf dem Bergregal – auch Bergwerksregal –, also auf seiner Verfügungsgewalt über alle edlen Bodenschätze und das Salz als königlichem Recht (Berghoheit). Nur durch seine Freierklärung konnte die Bergfreiheit funktionieren. Allen Parteien ging es um die Beteiligung am Gewinn.
In zahlreichen Verfahren wurde gestritten. Noch 1230 bestätigte der „Sachsenspiegel" die Rechte der Grundherren, doch bald trat das königliche Bergregal in den Vordergrund, wurde allerdings bereits 1356 in der „Goldenen Bulle" endgültig den Kurfürsten überlassen. Diese Landesherren wurden somit zu Bergherren! Übrigens wurden Fürsten und Grundherren immer als solche bezeichnet, der Titel „Bergfürst" stand nur dem Allerhöchsten zu.
Das Bergregal unterteilte sich in das Höhere und das Niedere. Ersteres stand ausschließlich Landesherrn zu und bezog sich auf die Münzmetalle Gold und Silber sowie auf Salz und Edelsteine. Später kamen in Sachsen auch Kobalt und Weiße Erde dazu. Zum niederen Bergregal, das meist dem Grundherren zugestanden wurde, zählten die unedlen Metalle. Als fossiler Bodenschatz fielen die Kohlen meist nicht unter das Bergregal, sie galt einfach nur als Zubehör des Ackers.

Natürlich versuchten die Landesherren im Laufe der Zeit immer wieder, auch den Abbau der niederen Metalle unter ihre Kontrolle zu bringen, denn besonders in ergiebigen Revieren versprach dies große Einnahmen. Das geschah durch Ankauf, Erbschaften oder anderen Möglichkeiten der Übernahme der betreffenden Grundherrschaften. Aber noch bis in die Mitte des 19. Jahrhunderts gab es in Sachsen auf Grundlage der Unterteilung des Bergregals landesherrschaftlichen und grundherrschaftlichen Bergbau.
Um aus dem Bergregal auch Gewinn erzielen zu können, musste der Bergherr erst die Freiheit des Berges verkünden. Das schloss das Recht für jedermann ein, unabhängig vom Grundeigentum im Gebirge nach Erzen zu suchen und nach erfolgreicher Schürfung das Abbaurecht durch Mutung zu erwerben. Dazu gehörte aber auch die Bereitstellung von Grund und Boden für die Besiedlung. Die Bergbauwilligen wurden zudem durch verschiedene Anreize angelockt. Daraus entwickelte sich die ursprüngliche Form des Bergbaues, der Eigenlehnerbergbau. Er hielt sich vereinzelt bis zum Ende des Regalbergbaues im 19. Jahrhundert. Der Begriff der Bergfreiheit bezog sich dabei auch auf die persönliche Freiheit und Unabhängigkeit des Bergmannes.

Zu den Privilegien gehörte, dass die Bergleute nicht zum Militärdienst rekrutiert werden konnten. Weiterhin waren sie von allen bergbaulichen Abgaben befreit und hatten einen eigenen Gerichtsstand in Bergsachen. Ein Vorrecht bestand außerdem darin, dass sie sich durch ihre Kleidung von anderen unterscheiden konnten, woraus sich später die Pflicht zum Tragen der Bergtracht entwickelte. Auch viele Bergorte erhielten Sonderrechte.
Als Gegenleistung forderte der Regalherr in den Anfängen ein Drittel, später den zehnten Teil des geförderten Silbers. Die übrige Ausbeute musste ebenfalls zu festgelegten Preisen abgeliefert werden. In der damaligen Zeit wurde das Silber fast ausschließlich als Münzmetall verwendet, und da das Bergregal mit dem Recht zum Prägen eigener Münzen verbunden war, ergab sich hier für die Landesherren eine zusätzliche Einnahmequelle. Aus der Differenz zwischen dem Aufkaufpreis des Silbers und dem Nennwert der geschlagenen Münzen resultierte der Schlagschatz, der einen fast ebenso hohen Gewinn brachte wie die Zehntenabgabe. Eine Abgabepflicht bestand aber nicht nur bei den edlen Metallen. Für alle anderen wurde nur der normale Zehnt erhoben, der der jeweiligen Grundherrschaft zustand.
Der Abbau der Erze in größeren Tiefen setzte den Eigenlehnern, aber auch den in Genossenschaft arbeitenden Bergleuten schnell Grenzen – Notwendigkeiten, die sie selbst nicht mehr bewältigten konnten. Allein schon für den Abbau in den Gruben und für die Wasserhaltung waren Geldmittel nötig, über die sie nicht verfügten. In dieser Situation half fremdes Kapital, oft von Kaufleuten bereitgestellt. Es entstanden unter behördlicher Kontrolle Gewerkschaften, die die Gruben übernahmen, die nötigen Mittel bereitstellten, aber auch die Gewinne beanspruchten. Die Anteile an einer Fundgrube wurden später auf 128 Kuxe festgelegt, die – heutigen Aktien vergleichbar – frei handelbar waren. Für soziale Zwecke gab es auch zusätzliche Freikuxe, für die kein Kapital eingezahlt werden musste, die aber am Gewinn beteiligt waren. Die Situation der Bergleute änderte sich mit dieser Entwicklung drastisch: Aus freien, selbstständigen Bergknappen wurden Lohnempfänger!
Der Bergbau mit seinen komplizierten Bedingungen verlangte nach einer verbindlichen Ordnung, denn der Bergherr wollte regelmäßigen und möglichst großen Gewinn erzielen. Deshalb hatte er ein natürliches Interesse am ungestörten Abbau und dem Erhalt der Gruben. Dazu gab es für die einzelnen Städte und Gebiete Bergordnungen. Die erste war das Freiberger Bergrecht von 1250. Die verschiedenen Texte mündeten in die allgemeine Kursächsische Bergordnung von 1589. Notwendig war dafür eine Aufsicht über den Erhalt und die Erweiterung der Gruben durch fachkundige Beamte unter der Leitung eines Bergmeisters mit seinem Bergamt. Neben der Sorge für die praktischen Belange oblag den Bergämtern die Führung des Bergbuches und

die Einziehung des Zehnten. Gleichzeitig wurde dort in Bergangelegenheiten Recht gesprochen. Durch dieses Direktionsprinzip behielt der Landesherr die Kontrolle über den Bergbau. Mit dem Beginn des 16. Jahrhunderts hatten sich die Ränge und Funktionen im Behördensystem gefestigt. Am Beispiel der Annaberger Bergordnung von 1509 waren das:

Hauptmann als Vertreter des Landesherrn auf dem Berg und in der Stadt mit Oberaufsicht und Befehlsgewalt. Er überwachte als oberste Rechtsinstanz die Einhaltung der Bergordnung. Erzfunde waren ihm zu melden und er bestätigte oder entließ Schichtmeister. Zudem setzte er zwei Probierer ein. Die Überwachung des Rechnungswesens wie der gesamten Amtsführung gehörten zu seinen Aufgaben. Ihm unterstand ebenfalls das Hüttenwesen, er setzte dazu Abtreiber ein, und nur mit seiner Erlaubnis durfte Silber abgetrieben werden.

Bergmeister als Oberleiter der Produktion. Er erteilte das Recht auf Bergwerkseröffnung, konnte dieses aber auch wieder entziehen. Gleichzeitig war er Mitverwalter des Berg- und des Gegenbuches. Erzfunde mussten auch ihm angezeigt werden, und durch ihn wurden Schichtmeister, Markscheider und Probierer eingesetzt. Mit dem Hauptmann nahm er die Vierteljahresrechnung der Schichtmeister entgegen. Er erteilte Zubußbriefe, wenn die Zechen notwendige Mittel brauchten, ebenso musste er die Aufnahme von Krediten durch die Schichtmeister genehmigen. Bei Streitigkeiten über Stollenvortrieb, Baurechte und ähnliche Beschwerden war er die erste Instanz.

Berggeschworene standen dem Bergmeister zur Seite. Sie beaufsichtigten in seinem Auftrag den Ausbau der Gruben und den Abbau der Erze mit dem Recht, Auflagen zu erteilen. Bei der Schlichtung von Streitigkeiten unterstützten sie den Bergmeister. Obwohl landesherrliche Beamte, wurden sie durch eine besondere Abgabe der Gewerke bezahlt.

Bergschreiber als Zuständige für die Führung des Bergbuches über alle Zechen bezüglich Mutung, Ausmaße, Fristung, Steuern, Schiede usw. Nur die im Bergbuch aufgezeichneten Vorgänge erhielten Rechtskraft.

Gegenschreiber als diejenigen, die das Gegenbuch mit Verzeichnis der Gewerke und ihrer Anteile führten.

Schichtmeister	als von den Gewerken eingesetzte Beamte, die aber vom Hauptmann vereidigt werden mussten, der sie auch absetzen konnte. Sie waren Leiter mehrerer Zechen – nicht mehr als sechs, darunter maximal zwei fündige. Sie erhielten dazu von den Gewerken die Mittel zum Betrieb der Gruben und zur Entlohnung der Belegschaft, mussten aber für selbst verschuldete Schäden aufkommen. Sie kontrollierten die Arbeiten in der Zeche und die Einhaltung der Schichten. Auch berechneten sie die Kosten für die Unterhaltung der Gruben ein Vierteljahr im Voraus, denn wenn die Mittel nicht ausreichten, mussten die Gewerke Zubuße entrichten, um den Ablauf der Arbeiten sicherzustellen.
Steiger	unterstanden dem Schichtmeister und wurden ebenfalls von den Gewerken eingesetzt und vom Hauptmann und dem Bergmeister bestätigt. Sie durften nur auf jeweils einer Zeche arbeiten. Zu ihren Aufgaben gehörte die Ausgabe der Werkzeuge und des Unschlitts, die Anwesenheitskontrolle sowie die Beaufsichtigung der Arbeit mit Weisungsrecht und dem Recht auf Lohnabzug. Nachlässige Arbeiten wurden dabei dem Berechneten gemeldet.
Zehntner	als zur Spitze der landesherrlichen Beamten gehörig mit der Aufgabe, die Silbergewinnung in all ihren Stufen genau zu registrieren. Der Zehntner legte nach Abführung des landesherrlichen Anteils die Höhe der Auszahlung an die Gewerke fest. Dieser Betrag stand jedoch erst den Schichtmeistern zur Verfügung, sofern sie zur Aufrechterhaltung der Gruben Geld benötigten.
Austeiler	empfingen vom Zehntner den Überschussanteil am Gewinn und verteilten ihn an die beteiligten Gewerke, jedoch erst einige Zeit nach der Vierteljahrsrechnung.

Die äußere Erscheinung der Bergleute richtete sich zwar nach der Mode der Zeit, hatte aber typische Besonderheiten, die sich aus den Arbeitsbedingungen unter und über Tage ergaben. Das war einmal die weiße Gugelhaube als Kopfschutz und zum anderen das Arschleder sowie oft auch noch die Kniebügel. Die Berufsbekleidung der Schmelzer bestand aus einem langen, weißen Hemd, das Funken und Metallspritzer vom Körper fernhielt. Zur Zeit des großen Berggeschreys gab es auch noch viele Frauen auf den Gruben. Sie verrichteten vor allem Klaubearbei-

Bergvolk des 16. und 17. Jahrhunderts

Bergknappen *Markscheider* *Probierer* *Schmelzer* *Erzfrau* *Bergschreiber*

um 1550

ten auf der Scheidebank und trugen die übliche Tracht. Den höheren Rang in der Hierarchie drückte natürlich auch eine feinere Kleidung aus. Im Jahr 1661 beendete in Sachsen eine Verordnung der lutherischen Kirche die Farbenvielfalt, weil sie bei der Männerkleidung die schwarze Farbe für den Kirchengang vorschrieb. Durch die Bergmusikanten wurde das schwarze Habit

Knappe ***Schmelzer*** ***Wünschelrutengänger*** ***Beamter*** ***Bergknappe*** ***Steiger*** ***Bergsänger*** ***Knappe auf Bergfest***

1630 bis 1690

im ganzen Land bekannt. Unberührt von dieser Entwicklung bevorzugten hochgestellte Personen eine weiße, reichgeschmückte Tracht für die öffentliche Präsentation, und auch auf Bergfesten bekamen die Mitwirkenden oft eine weiße Bekleidung angepasst.

Die Vorschrift aus dem Jahre 1719

Auch wenn der Dreißigjährige Krieg den sächsischen Bergbau schmerzlich traf, so befand sich dieser schon längst im Niedergang. Die Zeit der großen Ausbeute war mit dem Abbau der reichen, oberflächennahen Silbererze lange vorbei. Immer tiefer mussten die Schächte geteuft werden, und der Erzgehalt in den Gängen nahm immer mehr ab. So hatte im einst berühmten Schneeberger Silberrevier die Förderung von Kobalt die von Silber überflügelt.

Je mehr sich die Förderung in die Tiefe verlagerte, umso größer wurden die Herausforderungen für den Bergmann. Schlägel (auch: Schlegel) und Eisen blieben zwar unverändert seine wichtigsten Werkzeuge, aber mit der Verwendung des Schwarzpulvers hielt eine völlig neue Technologie Einzug in die Gruben. Sprengungen beschleunigten den Vortrieb, die dafür notwendige Bohrarbeiten erforderten aber auch das kollektive Zusammenspiel von Hauer und Schlägelgeselle: Zwischen den Schlägen des einen drehte der andere die Bohrstange – etwa alle zehn Minuten wurde gewechselt.

Die eigentliche *Fundgrube* (als Längenmaß) bezog sich nicht auf den gesamten Erzgang, sondern nur auf ein Teilstück desselben. In den Revieren des oberen Erzgebirges betrugen ihre Abmessungen 3,5 *Lachter* auf beiden Seiten von der Mitte des Ganges, also eine Gesamtbreite von 7 Lachtern und eine Länge von 42 Lachtern entsprechende dem Verlauf des Erzganges. Ein Lachter als altes bergmännisches Längenmaß war in Freiberg nach heutigem metrischem System 2,03 Meter lang. Dem *Muter* der Grube stand allerdings das Recht zu, weitere Teilstücke um die Fundgrube herum zu erwerben. Diese wurden dann jeweils als oberes und unteres *Maß* (auch *Maaß*) bezeichnet, entsprechend der Richtung und der Neigung des Ganges von der Fundgrube weg, und hatten je eine Länge von 28 Lachtern. Die Bezeichnung richtete sich dann nach der Anzahl der Maße, also etwa 1. oberes oder 4. unteres Maß. In Freiberg hatten die Fundgruben eine Länge von 60 Lachtern und das Maß eine solche von 40 Lachtern. Ent-

sprechend den Bedingungen der Zinnlagerstätten entsprach die Größe einer Fundgrube in Altenberg 42 Lachtern in Länge und Breite und das Maß 28 × 28 Lachter.
Die flächenmäßige und vor allem in die Tiefe gehende Ausdehnung solcher Gruben verlangte nach neuen Lösungen. Für den oberflächennahen Abbau bis zu einer Tiefe von etwa 50 Metern genügte zur Förderung von Erz und Gestein die Handhaspel. Schon zeitig gab es aber auch Pferdegöpel, mit denen durch die Kraft der Tiere Förderhöhen von bis zu 250 Metern bewältigt wurden. Eine weitere Leistungssteigerung brachte die Verwendung von Kehrrädern: Über Kunstgräben wurde Wasser im Seitenwechsel – je nach gewünschter Auf- oder Abwärtsbewegung – über ein großes Wasserrad geleitet. Erreicht wurden damit Förderhöhen bis zu 550 Metern. All diese Einrichtungen blieben bis zum Ende des Regalbergbaus im Einsatz.
Problematisch wurde auch die Frischluftversorgung (*Bewetterung*) in der Tiefe. Während zunächst der natürliche Luftzug zwischen dem Haspelschacht und der als *Rösche* bezeichnete Abflussstollen für das Grubenwasser ausreichte, mussten später besondere Wetterschächte – *Lichtlöcher* – abgeteuft und die Frischluft durch Zwangsbewetterung, wie etwa durch Verschläge, in entlegene Teile der Grube geleitet werden.
Die größte Herausforderung stellte aber das Grubenwasser dar. Anfangs genügte ein Stollen, der mit leichtem Gefälle das Wasser nach außen abfließen ließ. Mit der Notwendigkeit, tiefer in den Berg einzudringen, wurde das Niveau dieser Wasserlösungsstollen unterschritten. Nunmehr musste auch das Wasser gehoben werden, um abfließen zu können. Die Methode, Grubenwasser im Schachtsumpf mit Kübeln zu schöpfen und diese durch Kehrräder bis zum Entwässerungsstollen zu heben, war aufgrund des Arbeitsaufwandes nicht sehr effektiv, und natürlich kam es dadurch auch zur Behinderung der Massenförderung. Die Lösung bestand in einer eigenständigen Wasserhebung. Unter Tage wurden in Höhe des Abflussstollens große Wasserräder in gewaltige Kunststuben eingebaut und eine endlose Eimerkette bis zum Schachtsumpf herabgelassen. Zum Antrieb solcher Förderkünste nutzte man ebenfalls Wasser, die wichtigste Energiequelle jener Zeit. Dieser Gedanke war genial! Um Wasser zu heben, musste zunächst Wasser zum Betreiben der Künste in die Grube gebracht werden. Die Eimerkunst wurde nach der Erfindung des krummen Zapfens durch die Pumpenkunst ersetzt. Um immer genügend Wasser zur Verfügung zu haben, gab es in der Nähe der Gruben überall höhergelegene Kunstteiche, also künstlich angelegte, kleine Stauseen, aus denen das Wasser – teils mit hohem Aufwand – zu den Gruben abgeleitet wurde. Dabei nutzte man das Wasser meist mehrmals: zuerst über Tage zum Antrieb der Pochwerke, dann für das Kehrrad, schließlich für die Kunsträder unter Tage. Mit diesen technischen Errungenschaften war es möglich, an das tiefgelegene Erzgestein zu

gelangen. Der erhöhte Aufwand erhöhte aber auch die *Zubuße*, denn allein für die ungeheuren Mengen an verbautem Holz musste viel Geld ausgegeben werden. Dem stand die Förderung immer geringerer Erze gegenüber.

1706 überprüfte eine Kommission die Lage des obergebirgischen Bergbaues, befasste sich hauptsächlich mit dem Holzproblem und den Hammerwerken. Eine zweite Kommission, 1708 eingesetzt, konnte dagegen viele Mängel im eigentlichen Bergbau aufdecken und Missstände durch Resolutionen beseitigen. So wurde fortan eine jährliche Generalbefahrung aller Zechen eines Reviers durch eine Kommission verpflichtend; die Bergmeister mussten viertel- oder halbjährlich ihre Gruben befahren, Geschworene die Gruben öfter kontrollieren und darüber Fahrbögen führen und *Einfahrer* mehrmals täglich die Gruben aufsuchen. Gleichzeitig bekämpften Bergbeamte den Missbrauch, den die genannten Kontrolleure aus ihrer Stellung möglicherweise zu ziehen vermochten: Jene durften nicht mehr selbst mit notwendigen Bergmaterialien handeln und in ihrem Revier nicht mehr als acht Kuxe besitzen. Auch Betrügereien in den Gewerkschaften wurden aufgedeckt und bekämpft. Um den Bergbau zu fördern, stellte man jetzt jährlich 300 Taler für das Fündig-Werden neuer Gänge als Schürfgeld bereit, und eine ähnliche Summe gab es ebenfalls jährlich für Stipendien. Die einfachen Bergleute sollten zudem mehr *Gedinge*arbeit leisten, weshalb ihnen eine bestimmte Anzahl von Lachtern in Höhe und Tiefe zugewiesen wurden, die sie in einer bestimmten Zeit zu einem bestimmten Lohn aufwältigen mussten. Zum Nachweis dieser Akkordarbeit diente das Gedingebuch.

Die Kommission von 1708 hörte sich auch die Beschwerden der Bergarbeiter über ihre soziale Lage an. Seit sechzig Jahren gab es einen festgeschriebenen Lohn, aber die Preise waren seitdem erheblich gestiegen. Viel konnte oder wollte sie aber nicht tun! Sie legte nur fest, dass die Bergleute fortan nicht mehr mit Naturalien oder Bezugsscheinen bezahlt werden, sondern ihren Lohn in barer Münze erhalten sollten.

Erhebliche Mängel deckte die Kommission ebenfalls im Bereich der Verhüttung auf. Die Situation hatte sich hier seit der Zeit der reichen Silberausbeute geändert. Damals gehörte beinahe zu jeder Zeche eine eigene Schmelzhütte. Mittlerweile aber waren Erzförderung und Gehalt an edlen Mineralien oft zu gering, um sie ohne hohe Kosten für sich allein zu verschmelzen, weshalb man das Erzgestein auf den Gruben sammelte oder es zu geringer Taxe an herrschaftliche Hütten verkaufte. Als Folge des Kommissionsberichts kam es 1710 zur Gründung der Generalschmelzadministration mit einem Oberhüttenamt unter der Berghauptmannschaft. Von nun an sollten alle Erze nach Freiberg geliefert und dort auf Staatskosten geschmolzen werden. Für ihre Lieferungen erhielten die Gewerkschaften einen Festbetrag je nach Einstufung des Erzgesteins in die sieben Klassen der Erztaxe. Zunächst bestand aber kein Lieferzwang, und die neue Einrichtung wurde anfangs sogar bekämpft, aber schließlich setzte sich doch die Wirtschaftlichkeit des konzentrierten Hüttenbetriebes durch. Zur Vereinfachung der Anlieferung gab es Sammelstellen in Aue und Marienberg.

Nach der Aufbereitung auf den Gruben und der dortigen Besichtigung durch die Geschworenen wurden die Erze auf Anweisung des Oberhüttenmeisters zu den entsprechenden Hütten verbracht. Dort kamen sie, im Beisein des liefernden Schichtmeisters, auf die Waage und anschließend bis zur Weiterverarbeitung ins Erzhaus. Die dürren Erze wurden im Rohofen – zusammen mit Schlacken und Kiesen – geschmolzen. Der Schwefel aus den Kiesen machten das Erz flüssig, das sich am Boden absetzte, dort einen *„König"* genannten Kegel bildete und nunmehr abgestochen werden konnte. So entstand der Rohstein. Um dessen Silbergehalt zu erhöhen, gab es zwei Möglichkeiten: Zu einen konnte der Rohstein noch einmal durchgesetzt werden, oder es wurden gleich reichere Erze zugeschlagen. Das Schmelzen erfolgte wieder im Rohofen, heraus kam der Anreicherungsstein – die anfallende Schlacke wurde der *Roharbeit* erneut zugeführt. Der nächste Schritt bestand in der *Bleiarbeit*: Das Schmelzen oder auch Rösten reicherer Erze sowie des Anreicherungssteins erfolgte unter Zusatz von Blei in speziellen Öfen. Im Ergebnis entstand Werkblei, Bleistein und die üblichen Schlacken, die dem Kreislauf wieder zugeführt wurden. Auf Treibherden erfolgte mit dem Abtreiben das abschließende Schmelzen, wobei aus dem Werkblei das reine Silber gewonnen und dabei Blei und andere anfallende Metalle verkalkt wurden. Aus dem nun vorliegenden *Blicksilber* konnten etwa Münzen geschlagen werden.

Mit der 1708 erfolgten Aufdeckung der Berggebrechen durch die kurfürstliche Kommission, den folgenden Resolutionen sowie dem Übergang zur konzentrierten Verhüttung erlebte der sächsische Bergbau einen neuerlichen Aufschwung. Anleitung zu einer straffen Organisation mit genauer Beschreibung der einzelnen Aufgaben hatte bereits 1693 der Oberbergmeister Abraham von Schönberg in seiner „Ausführlichen Berginformation" gegeben, und nach den Begutachtungen von 1706 und 1708 sowie den daraus abgeleiteten Verbesserungen war das sächsische Bergwesen wieder vorzeigbar. Die Gelegenheit zu einer eindrücklichen Präsentation bot sich 1719 anlässlich der Vermählung des Kurprinzen mit der Kaisertochter Maria Josepha von Österreich. Den Abschluss sollte eine große Bergparade bilden, die natürlich ein einheitliches Erscheinungsbild voraussetzte. So kam zur ersten uniformmäßigen Festlegung der Bergmanns-Tracht.

Allerdings hatte Abraham von Schönfeld schon 1668 eine Anordnung über das Habit erlassen: Für die einfachen Bergleute war ein grüner Schachthut mit schwarz-gelber Kokarde sowie ein schwarzer Grubenkittel vorgeschrieben. Dazu gehörten weiße Hosen und Strümpfe. Weiterhin bestand die Ausstattung aus dem schwarzen Bergleder, das bis zur Kniekehle reichte, außerdem aus der Tzscherpertasche und den Kniebügeln. Steiger und Bergoffizianten trugen einen schwarzen Berghut, Steiger eine schwarze, Offizianten eine weiße Puffjacke, dazu eine rote Weste, weiße Hosen und Strümpfe. Nur die höchsten Beamten kennzeichneten rote Strümpfe. Natürlich gehörten auch hier Tzscherpertasche, Arschleder und Kniebügel zur Ausstattung. Auch die Schmelzer setzten den grünen Schachthut auf. Ihr markantes Bekleidungsstück war aber das weiße Schmelzerhemd. Im Gegensatz dazu trugen Hüttenoffizianten schwarze Hüte zu aschgrauen Puffjacken und Hosen. Die Strümpfe waren rot.

Das Erscheinungsbild der Berg- und Hüttenleute aus der Zeit vor 1719 wird hervorragend im 1721 bei Weigel in Nürnberg erschienenen Werk dargestellt. Nach dem Festaufzug im Plauenschen Grund, für den die Beschreibung der überarbeiteten Bergtracht durch Musterblätter an alle Bergämter erging, erhielt der Maler Carl Heinrich Jacob Fehlingk den Auftrag, diese neuen Festlegungen darzustellen. Diese Arbeit erschien nie in Buchform, sondern nur in einzelnen Kupferstichen.

Die Vorschrift von 1719 legte die schwarze Farbe jetzt auch für die Puffjacken der Bergoffizianten und Steiger fest. Allerdings gab es Ausnahmen, denn die direkt im Auftrag des Kurfürsten handelnden Bergoberen behielten ihre weiße Bekleidung. Natürlich war diese aus feinen Stoffen gefertigt. Der Grubenkittel der einfachen Bergleute bestand dagegen aus schwarz gefärbtem Leinen. Für die Hüttenbeamten und Hüttenbediensten sah die neue Vorschrift weiterhin ein aschgraues Habit vor, auch am Erscheinungsbild des unteren Bergvolkes änderte sich nichts, nur verloren die Häuer die Tzscherpertasche.

Das neue Habit sollte zu Paraden, aber auch zum sonntäglichen Kirchgang und zu besonderen feierlichen Anlässen getragen werden und war verbindlich. Dies löste unterschiedliche Reaktionen aus, denn während die einen die hohen Kosten beklagten, begrüßten andere die Vorschrift, weil sie sich selbst nun besser darstellen konnten. Später wurde die Ausschmückung des Grubenkittels der einfachen Bergleute ausdrücklich unter Strafe gestellt, aber im Laufe der Zeit kam es doch zu modischen Veränderungen. Der Überschlag der Puffjacken verschwand, diese wurden später nur noch durch einen Knopf am Hals geschlossen oder sogar offen getragen. Auch die Stickereien an den Hosen fielen weg, und neben Weiß waren sie fortan auch blau und rot.

Oberbergwerksdirektor

- Titel des
Freiherrn von Löwendal -

Als Mitglied des
Geheimen Kabinetts,
also eine Art Minister,
war er für den Bergbau
zuständig.

Seine Kleidung bestand aus
Drap d'or,
einem Seidenstoff mit
eingewebten Goldfäden.

Oberberghauptmann

- Höchster Bergbeamter -

Er hatte die Oberaufsicht
über alle Bergwerke,
Schmelzhütten und
Hammerwerke sowie
über das gesamte Bergvolk.

Sein Habit bestand aus
silbernen Moir mit goldenen
Point d'Espagne, einem
Stoff mit schillender
Oberfläche und eingewebten
Goldpunkten.

Berghauptmann

Zusammen mit dem Oberberghauptmann bildetet er die Berghauptmannschaft. Dabei war er in allen Angelegenheiten der Vertreter des Oberberghauptmanns.

In der Bekleidung unterschied er sich nur in Details von ihm.

Bergkommissionsrat

Im Auftrag des Landesherrn
visitierte er die Bergämter
im Gebirge.

Sein Habit
war aus weißem Atlas
gefertigt.

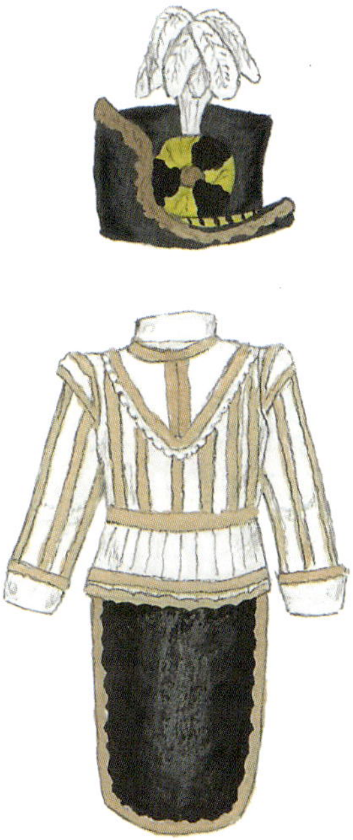

Oberbergamtsverwalter

Durch die schwarze Kleidung wurde seine besondere Stellung als Vertreter der Berggerichtsbarkeit betont. Neben der Rechtsprechung gehörte auch die Kontrolle von Verträgen und Rechnungen zu seinen Aufgaben.

Oberzehntner

Neben der Abführung
des Zehnten und
der Steuer kontrollierte
er die Bergwerks- und
Gerwerkschaftskassen.

Zehntner

Direkt beim Bergamt ansässiger, selbstständig arbeitender Finanzbeamter. Er zog den Zehnten und andere Steuern ein; kontrollierte die Bergwerks- und Gegenbücher und legte fest, welche Ausbeute oder Verlag zu zahlen war, und ordnete auch die Löhnung an.

Bergmeister

Er war Leiter des
gesamten Montanwesens
im Revier und
Vorsteher des Bergamtes.
Zur Festigung
seiner Aufsicht
und in Sorge
um einen
geordneten Bergbau
hatte er
richterliche
Befugnisse.

Obereinfahrer

In Revieren mit
mehreren Gruben
war er der Kontrollbeamte
für den Dienst
der untergeordneten
Einfahrer und
Geschworenen.

Einfahrer

Durch Befahren zu unterschiedlichen Tag- und Nachtzeiten – besonders wenn Künste eingebaut waren – kontollierte er den Grubenbau und Zustand der Bergwerke. Dabei erstreckte sich sein Dienst auch über die Feiertage. Zu seinen Aufgaben gehörte auch die Kontrolle der Berggeschworenen.

Markscheider

Im Auftrag des Bergamtes
bestimmte er den Umfang
der Gruben über und
unter Tage und zeichnete
die entsprechenden Risse.
In Strteitfällen war er
der Sachverständige.

Geschworener

Als Berater des Bergamtes
hatte er regelmäßig
die Gruben zu befahren.
Dabei kontrollierte er auch
die Mengen und Qualität
der angelieferten Waren
und beaufsichtigte
die Schichtmeister.
Notwendige Gedingearbeit
wurde von ihm angeordnet
und der entsprechende
Gedingelohn festgelegt.

Kuxkränzler

Um Geld für den Betrieb
der Gruben zu beschaffen
reiste er im Land umher.
Da der Handel mit Kuxen
nach festen Regeln ablief,
war er vereidigt.

Statt des Säbels trug er
einen Hirschfänger.

Schichtmeister

Obwohl er vom Bergamt bezahlt wurde, vertrat er die Interessen der Gewerke. Dazu war er Rechnungsführer im Bergwerk und hatte die Aufsicht über alle in Schicht arbeitenden Bergleute. Außerdem kümmerte er sich um den Einkauf von Materialien, die Löhnung der Bergleute und den Verkauf der Erze. Weiterhin konnte er Zubuße von den Gewerken einfordern. Auch er war mit einem Hirschfänger bewaffnet.

Ältester

Als ausgewählter und vereidigter Vorsteher der Knappschaft schützte er die Privilegien der Bergleute, sorgte aber auch für Ordnung in ihren Reihen. Er führte das Verzeichnis über die Bergmannschaft, in dem nötige Unterstützungen verzeichnet waren.
Zudem kontrollierte er Preis und Beschaffenheit der Grundnahrungsmittel in der Bergbaugegend und sorgte dafür, dass die Bergmaterialien nicht überteuert waren.

Obersteiger

Als eigentlicher Aufsichtsführender über die Bergleute und dem Abbau wurden an die Steiger besondere fachliche Anforderungen gestellt. Dazu gehörten, neben Erz- und Gesteinskunde auch Kentnisse zum Grubenausbau und zur Rechnungsführung.
Auf größeren Zechen waren diese Aufgaben auf mehrere Steiger verteilt, die vom Obersteiger angeleitet wurden.

Untersteiger

Dem Obersteiger war auf größeren Gruben ein Untersteiger beigegeben. Dieser vertrat und unterstützte den Obersteiger bei dessen vielfältigen Aufgaben.

Ein anderer spezialisierter Steiger war der **Kunststeiger**, der sich um die Hebemaschinen kümmerte.

Beide – Unter- und Kunststeiger – unterschieden sich nicht im Habit.

Bergsänger

Er war der Repräsentant
des Bergstaates.
Dem entsprach seine
Kleidung.
Neben Auftritten bei
Hoffesten zählte die
Gestaltung von
Berggottesdiensten
zu seinen Aufgaben.
Beliebt war auch das
Musizieren auf
nichtkirchlichen
Bergfesten.

Berghäuer

Als gelernter Bergmann war er in der Lage, selbstständig vor Ort zu arbeiten. Obwohl er zu seiner Arbeit dringend diese Werkzeuge brauchte, war im das Tragen der Tscherpertasche zur Festtracht verwehrt. Im gleichen Habit waren auch **Rutengeher** und **Schürfer** gekleidet. Die Wünschelrute war ein damals anerkanntes Instrument zum Auffinden der Erze. Hatte sie einmal ausgeschlagen, versuchte der Schürfer die neue Erzader zu finden.

Haspelknecht, Bergjunge und Wäscher

Der Haspelknecht hatte das Haufwerk zu Tage zu fördern – bis hin zum Scheideplatz. Da er nicht vor Ort arbeitete, fehlten ihm beim Habit auch Fahrhaube und Kniebügel. Auf der Scheidebank trennte der Bergjunge erzhaltiges von taubem Gestein – für ihn ein wichtiger Schritt hin zur Position des Berghäuers! Die weitere Trennung erfolgte in der Erzwäsche, wo der Wäscher das ausgelesene Erzgestein für die Schmelze vorbereitete. Entsprechend seiner Arbeit trug er das Arschleder als Schürze.

Oberhüttenverwalter

Er hatte die Oberaufsicht
über die
Gerneralschmelzadministration
inne und stand somit dem
Oberhüttenamt vor.
Neben der allgemeinen
Kontrolle legte
er vor allem Rechenschaft
über die Wirtschaftlichkeit
der Schmelzhütten ab
und überwies den Gewinn.

Wie alle Beamten des
Hüttenwesens war er
statt des Säbels mit
einem Hirchfänger bewaffnet.

Oberhütteninspektor

Seine Pflicht bestand im
Besuch der Hütten,
wobei er den Betrieb
überwachte und
die Schmelzbücher
kontrollierte.
Bei erkennbaren Mängeln
ordnete er deren
Abstellung an.

Oberhüttenraiter

Er führte die Kasse der General-
schmelzadministration und be
zahlte in dieser Funktion die
aufgekauften Erze, stellte die
Löhne bereit und beglich alle
sonstigen Rechnungen.
Anfallende Gebühren rechnete
er beim Oberzehntenamt ab.
Das gleiche Habit trug auch der
Saigerhüttenfaktor.
Die Saigerhüttenfaktorei zu
Grünthal war kein Bestandteil
der Generalschmelz-
administration, sondern wurde
von dieser nur beliefert.
Aufgrund seiner Selbstständig-
keit beaufsichtigte der Faktor
nicht nur die Angestellten,
sondern führte auch die Kasse
und sogte für den Verkauf
des Garkupfers.

Oberhüttenvorsteher

Er beaufsichtigte den gesamten Schmelzbetrieb und führte die Rechnungsbücher aller Schmelzhütten.
Zu seinen Aufgaben zählte vor allem die Klassifizierung des angelieferten Erzgesteins.
In der Bekleidung unterschied er sich nicht vom **Oberschiedsguardein**.
Jener entschied durch eine Schiedsprobe endgültig, wenn Gewerkeprobierer und Hüttenschreiber die Erzproben unterschiedlich beurteilten, und überwachte auch die Beschickung beim Schmelzen.

Guardein

Er prüfte die
angelieferten Erze
und stufte sie nach
ihrem Silbergehalt ein.

Im gleichen Anzug
zeigte sich der
Oberhüttenaktuar,
der besonders in
Rechtssachen als
Protokollführer des
Oberhüttenamtes fungierte.

Oberhüttenmeister

Er kontrollierte sämtliche Hüttenwerke und teilte die Erzlieferungen auf diese auf.
Mit der Betriebsanzeige berichtete er regelmäßig dem Oberhüttenamt.

Hüttenschreiber

Er probierte den Silber-
gehalt der Erze, führte die
Materialabrechnung
und zahlte die Arbeiter
und Lieferanten aus.

Im gleichen Habit trat der
Silberbrenner
als vereidigter Spezialist
für das letzte Ausschmelzen
des Silbers auf.

Hüttenmeister

Er führte die Aufsicht
über die Schmelzarbeiten
und den Haushalt einer Hütte.
Dazu leitete er die
Hüttenarbeiter an
und sann auf Verbesserungen
im Arbeitsablauf.
Die Instandhaltung der
Gerbäude und Anlagen
fielen ebenfalls in seine
Verantwortung.
Von ihm wurde das Schmelz-
buch geführt.
Zu seiner Unterstützung gab es
einen **Nachthüttenmeister**.

Gewerkeprobierer

Er probierte die Lieferungen
auf ihren Erzgehalt
im Auftrag und Interesse
der Gewerke und
kontrollierte somit die Probe
des Hüttenschreibers.

Erzwaagemeister

Er verwog die angelieferten Erze und führte Buch darüber.

Köhlermeister

Er war verantwortlich für die rechtzeitige Lieferung und ausreichende Qualität der Holzkohle.

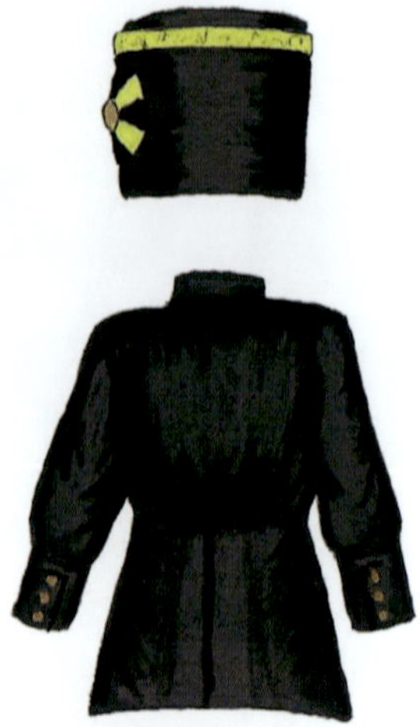

Abtreiber

Er schied auf dem Treibherd
das Silber vom Blei,
nachdem der **Vorläufer**
die nötigen Zusätze
für das Schmelzen
zusamengestellt hatte.
Dieser half dann dem
Schmelzer bei der Arbeit
an den verschiedenen Öfen.

In der Paradekleidung
unterschieden sich die drei
nur durch
das mitgeführte
Arbeitsgerät.

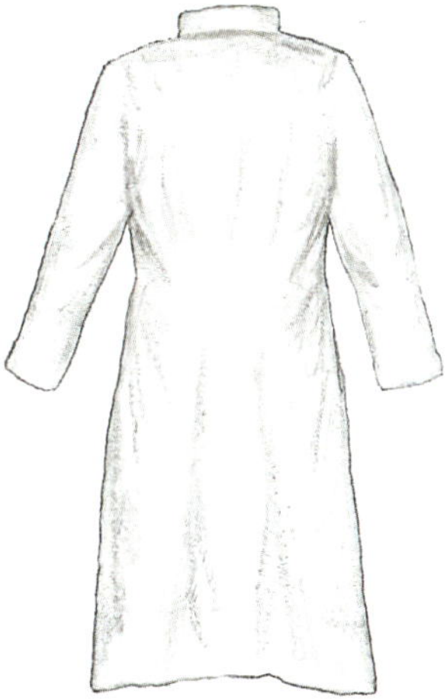

Aufträger und Schlackenläufer

Der Aufträger schüttete nach den Anweisungen des Schmelzers Erz und Kohle in den Schmelzofen. Um die anfallende Schlacke kümmerte sich der Schlackenläufer. Wie der Aufträger arbeitete auch der **Aschknecht** direkt am Ofen, weshalb auch er ein weißes Nackentuch trug. Zum Aufbau des Treibherdes war ein Gemisch aus Asche und Kalk notwendig, das der Aschknecht vorbereitete, außerdem half er bei der Anrichtung des Herdes.

Köhler

Er kümmerte sich um die Bereitstellung der Kohle für den Schmelzbetrieb, erledigte aber auch andere Arbeiten in der Hütte.

Münzscheidemeister und Münzohm

Nach dem Schmelzen goss man das Silber in Stangen und schlug sie dann zu gleichmäßigen Zainen. Nach mehreren Arbeitsgängen entstanden so Schrötlinge, aus denen dann Rohlinge gestanzt wurden, wobei man auf gleichmäßiges Gewicht achtete. Durch Hämmern wurden die Rohlinge dann geglättet, bis die eigentliche Prägung beginnen konnte. Unter Aufsicht des Schmiedmeisters führten die Münzohme das Abwiegen und Ausschlagen der Rohlinge aus.

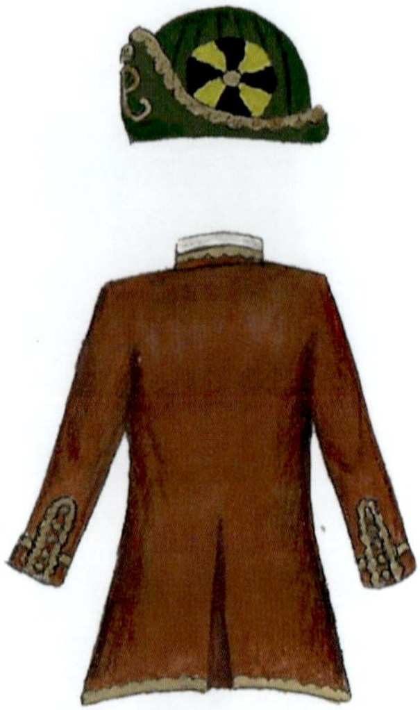

Münzeisenschläger

Er führte die eigentliche Prägung der Rohlinge zu Münzen aus.

Münzjunge

Eine wichtige Aufgabe, die von Lehrlingen der Münstätte ausgeführt wurde, war das Ausglühen der Schrotlinge. Diese wurden unter Zusatz von Salz und Weinstein in Wasser gekocht. Während dieser Arbeit war der Münzjunge großer Hitze ausgesetzt und benötigte eine Schutzkleidung, die als Aufzugstracht in den Farben der Wettiner gehalten und mit dem Kurwappen verziert war. Auf dem Rücken befanden sich Schellen, was einer früheren Gewohnheit entsprach, als Münzknechte zu ihrer Überwachung solche an der Kleidung tragen mußten.

Tiegelwächter

Er führte das
Schmelzen und Gießen
des angelieferten Silbers aus.
Die so entstandenene Stangen
waren das Ausgangsprodukt
für die weitere Bearbeitung
bis hin zur Münze.

Der „Freyberger Fuß“ 1768

Wieder führte ein langer Krieg zum Niedergang des Landes, der natürlich auch den Bergbau betraf. Nur langsam konnte sich Sachsen unter der Regentschaft des Prinzen Xaver von 1763 bis 1768 von den Folgen des Siebenjährigen Krieges (1756–1763) erholen. Um den Wiederaufbau zu organisieren, holte sich der Prinz Experten verschiedener Fachgebiete an seine Seite. Für den Bergbau waren dies der Generalbergkommissar Friedrich Anton von Heynitz (1725–1802) und der Oberberghauptmann Friedrich Wilhelm von Oppel (1720–1769).

Während im Freiberger Revier weiterhin hauptsächlich Silbererze gefördert wurden, lebten andere Bergorte vom Abbau anderer Mineralien. In Altenberg, Ehrenfriedersdorf und Geyer baute man vor allem Zinnerz ab. Die Gewinnung dieses Metalls unterlag allerdings nur dem niederen Bergregal, weshalb die Lagerstätten unter die Verfügungsgewalt des unmittelbaren Grundherren fielen. Der musste nur der Zehnt an den Landesherrn abführen. Um sich aber den vollen Gewinn zu sichern, erwarb der Kurfürst bereits 1446 die Grundrechte von Altenberg. Während Silber vorrangig als Münzmetall Verwendung fand, hatte Zinn große Bedeutung für den täglichen Gebrauch. Alle möglichen Haushaltsgegenstände wurden daraus gefertigt. Berühmtheit erlangten etwa die „venezianischen“ Spiegel, wobei die Glasmacher der Lagunenstadt sehr dünne Zinnfolien herstellten, polierten und diese auf Glas aufbrachten. Bedeutsam war im Erzgebirge auch die Weißblecherzeugung, bei der Eisenbleche als Korrosionsschutz eine Verzinnung erhielten. Die große Nachfrage und das technologische Monopol der erzgebirgischen Weißblechhämmer riefen früh Spione auf den Plan, wie etwa im Jahr 1666 den Engländer Yarranton. Dessen verdeckte Nachforschungen hatten letztlich aber keinen Erfolg, weil für die Umsetzung der ausspionierten Abläufe die nötigen Fachkräfte fehlten.

Überhaupt gingen gerade vom Zinnbergbau wichtige Innovationen aus. Dazu zählte der Krummzapfenantrieb der Ehrenfriedersdorfer Gestängepumpe, wodurch Wasser aus einer Tiefe von bis zu 400 Metern gehoben werden konnte. Bernhard Wiedemann erhielt 1553 darauf ein Patent.

Schon 1512 bekam Sigismund von Maltitz ebenfalls ein Patent auf die Erfindung des Nasspochwerks. Die Stempel schlugen hierbei in einen Pochtrog, dem ständig Wasser zugeführt wurde, was die schädliche Staubbildung verhinderte. Wenn das Pochgut die erwünschte Korngröße erreicht hatte, spülte das Wasser das Mehl in lange hölzerne Gerinne, die Waschherden, in denen sich die schwereren Erzteile absetzten. Ohne den Patentschutz zu beachten, verbreitete sich diese Technologie schnell. Ein Erlass aus dem Jahre 1556 verwies aber auf die Patentrechte und forderte von den Betreibern, sich mit den Erfindern finanziell zu vergleichen. Bedingt durch die Pingenbrüche im Altenberger Zwitterstock kam es erstmals auch zum Zusammenschluss mehrerer Gruben zu einem Großunternehmen, der „Gewerkschaft des Zwitterstocks zu Altenberg“.

Im Westerzgebirge, besonders im Schneeberger Revier, bildete nach dem schnellen Abbau der Silbererze die Förderung von Kobalt die Grundlage des Bergbaus. Aus diesem Mineral konnten durch aufwendige Verhüttung herrliche blaue Farben hergestellt werden. Dazu kamen die Erze unter das Pochwerk und wurden anschließend gesiebt. Wenn sie Wismut enthielten, schmolz man dieses im Freien heraus. Dann kam das Erz in einen Flammofen zum *Calcenieren*. Bei diesem Vorgang löste sich Arsenik und Schwefel. Das Arsenik setzte sich dabei als Pulver in einem Rauchfang ab. Es konnte gesammelt und an die *Gifthütten* geliefert werden. Das so gereinigte Kobalterz kam vom Ofen wieder zum Pochen und weiter auf eine Mühle, um dort zu feinem Staub gemahlen und gesiebt zu werden. So entstand der Ausgangsstoff zur Bereitung von *Safflor* oder *Smalte*. Safflor bestand aus diesem Kobaltmehl und fein gemahlenem Kiesel. Diese Mischung wurde mit Wasser angefeuchtet, in Fässer verpackt und so verkauft. Sie diente häufig als Glasur von Töpferwaren und zum Färben von Glas. Für die Zubereitung der Smalte mischte man das Kobaltmehl mit Pottasche, gebranntem Sand und auch Wismut. Diese Masse kam angefeuchtet in feuerfeste Töpfe und wurde in einem Glühofen geschmolzen. Flüssig geworden, schreckte man sie dann mit kaltem Wasser ab. Beim Erkalten zersprang die Masse zu blauen Glassplittern. Auf einem Pochwerk wurden diese wieder fein gepocht, anschließend gemahlen, geschlämmt und getrocknet. Nach dem Sieben und der Sortierung nach Farben kam das Pulver in Tonnen verpackt zum Verkauf. Die Smalte diente als Farbstoff, besonders in der Glas- und Emaillemalerei, als Porzellanglasur, zum Färben von Gläsern und künstlichen Edelsteinen, aber auch zum Steifen der Wäsche und als Tinte. Unter Androhung strengster Strafen war der Export von Kobalt verboten und alle Erze mussten an die sächsischen Blaufarbenwerke geliefert werden. Durch Kontrakte teilten sich diese das Kobalterz untereinander zu. Allerdings waren sie nicht berechtigt, ihre Produkte selbst zu verkaufen, sondern mussten sie an die gemeinsamen Lager in Leipzig und Schneeberg liefern.

In Europa gab es mehrere Blaufarbenwerke, aber die sächsischen waren wegen der Qualität ihrer Produkte konkurrenzlos. Um Werkspionage zu verhindern, war es Fremden nur mit Erlaubnis von höchster Stelle gestattet, die Blaufarbenwerke zu betreten. Das hatte lange Erfolg, bis zum Niedergang der Blaufarbenproduktion in der ersten Hälfte des 19. Jahrhunderts, als mit der preiswerteren synthetischen Herstellung von Ultramarinblau eine Farbe mit teilweise besseren Eigenschaften zur Verfügung stand.

In der Gemarkung des kleinen Bergortes Aue fanden Bergleute mit Kaolin einen Bodenschatz in einer relativ begrenzten Lagerstätte, der für Sachsen eine besondere Bedeutung erlangen sollte. Ursprünglich wurde dieses Mineral, ein Nebenprodukt beim Eisenerzabbau, nur als Zuschlagsstoff bei der Herstellung feuerfester Ziegel und als Perückenpuder genutzt. Später erwies sich die „Weiße Erde“ als idealer Rohstoff für die Porzellanherstellung. Die Förderung kam unter staatlicher Kontrolle, jede Ausfuhr wurde verboten und Fremden war das Einfahren in die Grube nicht erlaubt.

Reine Erzlagerstätten gab es im Erzgebirge nur äußerst selten, in der Regel vermischten sich die verschiedenen Minerale. Deshalb fand man in vielen Revieren neben dem begehrten Silber auch zahlreiche Kupfererze. Für die Gewerke war Kupfer vor allem deshalb interessant, weil es ebenfalls nicht unter das Bergregal fiel und deshalb nur der Zehnte abgeliefert werden musste. Zur Aufbereitung gab es zu Beginn an vielen Standorten spezielle Schmelzhütten, aber schon frühzeitig kam es zu einer Konzentration auf die Saigerhütte Grünthal bei Olbernhau. Für die Auswahl dieses Standortes spielte weniger die Nähe zu einem Erzvorkommen eine Rolle, als vielmehr der Wald- und Wasserreichtum in dieser Gegend. Die Hütte entwickelte sich nach der Übernahme durch die in Annaberg ansässige Familie Uthmann zum Zentrum der Kupferverhüttung und verarbeitung in Sachsen. Diese monopolartige Stellung wurde durch ein Privileg begünstigt, das vorschrieb, dass die Kupfererze sämtlicher Gruben, aber auch das in den Silberhütten anfallende Schwarzkupfer zu einem festen Preis nach Grünthal zu liefern waren. Natürlich wollte sich Kurfürst August dieses einträgliche Geschäft nicht entgehen lassen, entzog der Unternehmerin Barbara Uthmann einfach das Privileg zum Ankauf des Schwarzkupfers und zwang sie so, die Saigerhütte zu veräußern. Der fortan eingesetzte kurfürstliche Faktor der „Saigerhütte Grünthal“ erhielt eine Sonderstellung, denn alle Privilegien – der Saigerhütte war auch ein Hammerwerk angegliedert, das zuvor der Familie Uthmann gehörte – gingen auf ihn über. Auf diese Weise hatte er bis zur Justizreform von 1835 auch die niedere Gerichtsbarkeit über das Dorf Grünthal inne. Die Hütte selbst unterstand außerdem nicht der Generalschmelzadministration, sondern direkt dem Oberbergamt und führte eine eigene Abrechnung.

Unmittelbar im Zusammenhang mit der Verhüttung der Minerale entstanden vielerorts weiterverarbeitende Werkstätten, unter dem Begriff „Bergfabriken“ zusammengefasst. Dazu zählten die Weißblechhämmer der Zinnverarbeitung ebenso wie die Blaufarbenwerke und Kupferhämmer. Aber auch die nichtmetallischen Bestandteile der Minerale fanden Beachtung. Die Gewinnung dieser Stoffe geschah in den Gifthütten, zu denen die Alaun , Arsenik , Schwefel- und Vitriolwerke gehörten. Oftmals gab es keine so klare Trennung nach Rohstoff, allerdings verarbeiteten die meisten Arsenik und Vitriol. Als Bestandteil fand sich Arsenik besonders in den Zinnerzen von Geyer, den Kobalterzen von Schneeberg, den Kupfererzen von Hohenstein und in den Schwefelkiesen von Beierfeld. Speziell abgebaut wurde auch der als Arsen- oder Giftkies bezeichnete Arsenopyrit. Während der Verhüttung dieser Erze setzte sich beim Rösten das Arsenik in den Rauchfängen ab, das dann als Gift Verwendung in der Schädlingsbekämpfung fand, aber auch für weniger ehrbare Handlungen und von den Gerbern zur Haltbarmachung von Tierhäuten genutzt wurde. Vitriole traten als natürliches Produkt in wässriger Form in Erzlagerstätten auf. Je nach Beschaffenheit des Lagers gab es Eisen- und Kupfervitriole. Diese Lösungen fing man auf und führte sie der Weiterverarbeitung zu. Um aber den Bedarf decken zu können, wurden in den entsprechenden Werken auch Erze künstlich ausgelaugt. Beim Einkochen dieser Laugen trennten sich die Bestandteile, und die Vitriole setzten sich beim Abkühlen an Stangen oder den Rändern der Fässer ab. Eingesetzt wurden Vitriole für die Herstellung von Farben, bei der Bearbeitung von Tierhäuten und als Pflanzenschutzmittel. Auch die als Vitriolöl bezeichnete Schwefelsäure wurde durch Auslaugen gewonnen. Man lagerte dazu die Erze über einen längeren Zeitraum im Freien, wobei man sie mehrfach umschichtete und setzte sie damit dem Wetter aus. Durch den Regen löste sich der Schwefel, wurde aufgefangen, getrocknet und verkauft. Alaun kam hauptsächlich bei den Gerbern zum Einsatz, aber auch als Beizmittel in Textilfärberei und Papierherstellung sowie in der Medizin als Blutstiller. Gewonnen wurde das Alaun aus kohlenstoffreichem und mit Pyrit durchsetztem Tonschiefer, der an vielen Orten des Westerzgebirges und Vogtlandes, aber auch bei Pottschappel im Plauenschen Grund bei Dresden und – weit weg vom Erzgebirge – bei Schwemsal bei Düben abgebaut wurde. Um das Alaun zu gewinnen, mussten zunächst die schwach brennbaren Schiefer im Freien zu mannshohen Halden aufgeschüttet und unten an der Windseite entzündet werden. Diese brannten dann sechs bis acht Wochen, wobei der Haufen immer nachgeschüttet wurde; nichtbrennbare Alaunerze glühte man in kleinen Schachtöfen. Die gerösteten Schiefer ließ man dann im Freien einige Monate verwittern. Der Verwitterungsplatz wurde dazu mit Ton bedeckt und so eingerichtet, dass die durch Regen und Schnee entstehende Lauge aufgefangen werden konnte, um

danach in flachen Bleipfannen bis zu einer bestimmten Konzentration versiedet zu werden. Dieser Alaunlauge setzte man dann eine andere Lauge, aus Pottasche, Asche und Seifensiederfluss bestehend, zu, was einen Kristallisationsprozess einleitete, bei dem sich Alaunmehl absetzte. In einem nächsten Schritt löste man das Mehl wieder in Wasser, siedete die Lauge erneut bis zur vollständigen Auflösung des Mehls und leitete die heiße Flüssigkeit zum Abkühlen in Fässer. Nach zwei bis drei Wochen hatten sich an den Innenwänden und teilweise eingehängten Schilfrohren große Alaunkristalle gebildet, die dann verkauft werden konnten.
Trotz seiner wirtschaftlichen Bedeutung zählte der Bergbau auf Eisen, mit dessen Verhüttung und Verarbeitung, kaum zum Bergstaat, da dieser Bodenschatz dem niederen Bergregal unterlag und dessen Gewinnung damit privat betrieben wurde. Gleichwohl blieb auch dieser Zweig des Montanwesens unter behördlicher Kontrolle: Der Grubenbau wurde vom Bergmeister verliehen, die Hammerwerke bekamen Ordnungen. Seit 1773 übernahm eine Hammerwerkinspektion die Überwachung von Produktion, Sortiment und Entrichtung von Abgaben. Der Hammerinspektor legte auch die Standorte von neu zu errichtenden Werken fest. Wichtig dafür war das Vorhandensein von fließendem Wasser zum Betrieb der Hämmer und ausreichenden Holzvorräten für die Köhlerei. Trotzdem gelang es den Hammerherren, sich umfangreiche Privilegien zu sichern, denn da die Eisenhütten zusammen mit einem Hammergut und der entsprechenden Landwirtschaft eine Einheit bildeten, gehörten wichtigen Rechte wie das Mahlen von Getreide, das Backen und Schlachten, das Bierbrauen, Schnapsbrennen und der Ausschank zu diesen Privilegien. Dazu kamen noch Betriebsrechte für das Hüttenwerk wie Holzeinschlag und Köhlerei. Aus dieser wirtschaftlichen Stellung der Hammerherren resultierte auch ihre Position als niedere Gerichtsherren über das Hammervolk.
Gefunden wurde Eisenerz vor allem im Westerzgebirge, im Raum von Schwarzenberg und in der Gegend von Pirna. Oft baute man den Eisenstein im Tagebau ab, es gab aber auch Eisensteingruben mit regelrechtem Bergbau. Eine kontinuierliche Förderung war eher selten, vielmehr wurde das Erz nach dem Bedarf der Hütten bereitgestellt. Der üblichen Aufbereitung des Erzes folgte der Schmelzvorgang. Anfangs waren es einfache, offene Zerrennherde, ab der zweiten Hälfte des 16. Jahrhunderts kamen Hochöfen auf. Diese ca. acht Meter hohen, gemauerten Öfen wurde schichtweise mit zerkleinertem Eisenerz, Kalkstein und Holzkohle bis zum oberen Rand gefüllt und unter Zuführung von frischer Luft durch Blasebälge abgebrannt. Nach dem Abstich floss das flüssige Roheisen in Formen für Blöcke, zur Weiterverarbeitung zu Schmiedeeisen oder direkt in Formen für Ofenplatten, Töpfe, Pfannen usw. Durch die Bearbeitung der Blöcke im Hammer- oder Schmiedewerk konnten vielerlei Erzeugnisse hergestellt werden,

angefangen von Halbzeugen, wie Stabeisen in verschiedenen Formen und Profilen oder Drähten, bis hin zu Fertigerzeugnissen, wie Nägel, Kugeln, Pflugscharen oder Beile und Hacken. Für die Produkte eines Hammerwerkes bestand ein Kennzeichnungszwang durch Markenzeichen.

Große Bedeutung für Zöblitz hatten die Serpentinsteine, von deren Verarbeitung zeitweise fast die ganze Stadt lebte. Dieser Stein wurde nur in Brüchen oberirdisch gewonnen und ließ sich fast wie Holz bearbeiten. Die Serpentinsteindrechsler – sie waren seit 1613 in einer Innung vereinigt – fertigten daraus viele Dinge für den Hausgebrauch, wie Becher und Schalen. Auch die sächsischen Herrscher interessierten sich frühzeitig für diesen Stein, der sich vorzüglich für die Innendekoration von Prunkbauten eignete. Deshalb beanspruchten sie alle Steinblöcke, die größer als dreiviertel Ellen (ca. 0,5 Meter Kantenlänge) waren, als sogenannte Regalstücke. Später verlangten sie auch alle anderen rot gefärbten Stücke, weil aus ihnen ein Tafelgeschirr gefertigt werden sollte. Als aber die Steindrechsler begannen, die größeren Stücke aus Protest zu zerschlagen, setzte der Kurfürst einen beim Oberbergamt angestellten Serpentinsteininspektor ein. Zu dessen Aufgaben gehörte neben der Kontrolle der gebrochenen Stücke auch die Vermessung und Vergabe der Steinbrüche an die Drechselmeister, gewöhnlich eine Fläche von zwölf Ellen im Quadrat. Dafür hatten diese einen jährlichen Zins von einem halben Gulden an die Gemeinde zu zahlen, auf deren Grund der Bruch lag.

Auf diesen Grundlagen konnte sich das Montanwesen in Sachsen nach 1710 festigen, bis es nach 1763 wieder darniederlag. Neben dem finanziellen Schaden verlor der Bergbau durch den Krieg auch mehrere tausend Fachkräfte. Wie schon vor mehr als fünfzig Jahren, sollte nun ebenfalls eine Kommission die Gebrechen aufdecken und Vorschläge zu deren Behebung unterbreiten. An der Spitze dieser Bergrevisionskommission stand nicht ein Emporkömmling, sondern ein Experte: Friedrich Anton von Heynitz hatte in seiner Jugend das sächsische Bergwesen kennengelernt und arbeitete später in der Leitung des Harzer Bergbaus.

Die Kommission benannte in ihren Berichten eine ganze Reihe von Hindernissen, Mängeln und Fehlern, die sich nicht nur als Kriegsfolgen rechtfertigen ließen. Der Verwaltungsapparat war aufgebläht und teilweise mit unfähigen Günstlingen besetzt, die Kontrollen und Anleitungen mangelhaft. Beim eigentlichen Bergbau wurde Raubbau betrieben und der Stollenvortrieb vernachlässigt. Bei guter Ausbeute wurde der volle Gewinn ausgezahlt und wenig neu investiert. Die Grundlagen der Bergwerkskunde – Naturlehre, Mathematik und Chemie – wurden vernachlässigt, stattdessen wandte man sich verstärkt mystischen Praktiken zu – die Wünschelrute galt wieder ein gängiges Hilfsmittel. Hinzu kamen noch der Mangel an barer Löhnung und Veruntreuung.

Die Lösungsvorschläge waren konkret! Sie gingen davon aus, dass die Voraussetzung für die Modernisierung des Bergbaus die Kapitalbildung sei. Dazu sollte eine Ausbeute nur dann gezahlt werden, wenn genügend investiert worden war. Ebenso könnte auch der Staat Kux-Anteile erwerben und so die Einkünfte aus den Zehnten reinvestieren. Ausländer sollten zum Kauf von Bergwerksanteilen animiert werden. Als weiteren Anreiz erließ Prinzregent Xaver 1765 die Deklaration über die Erhöhung der Bergbrandsilberbezahlung. Neu geordnet wurde auch das Markscheidewesen. Von nun an mussten von allen Gruben- und Berggebäuden genaue Zeichnungen angefertigt werden, was nicht zuletzt für die Klärung von Besitzverhältnissen wichtig war. Der Zustand der Silberhütten war nicht ganz so katastrophal, aber die Entwicklung stagnierte auch hier, und es gab die Tendenz zur Alchemie mit dem Ziel, durch Umwandlung von Metallen, Gold zu machen.
Der Generalbergkommissar belebte das Leistungsprinzip, setzte unfähige und korrupte Beamte im aufgeblähten Verwaltungsapparat ab oder degradierte sie. Ebenso wurden alle Gehälter überprüft und gegebenenfalls reduziert, aber auch erhöht. Heynitz förderte junge, talentierte Leute, die er mit wichtigen Aufgaben betraute, darunter Johann Friedrich Mende (1743–1798), der als Kunst- und Maschinenmeister für bedeutende Neuerungen im Grubenbetrieb sorgte. Überhaupt war er sich mit dem Oberberghauptmann Friedrich Wilhelm von Oppel darin einig, dass die erfolgreiche Umsetzung der Reformen wesentlich von der Tüchtigkeit der Menschen abhing, deren Tätigkeit sich auf ein wissenschaftliches Fundament gründen musste. Dafür bedurfte es einer profunden Ausbildung. Natürlich gab es bereits eine Stipendienkasse, durch die immer auch die Heranbildung bergmännischen Führungsnachwuchses unterstützt wurde. Das aber reichte nicht mehr aus, eine ordentliche Lehranstalt war dringend notwendig. Diese wurde in Freiberg gegründet: Der 13. November 1765 gilt als Stiftungstag der Bergakademie, der Lehrbetrieb wurde zu Ostern 1766 aufgenommen. Dazu hatte von Oppel in seinem Haus drei Räume mietfrei zur Verfügung gestellt, dazu noch seine Bibliothek und eine Sammlung von Modellen, Grubenrissen und Instrumenten. Das Lehrprogramm umfasste metallurgische Chemie, Probierkunde, Bergbaukunde, praktische Markscheidekunst, Mathematik, Physik und Zeichnen. Bemerkenswert ist, dass zu Beginn Professoren zugleich Studenten waren, wie etwa der Professor für Mathematik und Mechanik sowie Zeichenkunst Johann Friedrich Wilhelm von Charpentier (1738–1805), der gleichzeitig Bergwissenschaften hörte.
1777 folgte die Gründung der Bergschule zu Freiberg. Der Nachwuchs an Steigern und Geschworenen aus den Reihen der jungen Bergmänner sollte ebenso gebildet sein. Unterricht erfolgte nach der Arbeitsschicht durch nicht festangestellte Lehrer. Später entstanden solche Schulen

auch bei den anderen Bergämtern. Überhaupt hatten die Untersuchungen einen erschreckenden Bildungsmangel unter Bergmannskindern festgestellt. Um diesen zu beheben, kam es zur Einrichtung von Bergknappschaftsschulen, die die Jungen nach ihrer Arbeit auf der Scheidebank zu besuchen hatten. Schon bald dehnte man den Unterricht – oft in Verbindung mit dem Besuch einer Klöppelschule – auch auf die Mädchen aus. Diese Schulen, die allerdings ebenfalls keine festangestellten Lehrer hatten, erhielten die finanziellen Mittel vom Landesherrn, den Gewerkschaften und aus den Knappschaftskassen. Neben Religion vermittelte man den Kindern Lesen, Schreiben, Rechnen und gemeinnützige Kenntnisse. Dies war ein Fortschritt, denn die allgemeine Schulpflicht wurde in Sachsen erst 1835 eingeführt.
Wissenschaftliche Arbeit ging nun auch in Sachsen der Einführung der Amalgamation voraus. Diese Methode, Silber mit Hilfe von Quecksilber aus dem Erz zu lösen, wurde in Mexiko bereits Anfang des 16. Jahrhunderts angewandt und im 18. Jahrhundert in Ungarn eingeführt. Die dort verbreitete Technologie wurde unter Leitung von Professor Christlieb Ehregott Gellert (1713–1795) in einem Labor in Freiberg untersucht und weiterentwickelt. 1787 begann der Bau des Amalgamierwerkes in Halsbrücke, das zwei Jahre später den Betrieb aufnehmen konnte und 67 Jahre ununterbrochen in Betrieb war. Das Verfahren der sogenannten Fässeramalgamation war vor allem auf die Verhüttung von dürren Erzen ausgelegt und natürlich auch kompliziert. Am Anfang stand die übliche Entschweflung durch Rösten, allerdings wurde dem Pochgut schon vorher etwa zehn Prozent Kochsalz untergemischt. Nach der Abkühlung wurde dann das geröstete Erz gesiebt und zu Mehl gemahlen. Dem folgte das Anquicken des Erzmehls in sich horizontal drehenden Fässern. Die Beschickung dieser Fässer erfolgte nach einem bestimmten Verhältnis: Auf zehn Zentner Erz kamen fünf Zentner Quecksilber und etwa 70 Pfund zerkleinertes Schmiedeeisen, dazu noch drei Zentner Wasser. Diese Masse wurde durch die Drehung der Fässer zu einem Brei vermischt – ein Vorgang, der etwa 18 Stunden dauerte. Dabei verband sich das Quecksilber mit dem Silber, und das Gemisch schlug sich am Eisen nieder. Mit Sorgfalt ließ sich beim Ablassen der Fässer dieses Gemisch trennen, da sich das silberhaltige Quecksilber zuerst absetzte. Dieses wurde in Tröge aus Porphyr gelassen, in denen Stoffbeutel hingen, durch die das metallische Quecksilber hindurchsickern und so dem Prozess wieder zugeführt werden konnte. Der Rückstand, das filtrierte Amalgam, wurde anschließend ausgeglüht, wobei sich das verflüchtigende Quecksilber ebenfalls wieder auffangen ließ. Zurück blieb ausgeglühtes Silber, allerdings noch mit Verunreinigungen, weshalb das Silber an die normale Schmelzhütte geliefert und dort in Bleiarbeit und durch Feinbrennen weiterverarbeitet wurde.

Ende des 18. Jahrhunderts umfasste das Territorium des Kurfürstentums etwa die doppelte Fläche des heutigen Freistaates. Entsprechend groß war auch der Bergstaat. Neben den erzgebirgischen Revieren standen auch Gebiete im Vogtland und in Südthüringen unter Aufsicht des Oberbergamtes. So entstand nach der Teilung der gefürsteten Grafschaft Henneberg das Bergamt Suhl, mit der Besonderheit der Verleihung auf Eisen. Für den Neustädter Kreis mit den Zechen um Kamsdorf und Goßwitz zeichnete das Bergamt Neustadt an der Orla verantwortlich. Der Bergbau in kursächsischen Teilen des Harzvorlandes mit den Gebieten um Stollberg und im Mansfeld unterstand als Bergvogtei Thüringen nicht dem Oberbergamt; die dortigen Gruben rechneten direkt mit dem Geheimen Finanzkollegium in Dresden ab. Im Jahre 1784 verteilten sich der bergmännische Abbau, unter der Aufsicht des sächsischen Oberbergamtes, nach Revieren wie folgt:

Altenberg:
2 Ausbeutegruben;
Altenberger Revier:
13 Stollen und Zechen ohne Zubuße, 4 Stollen und Zechen in Frist verschrieben;
Berggießhübler Revier:
1 gewerkschaftlicher Stollen, 12 Eigenlehnerzechen, 8 Stollen und Zechen in Frist erhalten;
Glashütter Revier:
5 Zubußzechen, 6 Eigenlehnerzechen, 2 Stollen und Zechen in Frist erhalten;
Annaberg:
2 Ausbeutegruben, eine Verlagszeche und 3 Zechen bei der Stadt und weiterem Revier;
Annaberger Stadt- und nahem Revier:
17 Stollen, bei dem auswärtigen Revier 18 Stollen;
Scheibenberger nahes und auswärtiges Revier:
9 Stollen auf hohe Metalle, 9 Eigenlehner- und Fristzechen;
Schönbergisches Revier:
8 Stollen und Gruben, 18 Stollen und Gruben im Stadtrevier und 10 im auswärtigen Revier;
Wiesentaler oberes und unteres Revier:
11 Stollen und Gruben;
Ehrenfriedersdorf:
18 Stollen und Gruben im Stadtrevier und 10 im auswärtigen Revier;

Eibenstock:
42 Berggebäude, teils Zwitter, teils auf Seifenwerke, auch auf Eisensteingruben;
Freiberg:
6 Ausbeutestollen und Gruben, 9 in der Stadt und im Hohenbirkner Revier auf kurfürstliche Kosten auch teils durch Gewerke betrieben, 3 im Brändner Revier, 8 im Halsbrücker Revier, 5 im auswärtigen Revier, 7 Eigenlehnerzechen in der Stadt und im Hohenbirkner Revier, 4 im Brändner Revier, 18 im Halsbrücker Revier, 36 im auswärtigen Revier, 9 Zechen in Frist verschrieben;
Geyer:
10 Stollen, Gruben und Zechen im Stadtrevier (darunter ein privilegiertes Vitriol- und Schwefelwerk mit dazugehörigem Hauptstollen), 5 im auswärtigen Revier (darunter ein privilegiertes Arsenikwerk);
Johanngeorgenstadt:
eine Ausbeutegrube auf Eisenstein, eine Verlagsgrube auf Silber, 10 Gruben und Schächte auf Eisenstein, 3 auf Schwefel und Vitriol, 2 auf Schwefel und Arsenkiese, 8 auf Eisenstein, 5 freiverbaute Stollen und Zechen, 39 vergewerkschaftlichte Stollen und Zechen in neun verschiedenen Gegenden, 52 Eigenlehner- und Fristzechen, 4 Seifen- und Flutwerke;
Marienberg:
eine Ausbeutegrube, 35 Stollen und Gruben, 10 Eigenlehnerzechen (darunter ein Vitriolwerk), 15 Fristzechen;
Schneeberg:
3 Ausbeutegruben, 4 wiedererstattende Gruben im unteren Revier, 3 Ausbeutegruben auf Silber, Kobalt und Wismut, eine Ausbeutegrube auf Eisenstein, 6 wiedererstattende Verlagsgruben auf Kobalt und Wismut, eine wiedererstattende auf Eisenstein im oberen Revier, 19 Berggebäude auf Silber, Kobalt und Wismut in der unteren Abteilung des Stadtreviers, sowie 3 nahe Zechen mit eigenen Stollen, 8 Berggebäude im auswärtigen Revier auf Silber, Kobalt, Kupfer und Vitriol, 3 auf Zwitter, 9 auf Eisenstein und 16 Berggebäuden in der oberen Abteilung des Stadtreviers, im auswärtigen Revier 6 nahe Zechen mit eigenen Stollen, 4 Stollen auf Silber, Kobalt und Kupfer, 3 auf Zwitter, 5 auf Eisenstein;
Neustadt und Suhl:
eine Ausbeutegrube, 25 Berggebäude, 15 Eigenlehnerzechen, 24 Fristzechen, das Voigtsberger Revier unterteilt in das Auerbacher Revier mit 4 gangbaren Berggebäuden, und das Rhönacker Revier mit 9 gangbaren Berggebäuden (darunter der Topasbruch im Schneckenstein), im eigentlichen Voigtsberger Revier 27 gangbare Berggebäude.

Als 1766 der Prinzregent Freiberg besuchte, musste er mit Verwunderung feststellen, dass weder der Generalbergkommissar noch die Mitglieder des Oberbergamtes in bergmännischer Tracht erschienen waren, sondern einfach nur Zivilkleider trugen. Heynitz entschuldigte sich schriftlich damit, dass die Mitglieder des Oberbergamtes erst vor kurzem ihr Amt angetreten hätten und die Neuanschaffung viel zu teuer wäre. Dem Schreiben legt er auch Entwürfe eines neuen Habits bei, die sich stark an die von 1719 anlehnten. Aber so wichtig war die Angelegenheit dann doch nicht, denn erst zwei Jahre später befasste sich das Kammer-Berg-Kollegium mit der Bekleidungsfrage. Der Grund für die nun doch gebotene Eile bestand in der 1769 bevorstehenden Erbhuldigung des Kurfürsten.

Der gesamte Bergstaat sollte sich nun in elf Klassen teilen und dabei die Ränge deutlich in der Ausstattung der Uniformen erkennbar sein. Allerdings blieb das Niveau der Differenzierung hinter der Vorschrift von 1719 zurück, entsprach dafür aber der Mode. Bei den ersten vier Klassen machte die abgestufte Ausschmückung der Bekleidung noch kein Problem. Die Puffjacken waren an allen Kanten mit goldener Borte besetzt, ebenso die roten Westen. Schon ab Klasse V begannen dann aber die Schwierigkeiten. Der dieser Gruppe zugeordnete Oberzentner hatte einen solch hervorgehobenen Aufgabenbereich, dass er sich natürlich durch sein Äußeres von den anderen unterscheiden musste. Statt der ab dieser Klasse vorgeschriebenen Einfassung des Rockes mit schwarz-gelber Rundschnur war diese bei ihm mit goldener Litze besetzt. Das Chaos setzte sich ab Klasse VI fort. In dieser waren Personen mit unterschiedlichen Verantwortlichkeiten zusammengefasst. Natürlich musste sich hier der Bergmeister von einem Markscheider unterscheiden. Deshalb war dessen Uniform auch stärker ausgeschmückt. Das hauptsächliche Unterscheidungsmerkmal in dieser Klasse lag aber in der Ausführung der Stickerei an den Westen. Von Klasse VI an begann – nach militärischem Vorbild – auch die Kennzeichnung der einzelnen Bergreviere durch eine Kombination verschiedener Westen- und Knopffarben. Neu war die Zusammenführung der Berg- und Hüttenleute in der Rang-Einteilung. Dabei ist beachtenswert, dass sich die traditionelle steingraue Farbe der Hüttenbeamten in Hechtgrau wandelte. Darunter verstand man die Tönung an der Unterseite der Fische, also eher ein helles blaugrau. Die neue Bekleidungsvorschrift erwies sich allerdings nicht als unabänderlich. Bereits der Generalbergkommissar schien sich nicht ganz daran gehalten zu haben, denn auf einem Gemälde zeigte er sich in blauen Hosen, statt in den vorgeschriebenen weißen. Nach den Musterblättern sollten die Beamten der Blaufarbenwerke zur blauen Schürze eine rote Weste anlegen, aber irgendwann wurde diese durch eine blaue ersetzt. Möglich ist aber auch, dass die Oberaufsicht der Blaufarbenwerke in ihrer Nähe zum Oberbergamt rote Westen trug und die eigentlichen

Blaufarbenwerker blaue. Auf keinen Fall war aber diese prunkvolle Bekleidung für den täglichen Gebrauch vorgesehen. Sie sollte zu Paraden, besonderen Anlässen und zum sonntäglichen Kirchgang getragen werden. Bei der Einteilung in den Klassen muss aber auch beachtet werden, dass es damals viele Träger von Doppelfunktionen gab. Eine genaue Rekonstruktion der Vorschrift ist auf Grund der Quellenlage kaum möglich. Grundlage bilden die vom Oberbergamt herausgegebenen Musterblätter aus dem Jahre 1768.

Klasse I	Generalbergkommissar
Klasse II	Oberberghauptmann
Klasse III	Berghauptmann
Klasse IV	Wirklicher Bergrat
Klasse V	Bergkommissar, Bergkommissionsrat, Oberbergamtsverwalter, Oberhüttenverwalter, Oberzehntner, Austeiler
Klasse VI	Bergmeister, Oberhüttenvorsteher, Zehntner, Oberhüttenmeister, Oberbergamtsactuarius, Oberhüttenamtsactuarius, Oberhüttenamtsassessor, Obereinfahrer, Blaufarbenwerksfaktor, Saigerhüttenfaktor, Glöthfaktor, Oberschiedsguardein, Bergguardein, Guardeinadjunctus, Inspektor der Bergakademie, Edelsteininspektor, Kobaltinspektor, Oberhüttenraiter, Professor der Bergakademie, Markscheider, Oberhüttenmeister, Farbmeister, Oberbergamtsschreiber, Berphysikus, Hüttenphysikus
Klasse VII	Einfahrer des Obergebirges, Quatembergeldeinnehmer, Zehnteneinnehmer, Oberbergamtsbote, Zubußbote, gewerkschaftlicher Faktor, Stollenfaktor, Berggeschworener, Kunstgeschworener, Pochgeschworener, Stollgeschworener, Wäschgeschworener, Serpentinsteininspektor, Schichtmeister, Hammerschichtmeister, Hüttenmeister, Kunstmeister, Nachthüttenmeister, Waagemeister, Silberbrenner, Eisensteinmesser, Kohlmesser, Nachfahrer, Gewerkenprobierer, Bergschreiber, Gegenschreiber, Hüttenschreiber, Kohlschreiber, Regressschreiber, Zehntenschreiber, Zinnhüttenschreiber, Verwalter des Hammers auf der Saigerhütte, Pochverwalter, Gerichtsverwalter des Blaufar-

benwerks, Gerichtsverwalter der Saigerhütte, Oberbergamtskopist, Oberhüttenamtskopist, Zehntenamtskopist, Bergamtskopist, Gegenbuchkopist

Klasse VIII	Knappschaftsvorsteher, Knappschaftsältester, Knappschaftsschreiber, Zechmeister
Klasse IX	Obersteiger, Steiger, Maurersteiger, Pochsteiger, Wächsteiger, Schmiedesteiger, Meister der Hüttenmaurer, Meister der Hüttenzimmerlinge, Meister der Hüttenschmiede, Bergakademist
Klasse X	Häuer, Bergschmied, Zimmerling, Schmelzer, Zinnschmelzer, Hüttenschmied, Kunstarbeiter, Hüttenarbeiter, Hammerarbeiter, Blaufarbenwerksarbeiter, Knechte und Jungen, Pochjunge, Wäschjunge
Klasse XI	Hautboist, Bergsänger

Generalbergkommissar Friedrich Anton von Heynitz und Oberberghauptmann Friedrich Wilhelm von Oppel

Klasse I

Generalbergkommissar

Die ursprüngliche Vorschrift
sah einen schwarzen Kragen
sowie schwarze Rabatten
und Aufschläge vor.
Als Symbol des Obersten im
Bergstaat galt die Barte.

Klasse II

Oberberghauptmann

Auch für den eigentlichen Leiter des Bergwesens legte die ursprüngliche Vorschrift einen schwarzen Kragen und schwarze Rabatten und Aufschläge fest. Nachdem der Generalberg-kommissar seine Aufgabe beendet hatte, gingen die Insignien des obersten Berg-mannes, die Barte, und die zusätzliche Ausschmückung des Schachthutes auf den Oberberghauptmann über.

Klasse III

Berghauptmann

Auch der Berghauptmann
hätte eigentlich schwarze
statt roter Abzeichen
tragen müssen.
Durch diese Änderung
hob sich die Berghaupt-
mannschaft deutlich
vom Bergvolk ab.

Klasse IV

Wirklicher Bergrat

Seiner herausragenden
Stellung im Oberbergamt
entsprach die
Ausschmückung
des Habits.

Bergkommissionsrat
Oberzehntner *Oberhüttenverwalter*

Klasse V

Ab dieser Klasse war für die Auschmückung des Rocks eine gelb-schwarze Rundschnur vorgesehen, ausgenommen die Uniform des Oberzehntners, dessen Jacke wegen seiner herausragenden Stellung mit einer Borte geschmückt war. Die Uniform des Bergkommissionrats wurde auch vom Bergkommissar, Oberbergamtsverwalter und Oberbergamtsassessor getragen.

Oberbergamt und Bergamt Freiberg

Bergamt Altenberg mit Berggießhübel, Glashütte

Bergamt Annaberg

Bergamt Marienberg mit Geyer, Ehrenfriedersdorf

Bergamt Johanngeorgenstadt mit Schwarzenberg

Bergamt Schneeberg

Bergamt Eibenstock

Bergamt des Neustädter Kreises mit Suhl

Oberhüttenamt und Grünthal

Blaufarbenwesen

Der „Freyberger Fuß“ 1768

Professor *Bergmeister* *Oberhüttenraiter* *Blaufarbenwerksinspektor*

Klasse VI

Ab der VI. Klasse erfolgte die farbliche Unterscheidung
nach den Revieren.
Der dargestellte Bergmeiser trägt die Farben von Freiberg.
Seine Stellung an der Spitze der Klasse
verdeutlicht die reiche Ausschmückung des Rocks
und die besondere Stickerei auf der Weste.
Der Professor an der Bergakademie vereinigte
in seiner Uniform Elemente des Berg- und Hüttenwesens.
Unabhängig von der Farbe des Habits
(schwarz oder hechtblau)
unterschieden sich die Ränge durch die
differenzierte Gestaltung der Stickerei auf der Weste.
Die Uniform der Professoren konnten auch die als
Bergphysikus bezeichneten Ärzte anlegen.
Der Oberhüttenraiter teilte sich die Uniform
mit den oberen Hüttenbeamten
und der Leitung des Kupferhammers Grünthal.
Die rote Weste des Blaufarbenwesens änderte sich später
in Smalteblau, der Farbe der Schürzen.

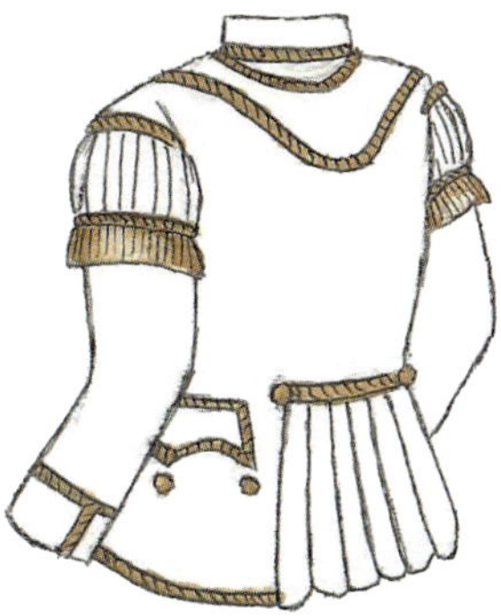

Vizefarbmeister
Geschworener *Hüttenschreiber*

Klasse VII

Diese Rangklasse vereinigte
die Officianten.
Auch wenn deren Kleidung
einfacher gehalten war,
drückte sie dennoch Autorität aus.
Bei gleicher Ausschmückung
richteten sich die Farben
nach dem Berufszweig
und den Revieren.

Klasse VIII

Knappschaftsältester

Das Habit des Knappschafts-
ältesten drückt seine
besondere Stellung
im Bergstaat aus.
Als Vertreter der Bergleute
übten sie auch
Kontrollfunktionen aus.
Aus der Mitte aller
Knappschaftsältesten
wurde ein Vorsteher
und ein Schreiber
gewählt.

Steiger *Bergakademist*

Klasse IX

Nur für die Steiger gab es
die Halskrause als Standesabzeichen.
Obwohl die Akademisten
in dieselbe Rangklasse
eingestuft waren,
zeigte die reiche Ausschmückung
ihres Habits schon die
angestrebt höhere Stellung an.

Klasse X

Durch die Bekleidung zur Parade und zum Kirchgang konnten ihre Träger eindeutig der Branche und dem Revier zugeordnet werden. Obwohl die Bergschmiede nicht zum Hüttenwesen gehörten, trugen sie die Tracht der Schmelzer. Es fehlten aber die Kapuze, und als *Gezäh* führten sie natürlich den Schmiedehammer mit sich.

Blaufarbenarbeiter
Bergmann ***Hüttenarbeiter***

Klasse XI

Bergsänger

Durch ihre Auftritte
bei Festen und in Kirchen
prägten die Musikanten
das Bild des Bergstaates
in der Öffentlichkeit wesentlich.
Die Farbzusammenstellung
ihrer Uniformen
richtete sich
nach den Vorschriften
der Reviere.

Das Mansfelder Bergwesen und die Bergvogtei Thüringen

Bis in das Jahr 1815 konnte das vormalige Kurfürstentum Sachsen – nunmehr zum Königreich erhöht – vom Erzreichtum an seinen nördlichen Grenzen profitieren. Direkt am Rande des Unterharzes liegt die Mansfelder Mulde und westlich davon, durch den Hornburger Sattel getrennt, die Sangerhausener Mulde. Unter der Erde dieser flachen Gebiete befindet sich, schüsselförmig eingebettet, eine Gesteinsschicht von bergbaulicher Bedeutung: ein Kupferschieferflöz. Dieser Schiefer ist ein feinkörniges, dunkles Tongestein, in dem sich Kupfer, aber auch Blei-, Zink- und Silbererze reichhaltig abgelagert hatten. Dabei ist das Flöz selbst nur von geringer Mächtigkeit, in der Regel 30 bis 40 Zentimeter.

Der Abbau des Kupferschiefers begann ziemlich zeitig. Spuren weisen bis zur Frühzeit zurück, urkundlich gesichert ist er ab dem Jahr 1199. Das Erz wurde anfangs am Ausgehenden in Tagebauen gewonnen, aber später mussten auch hier die Schieferhauer in die Tiefe gehen. Dabei unterschied sich die Ausbringung der Kupferschiefer wesentlich vom Bergbau im Erzgebirge, mit seinen Gängen. Die dünne abbauwürdige Schicht liegt leichtfallend flach und breit zwischen dem hängenden Zechsteinkalk und dem Weißliegenden. Deshalb kam hier rationell nur der Strebbau in Frage. Zuerst schlug der Bergmann den Kupferschiefer heraus, dann erweiterte er die Strebhöhe auf 50 bis 60 Zentimeter, um sich Bewegungsfreiheit zu verschaffen. Das taube Gestein stapelte er hinter sich als Handversatz auf und rutschte dann weiter seitlich vor. Während der ganzen Zeit – eine Schicht dauerte üblicherweise acht Stunden – arbeitete der Schieferhauer auf der Seite liegend in dieser Zwangshaltung, wobei ihm ein Achsel- und ein Beinbrett eine gewisse Erleichterung verschafften. Seine Werkzeuge waren die Keilhaue, Schlägel und Eisen sowie die Kratze. Der Abtransport der herausgeschlagenen Schiefer erfolgte durch die Treckjungen in flachen Karren, die diese auf Händen und Knien gestützt durch die niedrigen Gänge zogen. Mit zunehmender Teufe, ab etwa 140 Meter, traten natürlich auch hier die üblichen Probleme des Tiefbaues auf: Es mussten Schächte zur Förderung und Belüftung sowie Stollen zur Entwässerung gegraben werden. Damit setzte auch eine soziale Differenzierung innerhalb der Bergleute ein.

Im Mansfeldischen gab es Besonderheiten, weil Kupfer – wie gesagt – nicht unter das höhere Bergregal fiel und daher die Grafen von Mansfeld ihr Direktionsprinzip nicht durchsetzen konnten oder wollten. Anders als im sächsischen Bergbau wurden hier nicht Gruben verliehen, sondern Schmelzhütten, allerdings mit einem ausreichenden Bergfeld. Somit wurden die Hüttenmeister die eigentlichen Unternehmer des Bergbaus. Um die notwendigen Erzlieferungen sicherzustellen, vergaben sie ihrerseits den eigentlichen Bergwerksbetrieb über ein oder zwei Schächte an die Dinghauer. Diese, nur bedingt mit einem Steiger zu vergleichen, stellten die notwendigen Schieferhäuer an und bezahlten sie auch. Ebenso beschafften sie Haspeln und Seile. Die Schieferhäuer ihrerseits bezahlten die für ihre Arbeit notwendigen Treckjungen und Haspelknechte und mussten sich selbst das *Gezäh*, die Lampen, aber auch die Kübel anschaffen. Durch die Besonderheit des Schiefers gab es auch keine Poch- und Waschwerke, das Erz wurde an Tage nur ausgeklaubt.

Natürlich gab es Berg-, Handels- und Gerichtsordnungen mit den entsprechenden gräflichen Beamten, zu denen Bergvogt, Bergrichter, Schöffen, Geschworene und Zehntner zählten. Diese Ordnung löste sich um die Mitte des 16. Jahrhunderts auf, als die Grafen von Mansfeld dazu übergingen, die Schmelzhütten in den Eigenbetrieb zu übernehmen. Diese wurden fortan von beamteten Faktoren geleitet – selbstständige Hüttenmeister gab es somit nicht mehr. In jener Zeit begann auch der Verfall des Mansfelder Bergbaus. Durch die vielen Erbteilungen – es gab mittlerweile fünf gräfliche Linien – verringerte sich die Finanzkraft der einzelnen Geschlechter, die aber weiterhin gemeinsam das Bergregal ausübten. Zur eigentlichen Bedrohung wurde aber etwas anderes: Da sie das erforderliche Betriebskapital selbst nicht mehr aufbringen konnten, mussten sie erhebliche Anleihen aufnehmen. Als Gegenleitung verpfändeten sie Gruben. Auf dieser Weise erhielten finanzkräftige Händler und Gesellschafter einen erheblichen Einfluss auf den Haushalt und den Betrieb der Bergwerke.

Von den Schulden schwer belastet, wandten sich die Grafen an den Kaiser um Hilfe. Die Verhandlungen verliefen aber kaum in ihrem Sinne, denn der größte Teil des Mansfelds wurde unter die Schuldenverwaltung durch Kursachsen und das Stift Magdeburg gestellt, wobei die Rechte der Grafen gewahrt bleiben sollten. Über den Bergbau bestimmte nun ein kursächsischer

Oberaufseher in Eisleben und ein magdeburgischer Oberaufseher in Mansfeld; dem kursächsischen oblag die Gesamtaufsicht. Für die Grafen bedeutete dies: Wenn sie eine Verbesserung im Bergbau erreichen wollten, etwa einen notwendigen Stollenvortrieb, mussten sie zuerst beim kursächsischen Oberverwalter anfragen und sich dann bei Kreditgebern das notwendige Kapital leihen. Letztere waren kaum gewillt, für kostspielige Projekte Geld zu geben, die erst mittelfristig Gewinn abwerfen würden.

Die Missstände in der betriebswirtschaftlichen Führung hatten soziale Probleme zur Folge. Obwohl sich die Preise für Nahrungsmittel deutlich erhöht hatten, gab es bei den Gedingelöhnen keine Erhöhung. Dazu kam noch eine unregelmäßige Auszahlung, sowohl zeitlich als auch nach Höhe. Um den Gewinn zu steigern, versuchten die Bergwerksunternehmer später, das Volumen der Förderkörbe zu ändern. Da das Haugeld aber nach der Anzahl der Körbe berechnet wurde, bedeutete das faktisch eine Lohnkürzung. All dies führte zu den zahlreichen Streiks im Mansfeldischen. Dies und die Misswirtschaft in Verwaltung und Betrieb ließ den Kupferschieferbergbau allmählich zurückgehen, bis zum endgültigen Aus durch den Dreißigjährigen Krieg, der das Land verwüstete. Um 1630 gab es keine Gruben mehr!

Mit der Freilassungserklärung von 1671 begann eine neue Periode für den Mansfelder Bergbau. Der sächsische Kurfürst übernahm als Lehnsherr nach und nach die Mansfelder Grafschaft. Er musste dabei nur zusichern, dass die Rechte und vor allem die finanziellen Ansprüche der Grafen bestehen blieben, solange es noch einen männlichen Nachkommen gab. 1780 starb die Mansfelder Linie im Mannesstamm aus, und damit wurde das bisher bestehende kollegiale Kursächsisch-Mansfeldsche Bergamt in Eisleben rein sächsisch. Die Situation blieb aber weiterhin kompliziert, da die Gebiete um Mansfeld an Preußen fielen, das Bergregal für das gesamte Gebiet aber zu Sachsen kam.

Die neue Bergordnung von 1671 richtete sich zunächst nach sächsischen Vorschriften, aber die gewachsenen Traditionen fanden ebenfalls Berücksichtigung. So wurden auch weiterhin nicht die Bergwerke, sondern die Schmelzhütten verliehen, denen jeweils ausreichend große Grubenfelder zur Verfügung gestellt wurden. Die Hütten waren vergewerkschaftet und teilten sich in 128 Kuxen. Um den für den Schmelzbetrieb notwendigen Kupferschiefer zu erhalten, betrieben sie ihrerseits die Zechen. Auch hier blieb weiterhin die alte Ordnung erhalten, nach der die Häuer die Haspelknechte und die Jungen bezahlten. Ebenso mussten sie für ihr eigenes Werkzeug und das Geleucht aufkommen.

An der Spitze der Administration stand der Oberaufseher in seiner Eigenschaft als Berghauptmann. Das eigentliche Bergamt zu Eisleben leitete der Bergvogt. Hier nahm wieder der Zehntner einen herausragenden Platz ein. Er rechnete direkt beim Berggemach in Dresden ab. Es folgten der Berg- und Hüttenverwalter, der Bergrichter und der Bergschreiber. Guardein, Kohlenfaktor, Markscheider, Schichtmeister, Kupferwaagemeister und Bergrechnungsrevisor waren weitere Beamte. Für den einfachen Dienst gab es den Bergamtsaufwärter. Unter dem Bergamt standen die Geschworenen, die Fahr- oder Obersteiger und die Klaubesteiger. Bei den Hütten gab es als Offizianten jeweils den Faktor, den Hüttenschreiber und den Anrichter.

Bereits 1719 begann die Ausbildung von Fachleuten, allerdings nur nach Bedarf und ohne ein festes Gebäude. 1798 kam es dann in Eisleben zur Gründung einer ordentlichen Bergschule. Jedes Jahr begannen dort etwa zehn Schüler einen vierjährigen Kurs in den Fächern Markscheidewesen, Mathematik, Konstruktion und Bergbautechnik. Pro Woche gab es allerdings nur drei Unterrichtsstunden, die die Bergschüler außerhalb ihrer eigentlichen Arbeitszeit besuchen mussten. Fast zeitgleich mit dem Mansfelder Bergbau setzte auch der Abbau des Kupferschiefers in der Sangerhausener Mulde ein, allerdings mit anderer territorialer Zugehörigkeit: Während die Grafschaft Mansfeld rechtlich weitgehend selbstständig war, gehörte Sangerhausen zum Thüringer Kreis des Kurfürstentums Sachsen. Aber auch hier begannen zuerst die Bauern das Ausgehende des Flözes oberflächennah abzubauen, und auch hier wanderten später fachkundige Bergleute ein und teuften Schächte ab, um an die tieferliegenden Schiefer zu kommen. Als diese die Kosten des Bergbaus nicht mehr tragen konnten, begannen hier ebenfalls finanzkräftige Unternehmer Teilhaber zu werden. Im Gegensatz zum Mansfeldischen standen aber dabei die Schmelzhütten nicht im direkten Zusammenhang mit den Gruben. Die Besitzer der Bergwerke waren nur verpflichtet, die gewonnenen Kupferschiefer dorthin zu liefern und dabei den zehnten Teil ihres Gewinns an den Bergherrn abzuführen. Für die Hütten gab es natürlich ähnliche Vorschriften. Gleich den Gepflogenheiten in Mansfeld war auch hier die Bezahlung der Haspelknechte und Förderjungen durch die Schieferhäuer üblich.

Der Dreißigjährige Krieg ließ auch den Sangerhäuser Bergbau zum Stillstand kommen. Erst 1675 konnte er wieder aufgenommen wurde. Zwei Jahre später ersuchte die Stadt Sangerhausen den Landesherrn um Erlaubnis, selbst Bergbau treiben zu dürfen. Das Bergamt bekam Räume im Rathaus, und der Bürgermeister konnte sich Bergvogt nennen. Es entstand eine neue Schmelzhütte, zeitweise wurden aber auch Erze zur Verhüttung nach Grünthal geliefert. Da Holzkohle für das Schmelzen immer schwerer zu beschaffen war, übernahm die Sangerhäuser Gewerkschaft den Braunkohlenbergbau bei Riestedt.

Auch am Ostrand des Kyffhäusergebirges fand man bei Bottendorf abbauwürdige Kupferschiefer, deren Gewinnung zu Beginn des 18. Jahrhunderts ihren Höhepunkt erreichte. Es entstand ebenfalls ein Bergamt mit einem Bergvogt an der Spitze. Für den bergmännischen Betrieb in den beiden Revieren Sangerhausen und Bottendorf waren die Gewerkschaften verantwortlich. Der Anteil des sächsischen Kurstaates an den Bergämtern erstreckte sich hauptsächlich auf die Verwaltung des Bergregals und den Einzug des Zehnten und der Steuern. Dazu wurden diese zur Bergvogtei Thüringen zusammengefasst. Der Behördensitz war seit 1717 Eisleben, ab 1793 wieder Sangerhausen. Damit ergab sich ein direkter Zusammenhang mit dem Mansfelder Bergstaat. Der Berghauptmann war also auch für die Bergvogtei zuständig.

Darüber hinaus bestanden auch kursächsische Ansprüche auf die Hälfte des Bergregals der Stolberger Grafen im Harz, in deren Gebieten zahlreiche Silber- und Kupfererze abgebaut wurden. In enger Beziehung zum Stolbergischen Gemeinschaftsbergamt stand deshalb das Oberzehntamt in Stolberg. Beide Behörden wurden ebenfalls zur Bergvogtei Thüringen gerechnet. Der Mansfelder Kupferschieferbergbau und die Bergvogtei Thüringen unterstanden nicht dem Oberbergamt in Freiberg, sondern rechneten direkt mit dem Berggemach in Dresden ab. Natürlich gab es aber auch eine sachliche Zusammenarbeit mit dem Berg- und Hüttenwesen im Erzgebirge. Und so wie der Sächsische Bergstaat 1768 eine Rangeinteilung und neue Uniformen bekam, zogen die Mansfelder ein Jahr später nach. Ihre Klasseneinteilung orientierte sich aber anders:

Klasse I	Berghauptmann (nach 1790 als Oberbergvogt bezeichnet)
Klasse II	Bergvogt (entspricht dem sächsischen Bergmeister)
Klasse III	Zehntner, Bergverwalter, Bergrichter, Bergschreiber
Klasse IV	Guardein, Hüttenfaktor, Markscheider, Schichtmeister, Anrichter, Revisor
Klasse V	Berggeschworener, Hüttenschreiber, Kohlenbereiter, Probiergehilfe, Scholar
Klasse VI	Knappschaftsältester
Klasse VII	Fahnenträger
Klasse VIII	Steiger
Klasse IX	Bergsänger
Klasse X	Tambour
Klasse XI	Schieferhäuer, Kunstknecht, Zimmerling, Bergschmied

Klasse XII Hüttenarbeiter

Klasse XIII Haspeler, Treckejunge

Klasse XIV Bergamtsaufwärter

Auch in der Montur gab es deutliche Unterschiede zum sächsischen Habit. Der Schachthut war für alle – unabhängig vom Berg- und Hüttenwesen – schwarz. Vorn schmückte ihn das Wappen des Kurfürsten und an der linken Seite gab es die schwarz-gelbe Bandrosette. Die Uniform der Hüttenbeamten folgte auch nicht dem bläulichen Hechtgrau der Sachsen, sondern entsprach dem althergebrachten wirklichen Grau. Tzscherpertaschen gab es überhaupt nicht, dafür legten auch die Beamten der Schmelzhütten Kniebügel an, die für das eigentliche Bergvolk nicht vorgesehen waren. Eigentümlich waren auch zwei Klassen, die nur eine reine Aufzugfunktion hatten: der Fahnenträger und der Tambour. Die Kleidung des Fahnenträgers entsprach im Wesentlichen der der Klasse V, hatte aber wie der Tambour weiße Achselklappen, die weitgehend durch den ebenfalls weißen Schalkragen verdeckt waren, sowie weiße, mit goldfarbener Tresse besetzte Schwalbennester. Durch den ebenfalls weißen Besatz um die Knopfleiste erhielt die Uniform des Tambours ein fast militärisches Aussehen. In den unteren Klassen gab es keine Unterscheidung, abgesehen vom Werkzeug und der unterschiedlichen Trageweise des Leders der Handwerker.

Markscheider Berghauptmann Hüttenverwalter Hüttenschreiber
Geschworener Bergrichter Bergvogt Oberprobierer

Schieferhäuer Knappschaftsältester Bergschmied Bergsänge
Bergamtsaufträger Hüttenmann Steiger Bergtambour

Die Interimsuniform von 1793

Bisher hatten sich alle Vorschriften auf das äußere Erscheinungsbild des Bergstaates, eben auf die Repräsentation, bezogen. Der Alltag war aber von Arbeit jeglicher Art geprägt. Wozu hier eine Uniform nötig war, bleibt fraglich. Anders als die Postillione oder Forstaufseher, die nun ebenfalls eine einheitliche Bekleidung erhielten und ihre Aufgaben öffentlich versahen, verrichteten Berg- und Hüttenmann sowie die Leitungspersonen im Bergbau ihre Arbeit nicht unter den Augen der Öffentlichkeit. Aber sie waren schließlich Staatsdiener!

Die einfachen Bergleute besaßen zwei Kittel: das Paradestück aus schwarzem Tuch und im gleichen Schnitt den Grubenkittel aus grober, grauer oder schwarzer Leinwand. Weiße Hosen, Strümpfe und das weiße Capuchon auf den Schultern waren natürlich für die Arbeit ungeeignet. Diese Kleidung wurde zwar von einem Bergschneider gefertigt, bezahlen mussten sie die Träger aber ratenweise selbst. In der Öffentlichkeit, außerhalb der Paraden, zeigte sich der einfache Bergmann in seinem „guten" Kittel, allerdings ohne den weißen Schalkragen und ohne den Schachthut. Stattdessen setzte er einen gewöhnlichen Hut nach aktueller Mode auf, und statt der *Barte* hielt er einen gewöhnlichen Stock in der Hand. Paradekleidung und Arbeitskleidung der Hüttenarbeiter unterschieden sich in jener Zeit, auch wenn das weiße Schmelzerhemd mit dem vorgebundenen Leder die ursprüngliche Arbeitstracht war. Außerhalb der Paraden trugen auch die Hüttenleute einen schwarzen Kittel oder gewöhnliche Zivilkleider.

Geändert hatte sich aber inzwischen das Habit der Bergakademisten. Zum Tragen dieser Kleidung waren nur die Stipendiaten verpflichtet, also nicht die Privatstudenten und die Ausländer. Wegen der hohen finanziellen Belastung für die Studenten fiel die graue Puffjacke weg und trugen sie stattdessen den Grubenkittel der einfachen Bergleute. Zur Unterscheidung dienten farbige, liegende Kragen und farbige Aufschläge, die mit schmaler Tresse besetzt waren. Aus der Kombination der Farben der Kragen und Aufschläge und der Farben der Knöpfe und Tressen war das delegierende Bergamt zu erkennen. Das Aussehen des Bergkittels selbst begann sich

auch durch die Einführung der beiden Brusttaschen mit den später typischen Knopfleisten zu ändern. Statt des Schachthutes trugen die Studenten jetzt einen dreieckigen Hut mit schwarzgelber Bandkokarde, und an die Stelle von Kniebügel und Gamaschen traten hohe schwarze Stiefel. Das Berghäckchen blieb, aber der Säbel verschwand.
Auch das Gewand der Professoren der Bergakademie wandelte sich. Das an der Hüttenuniform angelehnte Habit verschwand, und sie bekamen eine Uniform ähnlich der der Bergmeister.
Die Paradeuniform der Bergoberen war ein Prunkstück und deshalb für die normale Arbeit kaum geeignet. Für die Erledigung ihrer alltäglichen Aufgaben, wie die Befahrung, zogen sie auch lieber den üblichen schwarzen Grubenkittel der Bergleute an und setzten dazu eine einfache, runde Filzmütze auf. Natürlich war auch eine Perücke unter Tage völlig ungeeignet. Deshalb banden sich die Bergoberen ihr Haar unter einer Fahrkappe, wie sie die Ältesten zu Aufzügen trugen, zusammen. Dennoch zeigten sich die Beamten und Offizianten auch außerhalb der Paraden gern in ihren glänzenden Uniformen. Den federgeschmückten Schachthut ersetzte dann aber ein gewöhnlicher Hut mit gold-schwarzen Kordons an den Ecken und einer gelbschwarzen Kokarde. Das weiße Capuchon auf den Schultern und das Bergtäschchen fielen weg, und statt der Kniebügel und Gamaschen wurden – nach der entsprechenden Mode – Stiefel getragen. Teilweise ersetzten sie die gold- oder silberfarbenen Bouillons oder Fransen durch schwarze. Zum normalen Bürodienst erschienen die Beamten sicherlich auch in Zivilkleidern.

Das sollte sich mit Einführung der Interimsuniform von 1793 ändern! Die Motive dafür mögen verschieden gewesen sein. Auch beim Militär wollten die Generäle und Offiziere ihre aufwendig geschmückten Uniformen im Alltag schonen, weshalb eine schlichtere Dienstbekleidung eingeführt wurde. Die neue Uniformart der Bergbeamten sollte ebenfalls diesem Zweck dienen. Sie war entsprechend einfach gestaltet, entsprach aber auch der Mode. Typische Elemente einer Bergmannstracht gab es kaum, dafür hatte sie ein militärisches Aussehen. Als Kopfbedeckung diente ein üblicher Hut mit goldenen oder silbernen Kordons an den Ecken und einer schwarzen Bandschleife als Schmuck. Das Oberkleid, die damals gängige Bezeichnung für den frackartigen Rock, bestand für alle Branchen, also auch für das Hüttenwesen, aus schiefergrauem Tuch und hatte scharlachrote Kragen und Ärmelaufschläge. Eine Ausnahme bildeten hierbei die Bediensteten der Bergämter Altenberg und Johanngeorgenstadt, bei denen Kragen und Aufschläge von karmesinroter Farbe waren. Die Knöpfe entsprachen denen der Paradeuniform. Während die Unterkleider, also die Hosen, bei allen weiß waren, entsprach die Farbe der Westen ebenfalls denen der Großen Uniform – für das Blaufarbenwesen, entsprechend der Lage im Bergrevier Schneeberg, rot. Das Säbelkoppel wurde unter die Weste geschnallt. Das Portepee

mit dem der Säbelgriff umwunden war, hatte entweder Bouillons oder Fransen. Entsprechend dem Zeitgeschmack gab es Stiefel.
Das auffälligste Unterscheidungsstück waren die Achselstücke. Entsprechend der Rangklasse hatten sie eine Einfassung von breiten Litzen oder von Rundschnur und waren mit dicken Bouillons oder Fransen versehen. In der Mitte befand sich ein, von Litze oder Rundschur eingefasstes Medaillon mit Hammer und Eisen oder den Hütteninsignien. Nach der Knopffarbe waren diese entweder golden oder silbern, wobei sich die Farbe der Hüttenabzeichen ebenso nach der Lage in den Bergrevieren richtete. Für die Saigerhütte Grünthal waren solche aus Kupfer erlaubt.

I. Klasse Träger der Paradeuniform der Klassen I bis IV, also die Berghauptmannschaft und die Berg- und Bergkommissionsräte

Schultereinfassung von breiter goldener Tresse und gestickten goldenen Berginsignien, dicke Bouillons

II. Klasse Träger der Paradeuniform der V. Klasse, wie Oberbergmeister, Oberbergamtsverwalter, Oberbergamtssekretär, Oberhüttenverwalter, Oberzehntner und von der VI. Klasse diejenigen, welche Atlasmützen trugen, folglich nur Silberzehntner, Bergmeister, wirklicher Professor an der Bergakademie, Inspektor der Bergakademie, Lehrer der Mathematik und des Bergrechtes (also solche, die im Rang nicht unter den Bergmeistern stehen)

Einfassung der Achselstücke mit 4 Zoll breiter, geflochtener, goldener oder silberner Litze, Insignien aus Metall, dünne Bouillons

III. Klasse restliche Träger der Paradeuniform der VI. Klasse, also Zehntner, Oberbergamtsactinarius, Obereinfahrer, Kobaltinspektor, Freibergs Guardein, Bergschreiber mit Sitz und Stimme, Markscheider und Vizemarkscheider, Oberstollnfaktor, Bergamtsassessor ferner Oberhüttenvorsteher, Oberhüttenraider, Oberschiedsguardein, Probierer, Hüttenmeister inkl. Saigerhüttenfaktor, Hammerinspektor, Kommunfaktor zu Schneeberg und Kurfürstlicher Blaufarbenfaktor zu Oberschlema

Achselstücke mit goldener oder silberner Rundschur und gleichfarbigen Fransen

IV. Klasse	Geschworener, Kunstmeister, Bergschreiber die nicht Sitz und Stimme haben, Oberbergamtsschreiber, Gegenschreiber, Bergamtsactinarius, Zehntenschreiber und Vizezehntenschreiber, Regreßschreiber, Zeichenmeister der Bergakademie, Stollenfaktor, Bergguardein, Serpentinsteininspektor, Bergmechanikus, Bergfaktor und Knappschaftsschreiber, vom Hüttenwesen aber der Anrichter und Hammerverwalter auf der Saigerhütte, Hütten- und Nachthüttenmeister, Amalgamiermeister, Hüttenschreiber bei Zinn- und Silberhütten, Silberbrenner, Gewerkenprobierer. Kohlschreiber *Achselstücke mit Schnurbesatz von der Farbe des Oberkleides, mit Gold oder Silber durchwirkt. Kurze gleichfarbige Fransen*
V. Klasse	Personen der VII. Klasse die bei der Paradeuniform nur einfache Mützenschilder haben, wie Bergamts- und Oberhüttenamtsauditoren, Quatembergeldeinnehmer, Eisensteinmesser, Gewerkschaftlicher Faktor bei den Zinnwerken, Amtsbote und Zubußbote, Oberbergamtskopist, Bergamts- und Oberhüttenamtskopist, Zehntamtskopist sowie Vizehüttenmeister, Vizegewerkenprobierer, Amalgamieroffiziant, Waagemeister bei den Silber- und Zinnhütten, Farbenmeister bei den Kurfürstlichen Blaufarbenwerke, Kohlmesser *keine Achselstücke, statt eines Säbels ein kurzer Couteau (Hirschfänger)*

Die Rangklassen im Bergstaat hatten sich durch das Ausscheiden des Generalbergkommissars verschoben. Bei dieser Gelegenheit wurde auch die Stickereien auf den Westen durch abgestuften Tressenbesatz ersetzt, und die Grundfarbe der Hüttenuniform wechselte vom Hechtgrau in das ursprüngliche Silbergrau.

I. Klasse

II. Klasse

III. Klasse

Oberbergamt
Bergamt Freiberg

Bergamt Schneeberg
Berggießhübel
Glashütte

Bergamt Altenberg

Bergamt
Johanngeorgenstadt
Schwarzenberg und
Eibenstock

Bergamt
Voigtsberg

Die Interimsuniform von 1793

IV. Klasse

V. Klasse

Bergamt des Neustädter Kreises mit Suhl

Bergamt Annaberg Scheibenberg, Hohenstein und Oberwiesenthal

Bergamt Marienberg Geyer und Ehrenfriedersdorf

Oberhüttenamt

Veränderungen

Um die Wende zum 19. Jahrhundert erlebte Europa fünfundzwanzig Jahre dramatischer Ereignisse. Auch Sachsen war davon berührt. Anfangs sah es eigentlich nicht schlecht für das einstige Kurfürstentum aus. Für die Hinwendung zu Napoleon erfolgte die Erhebung zum Königreich, und auch wirtschaftlich konnte vor allem die Textilindustrie von der Kontinentalsperre gegen England profitieren. Leider hatte der sächsische König aber auf die falsche Karte gesetzt, und so musste auch Sachsen den Preis für die Niederlage Napoleons bei Leipzig zahlen. Nachdem das Land kurzzeitig unter russischer Verwaltung stand, brachte die Schlussakte des Wiener Kongresses den Verlust von fast zwei Dritteln seines Territoriums. Schmerzhaft war dies auch deshalb, weil bisherige Binnenhandelswege plötzlich durch Zollschranken unterbrochen waren. Und es bedeutete unter anderem, dass sich das Gebiet des Bergstaates wieder auf seinem Ausgangspunkt – das Erzgebirge – beschränkte.

Allerdings ging die Silbergewinnung in den Jahren zwischen 1790 und 1815 zurück, und erst durch Reformen konnte diese Entwicklung umgekehrt werden. Schon als Bergmeister von Marienberg hatte Friedrich Wilhelm Heinrich von Trebra in seinem Revier durch Veränderungen in der Verwaltung und durch neue Förder- und Aufbereitungstechniken eine wesentliche Steigerung der Ausbringung erreichen können. 1801 zum Oberberghauptmann berufen, konnte er diese Erfahrungen zum allgemeinen Nutzen des sächsischen Bergwesens anwenden. Ein wesentlicher Impuls kam dabei von der Einrichtung einer Maschinenbaudirektion beim Oberbergamt. Das neue Denken in dieser veränderten Zeit kam jedoch nur langsam im Gebirge an. Noch bestand die alte Bergordnung, und das einfache Leben der Menschen hatte sich kaum verändert. Der in Marienberg herausgegebene „Chur-Fürstlich-Sächsische gnädigst privilegierte Berg-Calender auf das 1775. Jahr“ formulierte die „Pflicht des Bergmanns gegen sich selbst“ so:

Ich muß mich an meiner Seele, an meinem Leibe und an meinem ganzen äußeren Zustand, das ist, an meinem Vermögen, Ehre und guten Namen durch die Beschäftigung des Bergbaues verbessern und alle Fehler dawider vermeiden. Daher muß ich mich nach dieser Lebensart immer besser kennen lernen und täglich prüfen, folglich auch, was ich hierbey gethan habe, itzt thue, und künftig zu thun Willens bin mit Wachsamkeit, Untersuchung des geführten Lebens und Klugheit beobachten.
Ich muß über alle hierher gehörigen Geschäfte, ich mag nun befehlen oder arbeiten, mein eigner gewissenhafter Richter seyn, und also meine gute und schlechte Seite immer vor Augen haben. Deswegen muß ich teils demüthig, nie hochmüthig, nie niederträchtig, und noch weniger vor mir eingenomm oder ein Pedant meines Standes seyn; theils alle meine Verrichtungen gegen göttliche oder obrigkeitliche Gesetze richtig oder nach einer deutlichen, gewissen und lebendigen Erkenntniß halten, daß ich allezeit gewissenhaft verfahre, keine Gewissensbisse und Vorwürfe, und noch weniger Strafe befürchten darf, oder nur nöthig habe mir eine blinde und närrische Selbstliebe mir vorwerfen zu dürfen.
Endlich muß ich auch alle Mittel gebrauchen meine bergmännische Vollkommenheit zu erlangen, folglich für mich sorgen und mich täglich bessern.
Diese Verbesserung muß ich zuerst mit meiner Seele vornehmen, als welche mich eben von Maschinen unterscheidet und zu einen vernünftigen Bergmann macht. Sinne, Imagination, Witz, Scharfsinn, Gedächtniß, Erfindung, Vorsicht, Ueberlegung und dergleichen, wie auch meine Triebe, Affecten und Neigungen müssen bey meinem Bergbaue nicht nur angewandt sondern auch immerfort gebessert werden, doch muß diese Besserung hauptsächlich dahin gehen, daß ich in meine Geschäfte immer verständiger, williger und freyer handeln kann.
Da aber hierbey nicht allein meine Seele, sondern auch mein Leib geschäftig seyn muß, und derselben dazu noch mancher Gefahr ausgesetzt ist; so darf ich zwar Lebensgefahr nicht scheuen, aber auch nicht suchen; sondern ich muß mein Leben so zu schätzen und zu erhalten suchen, daß ich einmal alt und Lebens satt sterben kann, meine Lebenstage aber gesund, stark und tauglich zu meinen Verrichtungen verbringe. Daher muß ich meine Arbeit

meinen Kräften anmessen, eine gesunde Nahrung geniessen, mich mit anständiger und der Gesundheit und Arbeitsamkeit zuträglicher Kleidung bedecken, nach der Arbeit meine Ruhe nicht vergessen, die Triebe gegen dem anderen Geschlecht nicht zu zeitig, allezeit mäßig, und nie unrechtmäßig oder wider der Gesetze der Ehe gebrauchen, und die Laster, die allen diesen Dingen entgegenstehen, sorgfältig vermeiden.
Wie bey allen diesen das Absehen noch dahin genommen, daß ich bei dem Bergbaue zu etwas komme, meine Tage mit gutem Muthe und fröhlichen Herzen zubringe, erlaubte Erholung geniessen, Ehre, Credit und guten Nahmen erhalten kann; so habe ich als Bergmann alles gethan, was meine Menschheit von mir fordert.
Doch ich bin mehr als Mensch; ich bin ein christlicher Bergmann. Nach meiner christlichen Religion, nach meiner Taufgelübde mich an Seele und Leib und allen Glücksumständen zu verbessern, hauptsächlich aber für mein ewiges Glück im Himmel zu sorgen, und es bey allen meinen Verrichtungen im Bergbaue nie zu unterlassen, das ist besondere Pflicht für mich. Daher will ich täglich über meine Fehler vor Gott weinen, mich an meinen Mittler, Jesum, halten, mich immer bessern, meine Lieblingsfehler am meisten bewachen, und die mir schweren Tugenden vor anderen üben. Verleugnen will ich mich, und meine Lüste und Begierden tödten. Ich will meine Neigungen vom Irdischen abziehen, nach dem, was droben ist, trachten, und also meinen Wandel im Himmel seyn lassen. Keusch und mäßig will ich in dieser Welt leben, meine Zunge im Zaume halten, einen jeden Gedanken unter das Gesetz Christi gefangen nehmen, und mich selbst erniedrigen, daß ich anderen mit Demuth begegne und all meine Würde und Vorzüge Gott zuschreibe.
An Creutze wird es mir bey diesen mühseligen Geschäften nie fehlen und es gehört zur Vollendung meines Christenthums. Gut! so will ich das Creutz Christi willig auf mich nehmen, die mir aufgelegten Trübsale geduldig leiden, ja mich derselben rühmen und als eins gnädigen Andenkens meines Gottes erfreuen, den Tod überwinden, und also als ein frommer und getreuer Knecht zur Freude meines Herrn eingehen.

Nach diesen hohen Vorsätzen sollte der Bergmann sein Leben einrichten. Ob sich jeder daran gehalten hat, ist fraglich, denn die Menschen sind eben schwach und verschieden. Jedenfalls entsprachen diese Grundsätze den Wertvorstellungen der Zeit.
Die Arbeit des Bergmannes unterschied sich schon wesentlich vom Broterwerb seiner Nachbarn. Der seine war nicht nur schwer, sondern auch gefährlich, weshalb neben der körperlichen Eignung auch Eigenschaften wie Scharfsinn und Vorsicht wesentlich waren. Natürlich wurden die Sinne auch während einer langen Ausbildung geschärft, denn langsam hatten sich die Arbeitsbedingungen in den Gruben gegenüber dem anfänglichen „Berggeschrey" doch verändert. Der Weg zum vollwertigen Hauer begann schon vor dem Ende der Schulzeit. Mit Einwilligung des Vaters konnten Jungen als Stundenarbeiter bei leichten Tagarbeiten, für die sie auch Lohn erhielten, beschäftigt werden. Nach diesem Praktikum und nach der Konfirmation begann dann die eigentliche bergmännische Laufbahn. Als Bergjunge durchliefen die Kinder zunächst die Stationen eines Klaube , Ausschlage , später die eines Scheide und eines Wäschejungen. Die Ausbildung dauerte ein bis zwei Jahre, in denen auch die Eignung geprüft wurde. Natürlich konnten auch Bergmannskinder nach ihrer Konfirmation eingestellt werden, die keine Stundenarbeiter gewesen waren. Für sie galt die gleiche Laufbahn. Ebenso war es für Bewerber mit bergwerksfremder Herkunft und auch noch im fortgeschrittenen Alter möglich, als Bergjungen eingestellt zu werden. Nach dem sie alle die Arbeiten über Tage kennengelernt hatten, gingen sie – mit Ausnahme derer, die in den Pochwerken bleiben wollten – den nächsten Schritt zum Grubenjungen.
Nach dem Bedarf und der körperlichen Eignung unterteilten sich die Grubenjungen in die Sauber und die Förderjungen. Erstere hatten die Aufgabe, die Strecken in Ordnung zu halten, außerdem waren sie den Häuern beigegeben und erledigten unter Aufsicht die Trennung des gewonnen Haufwerks in Scheide- und Pochgänge sowie in Berge. Die kräftigeren Grubenjungen besorgten die Streckenförderung und halfen auch beim Haspelziehen oder als Anschläger. Auf der nächsten Stufe ihres Werdegangs durften die Jungen ein Tzscherpertäschchen tragen und wurden als Bergknechte bezeichnet. Hier begann schon die Spezialisierung. Je nach Eignung wurden sie zu Förder- und Wasserknechten oder Bohr- und Schlägelknechten. Erstere verrichteten die typischen Arbeiten der Förderung, wie Haspelziehen oder Anschlagen der Tonnen, aber auch den Transport der Massen durch Hunte zum Förderschacht oder die Herbeischaffung von Holz und anderen Materialien. Sie waren aber auch an Pumpen zur Wasserhaltung und bei der Gezeugwartung tätig. Bohr- und Schlägelknechte arbeiteten direkt mit den Hauern

zusammen. Wenn sie sich beim Bohren der Schießlöcher und bei der Besetzarbeit bewährten, konnten sie Schießknechte werden und selbstständig besetzen und schießen.
Die nächste Stufe – und damit eine höhere Lohngruppe – erreichten sie als Lehrhäuer. Dabei handelt es sich zum einen um die eigentlichen Gesteinsarbeiter, zum anderen um alle anderen, die den gleichen Lohn bekamen, wie etwa die Bergschmiedelehrlinge, die Bergmaurer und Aufbereitungsarbeiter. Als Kennzeichen diente ein Tzschärpermesser an der Tasche. Die Klasse der Lehrhäuer musste innerhalb von drei Jahren durchlaufen werden, wobei in gewissen Zeitabständen der Lohn erhöht wurde. Am Ende stand für Hauer, Maurer und Zimmerlinge ein Probegedinge auf Stein, für Arbeiter in der Aufbereitung ein Wäschegedinge, und die Lehrlinge in der Bergschmiede verfertigten ein Gesellenstück. Im Obergebirge war letzteres nicht gefordert, wie überhaupt in den einzelnen Revieren andere Reglungen für die Lehrhäuer existierten. Im Bergamtsrevier Schneeberg gab es diese Klasse überhaupt nicht.
Und dann – etwa im dreißigsten Lebensjahr – stand die Verpflichtung zum Doppelhäuer, früher auch als Erbhäuer bezeichnet, an. Ursprünglich waren das Bergknappen, die die doppelte Zeit arbeiteten. In Sachsen ging die Entwicklung gerade umgekehrt, denn hier arbeiteten Doppelhäuer statt acht Stunden nur vier bis sechs Stunden am Gestein, erhielte aber den vollen Häuerlohn. Zur effektiven Arbeit benötigten die Hauer aber auch mehrere Helfer, zu denen vor allem die Bergjungen und die Knechte gehörten. Um den Vortrieb gegen Einsturz zu sichern und für den Ausbau der Stollen und Schächte gab es die Bergmaurer und die Zimmerlinge. Auch sie erhielten nach Ablegung des Probegedinges die Bezahlung der Doppelhäuer, mussten aber in der Regel länger arbeiten. So auch der Bergschmied. Obwohl er hauptsächlich über Tage arbeitete, war seine Leistung für die Gruben unverzichtbar, denn der Hauer nutzte während seiner Schicht oftmals mehr als zehn Bergeisen ab, die ständig wieder geschärft werden mussten.

Zum Grubenbetrieb gehörten aber auch die verschiedenen Künste zur Förderung und Wasserhaltung. Hier arbeiteten die Gezeugarbeiter, die Kunst- und Maschinenwärter sowie die Treibemeister, Tonnenanschläger, Stürzer und Ausläufer. Der Weg der Gezeugarbeiter erfolgte ähnlich wie der eines Doppelhäuers. Bei Bedarf und Eignung traten die Bergknechte als Gezeugarbeiterlehrling in die spezielle Ausbildung ein. Hier erlernten sie solche Fertigkeiten, wie die Herstellung einer Treibetonne, einer Schwengelpumpe oder einer Vorgelegehaspel. Als Gezeugarbeitergehilfe arbeiteten sie schon an größeren Objekten, wie dem Einhängen eines Wasserrades. Selbständiges Arbeiten führte dann über die Einstufung als wirklicher Gezeugarbeiter zum Obergezeugarbeiter, mit der Aufsicht über andere Arbeiter. Der Aufstieg zur nächsthöheren Klasse war natürlich immer mit der Verfertigung einer Probearbeit verbunden.

Obwohl die Hauptaufgabe der Kunst- und Maschinenwärter in Kontrolle und Instandhaltung der technischen Anlagen bestand, mussten sie, um den vollen Lohn eines Doppelhäuers zu erhalten, ein Gesteinsprobegedinge fahren. Im Schneeberger Revier waren sie verpflichtet, in der Nähe der Grube zu wohnen, damit sie stets ohne Zeitverzug dort erscheinen konnten.
Die Förderung der Erze und Massen, einschließlich aller Gerätschaften, die für die Arbeiten in der Grube gebraucht wurden, erfolgte über die Schächte mittels Tonnen. Für die Anschläger war keine besondere Ausbildung erforderlich. Sie konnten aber auch nach einer längeren Dienstzeit – in der Regel nach zwanzig Jahren – den Doppelhäuerlohn erhalten. Treibemeister, die die Fördermaschinen steuerten, kamen nach entsprechend langjähriger Erfahrung im Lohn sogar über den der Doppelhäuer. Zum Ausschütten der Tonnen und zum Wegfahren des Gutes kamen nur Knechte oder Tagelöhner zum Einsatz.
Den Abschluss der Erzförderung bildete die Aufbereitung. Die begann mit der Arbeit der Jungen auf der Scheidebank, setzte sich mit dem Zerkleinern des Gesteins in den verschiedenen Pochwerken und Wäschen fort. Neben den Jungen und den normalen Arbeitern kamen hier auch oft Berginvaliden unter. Die tägliche Arbeitszeit dauerte zwölf Stunden, und die Löhne konnten nach regelmäßigen Steigerungssätzen die volle Höhe erreichen.
Nach der Aufbereitung kamen die Erze in die Schmelzhütten. Die Beschäftigung dort gestaltete sich natürlich vollkommen anders, als die der Bergleute. In den Schmelzhütten gab es Abtreiber, Hutmänner, Waageknechte, Schmelzer, Erzröster, Aufträger und Schlackenläufer. Die Arbeitsabläufe im Amalgamierwerk unterschieden sich wiederum. Dort arbeiteten Erzröster, Erzsieber und Erzmüller, zudem Anquickarbeiter, Verwascharbeiter und Ausglüharbeiter sowie Vorläufer, Vorläufergehilfen und Anquickgehilfen. Für die umfangreiche Zahl von Maschinen oder Gezeugen gab es in den Hütten und Werken gut ausgebildete Hüttengezeugarbeiter und Gezeugarbeitergehilfen.

In Bezug auf das Einkommen gab es ein geflügeltes Wort: „Ein Bergmann wird arm geboren, und er stirbt arm.“ Sicherlich konnte er durch seine Arbeit nicht zu Reichtümern kommen, wie er ja überhaupt in einem armen Landstrich lebte, denn innerhalb Sachsens galt das Erzgebirge als ein solcher. Ob aber die Aussage „arm“ ganz der wirklichen Situation entsprach, ist differenziert zu betrachten. Aufzeichnungen dazu sind kaum verfügbar. Einblicke in die Lage im Schneeberger Bergamtsrevier am Ende der 1840er-Jahre sind vielleicht durch den Vergleich mit der Entstehung des Proletariats im nahegelegenen Zwickauer Steinkohlenrevier, die Peter Rentsch untersucht hat, möglich. Bei der Bewertung müssen aber die unterschiedlichen

Arbeitszeiten beachtet werden. Eine Regelschicht dauerte im Erzbergbau acht Stunden. Unter Beachtung des gemeinsamen Gebets vor Beginn und am Ende der Schicht, sowie Anweisung und Anfahrt wurde nur etwa fünf Stunden direkt am Stein gearbeitet. Oft arbeiteten die Bergmänner aber auch in zwölfstündigen Schichten. Zur Praxis gehörte auch die Arbeit im Gedinge, also im Akkord, bei der auch mehr verdient werden konnte.

Tageslohn im Zwickauer Bergbau:
Zimmerling 11 Ngr.

Lehrhäuer 9 Ngr. 5 Pfg.
Häuer (geschätzt) 15 Ngr.
Förderleute 6 Ngr. 5 Pfg.

Tageslohn im Schneeberger Bergbau:
Zimmerling 6 Ngr.–6 Ngr. 5Pfg.
Bergknechte 5 Ngr. 2 Pfg.
(Lehrhäuer gab es in Schneeberg nicht)
Doppelhäuer 5 Ngr. 8 Pfg.
Grubenjungen oder Knechte 5 Ngr.

zum Vergleich in der Zwickauer Industrie:
Chemiearbeiter 10 Ngr.
Spinnereiarbeiter 11 Ngr.
Tagelöhner im Brauhaus 6 Ngr. 5 Pfg.

Allgemein wurden sechs Schichten pro Woche gefahren, nur in Altenberg gab es die 5-Tage-Woche. Im Schneeberger Revier wurden die niedrigsten Löhne im Regalbergbau gezahlt, am besten verdienten die Bergleute in Freiberg. Der üblichen achtstündigen Schicht im Erzbergbau, bezahlt nach Stunden, stand die zehn- bis zwölfstündige Arbeit im Steinkohlenschacht gegenüber, die nach Leistung, also nach der Menge der Kohle, die ein Häuer tatsächlich förderte, bezahlt wurde. Andererseits erhielt ein Häuer bei der Kohle nach zwanzig Jahren schon das volle Gehalt, während der Erzhäuer erst Dreißig werden musste, um in den Genuss des vollen Lohnes zu kommen.

Die genannte Untersuchung gibt auch eine Vorstellung von den Lebenshaltungskosten. Die Angaben beziehen sich für die gleiche Zeit auf den Zwickauer Raum. Ein Bergmann konnte demnach bei einem Wochenlohn von etwa 3 Talern deutlich mehr an Nahrungsmitteln kaufen, als ein Spinnereiarbeiter mit einem Wochenverdienst von 2 Talern und 6 Neugroschen. Die damalige Umrechnung lautete: 1 Taler = 30 Neugroschen, 1 Neugroschen = 10 Pfennige.

Mögliche Ausgaben des Bergarbeiters:	**Mögliche Ausgaben des Spinnereiarbeiters:**
18 Pfund Brot 18 Ngr. 9 Pfg.	18 Pfund Brot 18 Ngr. 9 Pfg.
1/4 Scheffel Kartoffel 9 Ngr.	1/4 Scheffel Kartoffeln 9 Ngr.
1/8 Scheffel Erbsen 15 Ngr.	1/8 Scheffel Erbsen 15 Ngr.
2 Pfund Schweinefleisch 7 Ngr. 2 Pfg.	
2 Pfund Rindfleisch 6 Ngr.	
1/2 Kanne Butter 9 Ngr.	1/2 Kanne Butter 9 Ngr.
Summe: 2 Tlr. 5 Ngr. 1 Pfg.	***Summe: 1 Tlr. 21 Ngr. 9 Pfg.***

Auf den ersten Blick bestätigen die Zahlen den niedrigen Verdienst der erzgebirgischen Bergleute, allerdings ist ein weiterer Aspekt zu beachten: Die Bergleute wohnten in der Regel in ihren eigenen Häusern, brauchten also keine Miete zu zahlen und hatten einen Garten zur Selbstversorgung. Sprichwörtlich ist in diesem Zusammenhang die „Bergziege", die vielfach gehalten wurde und so wenigstens zur Milchversorgung beitrug. Von Bedeutung war auch die relativ kurze Arbeitszeit, die den Raum zu Nebenverdiensten freigab. Bekannt sind so die „Schneeberger Sandmänner", die das Steinmehl aus den Pochwerken als Scheuermittel verkauften.
Dennoch: Die Arbeit in den Gruben war schwer, ungesund und gefährlich! Die Dunkelheit im Bergwerk erforderte dabei die volle Aufmerksamkeit, stand ihnen als Beleuchtung doch nur ihre Blende zur Verfügung – eine kleine Öllampe in einem Kasten, die sie vor der Brust trugen. Schon bei der Einfahrt – sie stiegen an Leitern, den *Fahrten*, in dem Schacht hinab – mussten sie sich auf ihren Tastsinn verlassen, denn einem Fehltritt konnte der todbringende Sturz in die Tiefe folgen. Ständige Gefahr bestand auch durch plötzlich herabfallende Gesteinsbrocken oder den Einbruch ganzer Strecken. Schlechte Wetter und Wassereinbrüche taten ihr Übriges. Die Gefahr erhöhte sich noch bei der Schießarbeit. Interessant dürfte die Tatsache sein, dass die Häuer zwar das Pulver gestellt bekamen, dieses aber selbst bezahlen mussten, wodurch sicher die Kosten verringert, aber wahrscheinlich auch die Eigenverantwortung der Häuer gestärkt werden sollte. Bei aller Vorsicht kam es aber immer wieder zu tödlichen Unfällen.
Weitaus schlimmer wirkten sich die Bergkrankheiten aus. Schon Georg Agricola (1494–1555) war die „Bergsucht" bekannt, und Paracelsus beschrieb diese Krankheit ausführlich. Es begann auf der Scheidebank, denn hier atmeten die Bergjungen beim Zerkleinern der Erzbrocken den Staub ein. Später setzte sich das in den Pochwerken, aber auch bei der Arbeit in den Schächten fort. Die Staublunge, später Silikose genannt, kam schleichend. Eine Untersuchung ergab, dass sich bis zum 40. Lebensjahr der Gesundheitszustand der Bergleute kaum von dem ihrer

Nachbarn unterschied, in den folgenden zehn Jahren deren Sterblichkeitsrate im Verhältnis zur nichtbergmännischen Bevölkerung allerdings deutlich anstieg. Das Pendant zur Bergsucht war im Hüttenbereich die „Hüttenkatze". Hier arbeiteten die Schmelzer direkt in den gefährlichen Abgasen von Schwefel, Arsenik oder Blei, nur durch ein feuchtes Mundtuch geschützt. Die Folgen waren natürlich schwere gesundheitliche Schäden, besonders Bleivergiftungen. Während Paracelsus die Ursachen noch bei den Berggeistern suchte und Beten und Fasten zusammen mit Milch und fettigen Speisen als wirksame Hilfe empfahl, befassten sich die Ärzte später intensiv mit den Krankheiten. Postum erschien 1745 die Untersuchung des Arztes, Mineralogen und Bergrates Johann Friedrich Henkel (1678–1744) zu den Berg- und Hüttenkrankheiten, die neben der Beschreibung und Medikation auch Hinweise zur Vermeidung der Gesundheitsgefährdung durch bauliche Maßnahmen und überhaupt eine gesunde Lebensweise beinhaltete. Ein Geheimnis blieb aber die „Schneeberger Krankheit". Erst um die Wende zum 20. Jahrhundert konnten die Ursachen geklärt werden: Es handelte sich hierbei um Lungenkrebs, der durch die radioaktive Strahlung des Radons ausgelöst wurde.

Natürlich gab es auch in anderen Gewerken tödliche Unfälle, und gleichfalls bestand bei Steinbrucharbeitern die Gefahr der Erkrankung durch Staublunge. Aber nur im Bergbau hatte sich mit der *Knappschaft* eine Organisation entwickelt, die die negativen Folgen von Unfällen und Krankheiten zumindest abmildern konnte. Die Bergleute folgten einst als freie Männer dem „Berggeschrey" und waren sich ihrer Stellung auch bewusst. Um einerseits ihre besonderen Rechte verteidigen zu können und sich andererseits gegenseitig zu unterstützen, kam es relativ schnell zur Bildung von Gemeinschaften, für die später der Begriff „Knappschaft" aufkam. Anfänglich standen soziale Fragen wohl im Vordergrund, wie die Höhe der Löhne oder der Erhalt von Privilegien. Diese Ausrichtung entsprach natürlich nicht den Interessen der Obrigkeit, und sie versuchte schon bald, die Kontrolle über die Knappschaften zu erlangen. Aus den freiwilligen Zusammenschlüssen der Bergknappen und der Schmelzer wurde eine Pflichtmitgliedschaft unter der Aufsicht der Bergbehörden. Seit 1546 gehörte auch der Landesherr in eigener Person der Knappschaft an. Allerdings gab es keine einheitliche Knappschaft, vielmehr war sie an das Revier gebunden, weshalb es zwischen ihnen kleine Unterschiede gab.

Trotz der festen Verankerung im Bergstaat blieben den aus dem Steigerstand gewählten Ältesten – das Bergamt konnte beim Fehlen geeigneter Kandidaten einen solchen einsetzen – wichtige Rechte erhalten. Das betraf vor allem ihre Kontrolle der Brotpreise und qualität. Sie fungierten damit als eine Art Marktpolizei. Zur Zeit der großen Hungersnot von 1771/72 gelang es dem Marienberger Bergmeister Friedrich Wilhelm Heinrich von Trebra (1740–1819), für sein

Revier rechtzeitig bedeutende Mengen billigen Getreides einzukaufen und so für seine Bergknappen das Schlimmste zu verhindern. Nach dem Vorbild des Magazins in Marienberg wurden später solche in Freiberg, Annaberg, Johanngeorgenstadt und Schneeberg gegründet. Aus ihnen erhielten die Bergarbeiter eine bestimmte Menge Korn zugeteilt, wenn der Getreidepreis einen festgesetzten Wert überstieg, und zwar solange, bis sich der Marktpreis wieder normalisiert hatte. Die Höhe dieser Unterstützung staffelte sich nach Verheirateten und Unverheirateten, aber auch nach der Anzahl der Kinder. Später wurde statt des Korns auch Brot ausgegeben oder eine entsprechende Geldsumme ausgezahlt.

Neben der Bewahrung alter Privilegien bestand die Hauptaufgabe der Knappschaften vor allem in der gegenseitigen Unterstützung. Dazu existierten gemeinsame Kassen unter Kontrolle der Ältesten. Die Einnahmen bestanden – mit kleinen Unterschieden zwischen den Revieren – zunächst aus dem *Büchsengeld* der anfahrenden Mannschaft, also auch der Steiger und Schichtmeister. In der Regel zahlten die Knappschaftsmitglieder ihren ersten Wochenlohn ein, danach an jedem zweiwöchigen Lohntag einen Beitrag von rund fünf Pfennigen auf einen Taler. Hinzu kamen die Einnahmen aus den Knappschaftsschichten: In der Regel wurden jährlich vier Schichten verfahren, an denen sich alle Knappschaftsangehörigen außer den Schichtmeistern beteiligen mussten. Im Johanngeorgenstädter Revier waren es sogar acht Schichten. Neben den Belegschaften leisteten auch die Gewerkschaften Zahlungen, deren Höhe von Revier zu Revier recht unterschiedlich war, außerdem brachte die Berücksichtigung von Zubuß- oder Ausbeutezeche, also mit Gewinn oder ohne Gewinn arbeitender Gruben, etwa zwischen einem Viertel und der Hälfte des Büchsenpfennigs aller Bergleute. Auch alle Lieferanten mussten einen festgelegten Beitrag an die Knappschaftskasse zahlen, und weitere Einnahmen flossen aus Zinsen, Freikuxen, Strafgeldern und ähnlichem zu.

Im Vergleich zur übrigen Bevölkerung hatten sich die Bergleute wichtige Vergünstigungen erkämpft. Unabhängig von der Knappschaftskasse waren die Bergwerkseigentümer, also die Gewerkschaften, zur Lohnfortzahlung im Krankheits- oder Unglücksfall, einschließlich der Behandlungskosten für die Wiederherstellung der Arbeitsfähigkeit verpflichtet. Erst wenn ein Bergarzt den Betreffenden als „Bergfertigen" oder bleibenden Invaliden eingestuft hatte, gingen die Versorgungsleistungen an die Knappschaftskasse über. Konnte allerdings den Gewerkschaften oder ihren Offizianten grobes Fehlverhalten nachgewiesen werden, mussten sie die Lohn- und Behandlungskosten auch im Invaliditätsfalle lebenslänglich zahlen. Zudem hatten sich die Bergknappen die Bezahlung der arbeitsfreien Feiertage, wenn diese nicht auf einem Sonntag fielen, erkämpft.

Die Absicherung bei Arbeitsunfähigkeit und für das Alter waren also wichtige Betätigungsfelder der Knappschaftskassen. Auch wenn die Unterstützungen dafür nicht allzu hoch sein konnten, bildeten sie doch im Vergleich zur übrigen Bevölkerung, denen in der Regel jegliche Zuwendungen versagt blieben, eine bedeutende Errungenschaft. Dazu zählten die zeitweilig oder lebenslänglich als „Gnadengelder" bezeichnete Pensionen für geistig oder körperlich nicht mehr zur Arbeit fähige Bergleute. Für die Verstorbenen richtete die Knappschaft das Begräbnis aus, und die Witwen bekamen eine kleine Rente. Weiterhin gab es Unterstützung bei außerordentlicher Hilfsbedürftigkeit, und es wurden auch die Impfkosten für Bergmannskinder getragen.

Die gegenseitige Hilfe der Bergknappschaft galt natürlich auch innerhalb der Hüttenknappschaft. Die Leitung war in Freiberg aber etwas anders geregelt. Während in den Revieren die Vorsteher aus dem Steigerstand kamen, stand an der Spitze der Hüttenknappschaft der Oberhüttenmeister als erster Vorsteher, der älteste Hüttenmeister als zweiter Vorsteher und ein Gewerkenprobierer als Knappschaftsschreiber. Später kamen auch hier Knappschaftsälteste hinzu.

Ihre besondere Gemeinschaft, die durch den Zusammenhalt bei der schweren und gefährlichen Arbeit entstand, durch das Zusammenstehen in der Not wuchs und sich bei der Verteidigung ihrer Privilegien festigte, machte die Berg- und Hüttenleute besonders stolz. Äußerer Ausdruck dafür war das Habit.

Die Uniformordnung von 1768 hatte die Kleidung der einfachen Häuer und Schmelzer kaum betroffen. Auch die nachfolgenden Veränderungen in der Mode wirkten sich nicht wirklich auf deren Tracht aus. Anders war es bei den oberen Klassen, denn hier hinterließ der Zeitgeist doch deutliche Spuren. Die Uniformfrage war im Oberbergamt tatsächlich ein ständiges Thema. Zuerst verschwanden die aufwändigen barocken Stickereien von den Westen – die Ränge wurden fortan durch unterschiedlich breite Tressen angezeigt. Der körpernahe Schnitt der klassizistischen Kleidung und die in Mode gekommen Stiefel prägten von nun an das Erscheinungsbild der Bergbeamten und Offizianten. Überhaupt sollte alles militärisch aussehen. Zeitweise verzichteten die Beamten sogar auf das bergmännische Utensil der Tzscherpertasche, dafür konnte der Säbel nicht groß genug sein. Abgesehen von der schwarzen Farbe hätte die Interimsuniform auch von einem Offizier des Heeres getragen werden können. Neu war der Begriff der Sessionsuniform. Als Session bezeichnete man die wöchentlichen Sitzungen in den Bergämtern. Bei diesen Zusammenkünften brauchten die Beamten ja nicht zu repräsentieren, und deshalb legten auch sie einen einfachen Bergkittel ohne jegliche Rangabzeichen an. Allerdings gab es auch die Variante mit der Puffjacke, die dem Träger wieder ein militärisches Aussehen gab.

Bei der Paradeuniform der Hüttenbeamten und offizianten kehrte man zur althergebrachten steingrauen Farbe, die manchmal auch als Silbergrau bezeichnet wurde, zurück. Während es bei den Silberhüttenarbeitern keine Veränderungen gab, brach schon der Tschako an Stelle des Schachthutes der Blaufarbenwerker mit der Tradition. Noch deutlicher hob sich die Paradekleidung der Amalgamierer ab. Das neue Verfahren zur Silbergewinnung war ja geradezu revolutionär und so auch dieses Habit im Bergstaat: Entsprechend ihrer Bedeutung bekamen die Arbeiter dieses Zweiges statt eines Kittels eine einfache Puffjacke in brauner Farbe verordnet. Eine interessante Episode jener Zeit war der Versuch, die Eisenhammerwerke durch eine Uniform enger an den Bergstaat zu binden. Anlass dafür sollte die geplante Erbhuldigungsfeier für König Anton in Freiberg 1827 sein. Im Briefwechsel zwischen dem Oberbergamt und den Hammerherren fühlten sich diese zwar geehrt, fanden aber vielerlei Gründe, um die Einkleidung ihrer Arbeiter und die Teilnahme an der Bergparade abzulehnen – allen voran natürlich die Kosten, die sie hätten aufbringen sollen, aber nicht wollten.

Oberberghauptmann Bergmeister Geschworener Bergbeamter Bergofficiant

Beamte in Interims- und Sessionsuniform ***Ältester*** ***Steiger*** ***Häuer zur Arbeit und Parade***

Hüttenbeamter *Blaufarbenfactor* *Hüttenofficiant* *Amalgamierarbeiter* *Hüttenarbeiter* *Blaufarbenarbeiter*

Bergakademisten
aus den Revieren Freiberg und Johanngeorgenstadt

1827 verordnete, aber nicht eingeführte Uniform der Eisenhüttenbeamten, Officianten und Arbeiter

Hammerinspector

Eisenhüttenverwalter und administrierender Hüttenwerksbesitzer

Hüttenmeister und Schichtmeister

Hochöfner ***Frischner***

Die „Herderzeit“ und das Reglement von 1829

In die Reihe der herausragenden sächsischen Oberberghauptmänner gehört sicherlich Siegmund August Wolfgang Freiherr von Herder (1776–1838), der dem Bergstaat von 1821 bis 1838 vorstand. Äußerst rege förderte er nicht nur das Maschinenwesen und verbesserte die Verwaltung, sondern beschritt auch neue Wege, so etwa mit der Einrichtung der Antonshütte bei Schwarzenberg. Auf den ersten Blick brach er damit das Monopol der Freiberger Schmelzhütte zur Verarbeitung aller Erze, tatsächlich aber verfolgte er das Ziel, die Kosten zu senken, halbierte sich somit doch der Transport der westerzgebirgischen Erze zur Verhüttung. Für die allgemeine Bildung und die Zusammengehörigkeit des Bergvolkes war die Herausgabe des „Kalenders für den Sächsischen Berg- und Hüttenmann“ wichtig. Herder tat aber auch alles für die Hebung des Ansehens des Bergmannsstandes. Dazu gehörten glanzvolle Paraden und Aufzüge wie auch die Förderung von Kunst und Kultur, besonders der Bergmusik. Mit seiner Amtszeit verband sich ein Höhepunkt in der sächsischen Bergbaugeschichte.
Um 1837 war ein Prozess abgeschlossen, der durch Zusammenlegung von Bergämtern zur Straffung der Verwaltung führte. Als letztes wurde 1836 das Bergamt Geyer aufgelöst. Im gesamten sächsischen Staatsgebiet gab es nunmehr 17 Bergamtsreviere unter der Aufsicht von sechs Bergämtern, wobei nur das Amt von Freiberg mit dem Revier eine Einheit bildete. Alle anderen Bergämter führten die Aufsicht über mehrere Reviere. Diese Konzentration diente vor allem der Einsparung von Personal, denn die Reviere behielten eine gewisse Selbstständigkeit: So wurden weiterhin bestimmte Berghandlungen am Ort der ehemaligen Bergämter vorgenommen und ebenso bestanden die Bergknappschaften in ihren alten Grenzen weiter.

Bergamt Freiberg Bergamtsreviere Freiberg,

Bergamt Altenberg Bergamtsreviere Altenberg, Berggießhübel, Glashütte (zu Glashütte wurde auch die Oberlausitz gerechnet),

Bergamt Annaberg	Bergamtsreviere Annaberg, Scheibenberg, Hohenstein, Oberwiesenthal,
Bergamt Johanngeorgenstadt	Bergamtsreviere Johanngeorgenstadt, Schwarzenberg, Eibenstock,
Bergamt Marienberg	Bergamtsreviere Marienberg, Geyer, Ehrenfriedersdorf,
Bergamt Schneeberg	Bergamtsrevier Schneeberg, Voigtländische Revierabteilung.

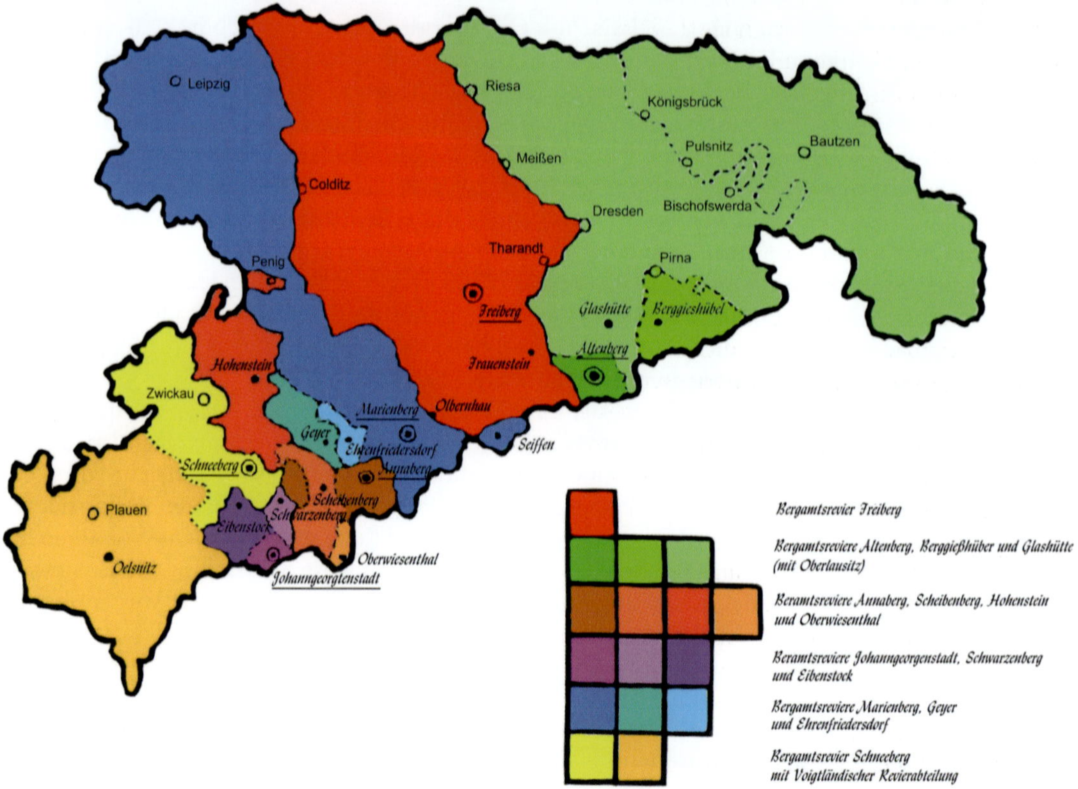

Als Relikt des alten Bergrechtes existierten bis 1849 noch mehrere Commun- und Vasallenbergämter. Das Bergamt Scheibenberg mit Hohenstein und Oberwiesenthal unter der Aufsicht des Bergamtes Annaberg war ein königliches und gräflich-schönburg-hohenstein-hartensteinisches Communbergamt. Die Grafen von Hohenstein und Hartenstein hatten ein Mitspracherecht bei der Anstellung von Bergbeamten, und es stand ihnen ein Teil des Zehnten zu. Es gab noch ein zweites in Falkenstein im Vogtland, das – vom Bergamt Schneeberg kontrolliert – zuständig für die eigentliche Vasallenstadt und die an den Landesherrn gefallenen Rittergüter Elberfeld, Dorfstadt und Lauterbach war. Vasallenbergämter – eigentlich Vasallenberggerichte – gab es noch dort, wo den Grundherrschaften besondere Rechte des niederen Bergregals zustanden. Demnach hatten sie das Verleihungsrecht auf Metalle wie Zinn und Eisen und damit verbunden die entsprechende Gerichtsbarkeit, und sie durften für die Verleihung ein eigenes Bergamt eröffnen. Im Einzelnen waren es das „Gräflich von Hohenthalische Berggericht zu Neugeißing“ bei Altenberg, das „Adelig von Lüttichauische Berggericht zu Bärenstein“, ebenfalls bei Altenberg, und das „Adelig von Schönbergische Berggericht zu Seifen“ – alle mit einem Bergmeister an der Spitze. Nur unter der Leitung eines Gerichtsverwalters standen das „Adelig von Carlowißische Berggericht zu Naundorf“ bei Glashütte, das „Herrlich Schanzische Berggericht zu Neuendorf“, das „Herrlich Eisenstucksche Berggericht zu Schönfeld“ sowie das „Herrlich Eisenstucksche Berggericht zu Wiesa“ bei Annaberg. Letzteres hatte neben dem Gerichtsverwalter auch einen Bergmeister. Neben ihrem Hauptbetätigungsfeld, dem Zinnerzabbau in Altenberg, unterhielt die Zwitterstocksgewerkschaft noch zu Schmiedeberg bei Dippoldiswalde eine eigene Administration auf Abbau und Verhüttung von Eisen. All diese kleinen Bergämter und Berggerichte standen natürlich unter der Aufsicht der zuständigen Bergämter.

Mit dieser Straffung hatte auch die Organisation des königlichen Bergstaates seinen Höhepunkt erreicht. An der Spitze stand das ***Geheime Finanzkollegium***. Mit der Verkündung der Verfassung für das Königreich Sachsen unterstand ab 1831 der Regalbergbau dem neuen ***Finanzministerium***. Alle Beamten des Berg- und Hüttenwesens waren dort angestellt und erhielten von dort auch ihre Bezahlung.

Diesem war das ***Oberbergamt*** als eigentlichem Leiter und Organisator des gesamten Berg- und Hüttenwesens rechenschaftspflichtig. Den Vorsitz im Amt führte die Berghauptmannschaft, als kollegiale Leitung oder Direktorium. Sie bestand in der Regel aus dem *Oberberghauptmann* und dem *Berghauptmann* als seinem Vertreter in allen Sachen. Gelegentlich gab es auch noch einen *Vizeberghauptmann*, der als Anwärter für die höhere Aufgabe vorbereitet wurde. Für die „Herderzeit“ galt dies allerdings nicht: Oberberghauptmann von Herder hatte keine Vertreter.

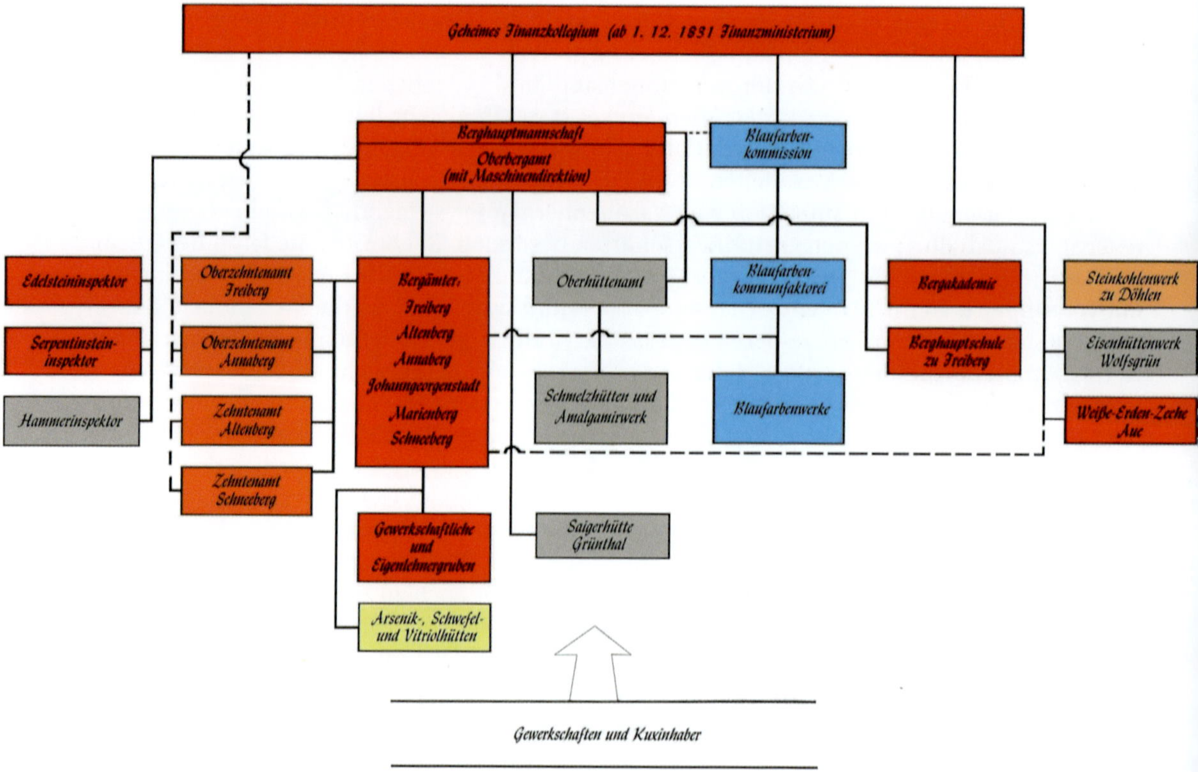

Sein Nachfolger Johann Carl Freiesleben (1774–1846) brachte es auch „nur“ zum Berghauptmann als alleinigem Leiter. Zur Unterstützung standen dem Oberberghauptmann aber zwei *Oberbergamtsassessoren* als Gehilfen zur Seite. Stimmberechtigte Mitglieder des Oberbergamtes waren auch die zehn bis zwölf *Bergräte* und *Bergkommissionsräte*. Die große Zahl dieser Räte wurde später beschränkt. Die ***Oberbergamtsexpedition***, das eigentliche Sekretariat, leitete der *Oberbergamtsverwalter*. Als Justitiar hatte er ebenfalls Sitz und Stimme bei den Be-

ratungen. An seiner Seite stand der *Oberbergamtssekretär*, der gleichzeitig als Protokollant an allen Sitzungen teilnahm. Diesem war wiederum ein *Oberbergamtsschreiber* und zwei *Oberbergamtskopisten* beigegeben. Ein *Oberbergamtstaufwärter* und ein *Oberbergamtsbote* vervollständigten das Personal des Oberbergamtes.
Die Mitglieder des Oberbergamtes trafen sich jeweils am Mittwoch und am Sonnabend zur *Session* genannten, gemeinsamen Sitzung. Einmal jährlich erstellten sie den Hauptbericht über den Zustand des Bergbaues im gesamten Erzgebirge an die Oberste Bergbehörde. Es gab natürlich auch sonst einen umfangreichen Schriftverkehr mit Dresden. Berichte über die Revisionen der Assessoren wurden weitergeleitet, ebenso über die Besetzung freier Stellen, ausgenommen die der Schichtmeister und Steiger, und natürlich über alle Angelegenheiten, die gravierende Veränderungen in den Revieren sowie besondere Ausgaben und Vorschüsse erforderten. Selbstverständlich hatte das Oberbergamt auch die Kontrolle über sämtliche Finanzen. Durch die Berichte der Bergämter bekam das Oberbergamt einen ständigen Überblick über den Zustand der einzelnen Reviere und konnte regulierend eingreifen. Das reichte vom eigentlichen Grubenbau bis zu Knappschafts-angelegenheiten.
Zwischen den Jahren 1830 und 1832 gab es noch eine eigenständige Einrichtung neben dem Oberbergamt, nämlich die ***Landesständische Deputation***. Von den sechs Mitgliedern waren nur zwei Bergkommissionsräte, die anderen hatte nicht direkt mit dem Bergbau zu tun. Ihnen oblag die Aufsicht über die Verwendung von bewilligter Unterstützung.
Natürlich mussten an den König, als dem Regalherrn, Abgaben gezahlt werden. Ursprünglich war es der zehnte Teil der Ausbeute, aber diese einfache Regelung konnte nicht lange aufrechterhalten werden. Unter Prinzregent Xaver kam es zu einer Bewertung der verschiedenen Erze und damit zu unterschiedlichen Abgabenhöhen. Der Zehnte kam nur noch in einzelnen Fällen zur Anwendung, so bei Silber und Edelsteinen; meistens bestand die Verpflichtung nur im Zwanzigstel oder es gab noch andere Befreiungen. Die Quatembergelder gewannen dagegen immer mehr an Bedeutung. Diese Abgabe diente der Besoldung der Beamten und auch für Notfälle. Sie richtete sich nicht nach der Ausbeute, sondern nach der Verleihung des Bergwerks selbst und war in jedem Quartal fällig. Die Sätze unterschieden sich in den einzelnen Revieren. Nach Abzug dieser Abgaben und anderer kleinerer Gebühren wurde der Gewinn an die Gewerke ausgeteilt.
Direkt unter dem Oberbergamt stand das ***Oberzehnten- und Austeileramt zu Freiberg***, das ***Oberzehnten- und Austeileramt im Obergebirge*** mit Sitz in Annaberg, das ***Zehntenamt zu Altenberg*** und das ***Zehnten- und Austeileramt zu Schneeberg***. Die *Zehntner* unterteil-

ten sich selbst in die eigentlichen Zehntner für alle Metalle und die speziellen *Zinnzehntner*. In Freiberg gab es einen *Oberzehntner*, weil hier auch die Saigerhütte Grünthal und die Zehntner von Altenberg, Glashütte und Berggießhübel einrechneten. Er leitete die anfallenden Abgaben direkt an das Finanzministerium weiter und erhielt von dort wiederum die Gelder für die Besoldung der Beamten und auch andere staatliche Zuschüsse. Gleichzeitig verwaltete er die verschiedenen Kassen:

1. Oberzehntenkasse,
2. Generalschmelzadministrationskasse,
3. Quatembergeldkasse,
4. Stipentiengelderkasse,
5. Schurfgelderkasse (für Prämien zur Erschließung von neuen Gängen),
6. Fassgroschenkasse (alte Bezeichnung für eine Kasse zur Unterhaltung fiskalischer Stollen),
7. Gnadengroschenkasse (Fond zur Unterstützung bedürftiger Gruben),
8. Gewerkenkasse (Kasse für die Bezahlung der Bergarbeiter und Geschworenen sowie für die Anschaffung und die Unterhaltung von Kunstgezeugen),
9. Ausbeute- und Verlagskasse;

weiterhin waren bei ihm die Barbestände der Knappschaftskassen eingelagert.

Ihm beigegeben waren noch ein weiterer Zehntner, der als *Oberzehntenkassenkontrolleur* arbeitete, und ein *Vizezehntenschreiber*. Neben seinen Aufgaben als Kopist begleitete er auch die Lieferungen des Brandsilbers nach Dresden. Alle 14 Tage ging ein „Silberwagen“ zur Münze ab, und auf dem Rückweg von dort kamen die geprägten Münzen.

Dieselben Aufgaben hatte der Oberzehntner des Obergebirges für die Bergamtsreviere Annaberg, Scheibenberg, Marienberg, Johanngeorgenstadt und Schwarzenberg sowie Geyer und Ehrenfriedersdorf. Bei ihm rechneten auch die Zinnzehntner von Marienberg, Geyer, Ehrenfriedersdorf und Eibenstock ab. Schneeberg hatte einen eigenständigen Zehntner. Der Zinnzehntner von Altenberg führte seine Geschäfte ebenfalls getrennt und selbstständig. Die Oberzehnten- und Austeilerämter hatten nach den örtlichen Bedingungen unterschiedliches Personal. An der Spitze stand immer der *Oberzehntner und Austeiler* und ein *Kassenkontrolleur* für den Zehnten. Das Quatembergeld, der Zinnzehnte und andere Gebühren wurden durch entsprechende *Einnehmer* bei den Bergämtern erhoben. Meistens hatte ein Beamter mehrere Funktionen inne.

Unter der direkten Aufsicht des Oberbergamtes stand die ***Bergakademie***. Es gab *Professoren* für allgemeine und technische Chemie und Hüttenkunde, für Geognosie und Bergbaukunde, für *Oryctognosie* und mineralogische *Doctrinen* sowie zwei für Mathematik und einen für

Physik. Für die anderen Fächer wurden keine Professoren, sondern nur *Lehrer* angestellt. Es waren die für Bergrecht und bergmännischen Geschäftsstil, für Probierkunst, für Markscheidekunst, für die französische Sprache sowie Zivilbaukunst, dazu einen *Zeichenmeister*. Natürlich hatte die Bergakademie einen eigenen *Aufwärter*. Die Akademie selbst hatte hohes Ansehen. Im Studienjahr 1830/31 gab es 33 eingetragene Studenten aus Sachsen sowie sieben deutschsprachige Ausländer und 14 andere Ausländer.

Die andere Bildungseinrichtung unter Kontrolle des Oberbergamtes, die ***Bergschule zu Freiberg***, später als ***Hauptbergschule*** bezeichnet, diente der Ausbildung des unteren Fachpersonals. Die aus Knappschaftsschulen hervorgegangenen Bergschulen gab es in dieser Zeit außer in Freiberg auch in Annaberg, Altenberg, Johanngeorgenstadt und Schneeberg. Gewöhnlich dauerte die Ausbildungszeit vier Jahre in der Einheit von Theorie und Praxis. Die Bergschüler besuchten dabei die Schulen nach ihrer eigentlichen Arbeitszeit. Allgemein wurde Bergbaukunde, Mathematik und Zeichnen gelehrt. In Freiberg war der Unterricht umfangreicher. Hier gab es die Fächer Arithmetik, Geometrie mit markscheiderischer Ausrichtung, Bergbaukunst, elementare Mineralogie, deutscher Stil, Registerführung und Zeichnen. Bei guter Leistung waren Bergschüler auch berechtigt, spezielle Vorlesungen an der Bergakademie zu hören. Ausgezeichnete Schüler der anderen Schulen konnten nach Freiberg wechseln und erhielten dort für die Zeit der Ausbildung auch eine Anstellung im Revier. Die Lehrer an den Bergschulen waren nicht fest angestellt.

Eine besondere Stellung nahm die ***Maschinendirektion*** ein. Sie unterstand dem Oberbergamt und hatte ihren Sitz in Freiberg. Ihre Aufgaben betrafen die Aufsicht und die Planung für alle Maschinen und Kunstzeuge, die Aufbereitungsanlage aber auch die Wasserhaltung im gesamten Bergbau und Hüttenwesen. Der *Maschinendirektor* hatte deshalb – gleich nach dem Bergmeister – Sitz und Stimme in jedem Revier und auch im Oberhüttenamt. Ihm zur Seite stand ein *Maschinenbausekretär*, ein *Maschinenbaumeister* und ein *Maschinenbaugehilfe*. Natürlich gab es eine enge Zusammenarbeit mit den Werkmeistern, den Kunst- und Zimmersteigern der Bergreviere und Hütten.

Dem Oberbergamt direkt unterstellt waren drei weitere selbstständige Einrichtungen. Auch wenn sie keine vergleichbare Bedeutung hatten, verrichteten der Edelstein-, der Serpentinstein- und der Hammerinspektor ihre Aufgaben eigenverantwortlich. Der *Edelsteininspektor und Administrator der Mineralienverkaufsniederlage* hatte seinen Sitz an der Bergakademie zu Freiberg. Da alle Edelsteine zum hohen Bergregal gehörten und somit dem Regalherren zustanden, mussten sie an die Niederlage zu Freiberg geliefert werden. Dazu kamen noch schöne Schaustufen

ohne Metallgehalt. Aufgabe des Inspektors war es nun, diese Edelsteine zu verkaufen. Es blieben allerdings genug Stücke zu Lehrzwecken für die große Mineraliensammlung der Bergakademie zurück, an der der Edelsteininspektor zugleich auch Professor war. In Sachsen fand man Edelsteine nur im Topassteinbruch beim Schneckenstein im Vogtland.
Die Beaufsichtigung der Serpentinsteinbrüche und der Serpentinsteindrechselei erfolgte durch den *Serpentinsteininspektor* in Zöblitz. Die Aufgaben des *Hammerinspektors* gestalteten sich schwieriger, da dieser eigentlich keine Anordnungen erteilen, sondern nur beraten konnte. Besonders achtete er auf die ordentliche Abführung der landesherrlichen Gebühren und inspizierte halbjährlich die Hammerwerke. Die Protokolle dieser Revisionen stellte er zusammen mit dem jährlichen tabellarischen Bericht über den allgemeinen Hammerwerksbetrieb und dem Eisenhandel dem Oberbergamt zu. Zur Planung des Holz- und Kohlebedarfs gab er ein Gutachten ab. Die Hammerwerke unterstanden nicht den Bergämtern, sondern den Justizämtern. Damals wurden die Aufgaben des Hammerinspektors vom Zehnter zu Schneeberg wahrgenommen. In der Bergverwaltung war es durchaus üblich, dass einzelne Beamte in Personalunion mehrere Funktionen innehatten.
Etwas komplizierter gestaltete sich die Situation des Blaufarbenwesens. Obwohl zum Bergstaat gehörend, unterstand die ***Blaufarbenwerksdirektion*** nicht dem Oberbergamt, sondern als eigenständige Verwaltung direkt dem Finanzkollegium, dem späteren Finanzministerium. Zuständig war diese Behörde für die technischen und ökonomischen Angelegenheiten der Blaufarbenproduktion, ebenso für die Werksadministration. In Belangen der Belehnung, Kuxverschreibung und der Eigentumsrechte zeichneten aber für die Werke in Oberschlema, Niederpfannenstiel und das Schindlers-Werk bei Albernau das Bergamt Schneeberg verantwortlich, für das Blaufarbenwerk Zschopenthal das Bergamt Annaberg. Es bestand also eine doppelte Zuständigkeit! Alle Faktoren, Farbmeister und Arbeiter der Werke waren der Direktionskommission unterstellt. Die direkte Aufsicht über die Werke hatte der *Blaufarbencommunfactor* zu Schneeberg inne, der besonders auf die gleiche Qualität der in allen Werken gefertigten Farben achtete. Er musste jährlich dem Oberbergamt Bericht erstatten. Die direkte Beziehung zwischen Oberbergamt und Blaufarbenwerksdirektion ergab sich überhaupt erst dadurch, dass der Oberberghauptmann gleichzeitig auch der *Commissarius* dieser Direktion war. Dazu gab es einen *Kobaltinspector* in Schneeberg und einen in Annaberg für das Obere Gebirge. Beide gehörten nicht zum Blaufarbenwesen, sondern zum Bergfach. Eine Eigentümlichkeit stellten die *Kobaltüberreiter* dar, die direkt dem Blaufarbencommunfactor unterstellt waren. Diese Beamten hatten die Aufgabe, den Kobaltschmuggel zu verhindern. Zu Pferd patrouillierten sie deshalb entlang der

Grenze nach Böhmen. Es gab jeweils zwei Überreiter zu Schneeberg und zu Johanngeorgenstadt. Unter besonderer Verwaltung stand auch die Weiße-Erde-Zeche in Aue. Die rechtliche Aufsicht lag bei Bergamt Schneeberg, aber in technischer und ökonomischer Hinsicht war sie direkt der Porzellanmanufaktur in Meißen angegliedert. Unter königlichen Gewerken standen das Alaunwerk bei Reichenbach/Vogtland und das Eisenhüttenwerk im nahen Wolfsgrün. Dagegen war aber der König direkter Eigentümer des Steinkohlenwerkes zu Döhlen.
Die unmittelbaren Instanzen für den Bergbau bildeten die ***Bergämter***. In ihnen trafen die Interessen des Regalherren – vertreten durch die Beamten – mit denen der Gewerke direkt aufeinander. Die Organisation in den Ämtern war im Wesentlichen einheitlich, die einzelnen Reviere unterschieden sich aber allein schon durch die unterschiedliche Anzahl der anfahrenden Belegschaft. Die nachfolgende Übersicht bezieht sich auf das Jahr 1830, ohne Beamte und Offizianten:

Bergamt Freiberg	Mannschaft: 4.903,
Bergamt Schneeberg, mit Vogtländischer Revierabteilung	Mannschaft: 1.352,
Bergamt Johanngeorgenstadt, mit Schwarzenberg und Eibenstock	Mannschaft: 805,
Bergamt Altenberg, mit Berggießhübel und Geyer	Mannschaft: 594,
Bergamt Marienberg, mit Ehrenfriedersdorf und Geyer	Mannschaft: 431,
Bergamt Annaberg, mit Scheibenberg, Hohenstein u. Oberwiesenthal	Mannschaft: 419.

Entsprechend der Mannschaftsstärke war auch die personelle Ausstattung der einzelnen Bergämter unterschiedlich, aber immer stand ihnen ein *Bergmeister* vor. Zur kollektiven Leitung – die Entscheidungen wurden gemeinsam getroffen, die Verantwortung gemeinsam getragen – gehörten als Berater des Bergmeisters die *Geschworenen*. Deren Anzahl war unterschiedlich: In Freiberg gab es fünf, in Schneeberg waren es drei, ansonsten zwei. Außer an den Sessionstagen Mittwoch und Sonnabend waren sie ständig mit der Inspektion aller Taggebäude, der Befahrung der Gruben sowie der Kontrolle der Schichtmeister und Steiger beschäftigt. Über diese Kontrolle mussten 14-tägig als *Fahrbögen* bezeichnete Berichte beim Bergmeister eingereicht werden. Oftmals übten diese Beamten aber auch noch andere Funktionen aus. So war als Beispiel ein Altenberger Geschworener auch gleichzeitig Quatembergeldeinnehmer. Zum engeren Kreis der Bergamtsbeamten gehörten zudem die *Bergschreiber*, *Bergamtsassessoren* und *Zehntner*, die alle Sitz und Stimme bei den Beratungen im Bergamt hatten. Im Freiberger Bergamt gab es auch den *Obereinfahrer* und den *Oberstollnfactor*. Auch der Maschinendirektor mit Sitz in Freiberg war zugleich Mitglied in jedem Bergamte. Im damaligen Sprachgebrauch wurde das

Sekretariat eines Bergamtes als ***Bergamtsexpedition*** bezeichnet. Hier arbeiteten die *Bergamtsprotokollisten, Bergamtskopisten, Bergamtsaufwärter* sowie die *Bergamtsboten*.
Wichtige Aufgaben im Rahmen der Bergämter nahmen die Offizianten wahr. Als solche wurden alle Funktionsträger innerhalb des Bergamtes bezeichnet, die weder Sitz noch Stimme hatten. Dem *Markscheider* als Ingenieur oblagen alle Vermessungsangelegenheiten sowohl über Tage als auch unter Tage. Wichtig waren seine Arbeiten vor allem in Streitfällen zwischen verschiedenen Gewerkschaften über die Lage eines Erzganges in den Grenzbereichen der Geviertfelder. Auch der *Bergguardein* sorgte für Rechtssicherheit. Auf Verlangen der Grubenvorstände überprüfte er den Gehalt der Erze, bevor sie zur Schmelzhütte geliefert wurden, und erstellte auch Amts- und Versuchsproben, die wiederum Grundlage für die Einstufung der Erztaxe waren. Beim *Gegenschreiber* lief der gesamte Handel mit den Kuxen zusammen. Zur Kontrolle des bergamtlichen Verleihbuches führte er als Duplikat das Lehnbuch, in dem alle Eigentümer der Bergwerke verzeichnet waren. Alle Bewegungen – also jeder Kauf und Verkauf von Anteilen der Gewerke an den Gruben und Bergwerksgebäuden – waren im Gegenbuch verzeichnet. Über den Erwerb erhielten die Gewerke vom Gegenschreiber *Gewährscheine*, und in jedem Quartal erstellte er für jede Grube ein Verzeichnis, das bei Zubußzechen zur Kontrolle der von den Schichtmeistern ausgestellten Zubußzettel und für Ausbeute- und Verlagszechen dem Zehntner und dem Austeiler als Grundlage für die Auszahlung der Ausbeute diente. Der *Receßschreiber* überprüfte sämtliche Rechnungen der Schichtmeister, die im Grubenregister aufgeführt waren, und trug sie in die Receßtabellen ein. Einmal im Quartal, der Termin wurde als *Aufrechnung* bezeichnet, verfasste er für das Bergamt einen Bericht über den ökonomischen Zustand sämtlicher Gruben des Reviers. Zu den Offizianten gehörten weiterhin die *Ausbeut-* und *Zubußboten*, die den Geldverkehr mit den Kuxinhabern besorgten, also die Gewinne überbrachten oder die erforderlichen Zubußgelder kassierten. Dort, wo es ein ***Bergmagazin*** gab, gehörten natürlich auch die *Bergmagazinverwalter* zum Bergamt. In der Regel gab es dann als Unterpersonal einen *Kornabmesser* und einen *Huthmann*. Ebenfalls Offizianten waren die *Berg- und Hüttenphysici*, also die spezialisierten Ärzte, und die *Bergchirurgen*, die es in jedem Revier gab. Damals zählten die Chirurgen noch nicht zu den Ärzten.
Beim Freiberger Bergamt gab es königliche *Schichtmeister* und auch *Obersteiger* für den ausgedehnten Grubenbetrieb. In den anderen Revieren bildeten Schichtmeister zusammen mit den *Steigern* die Grubenvorstände. Unter der Aufsicht des Bergamtes handelten diese selbstständig im Interesse der Gewerkschaften und erhielten ihre Besoldung aus der Grubenkasse. Neben der Sorge um den Zustand der Bergwerksgebäude verwalteten die Schichtmeister den ge-

samten Haushalt der Grube, wozu einerseits die Einnahmen aus dem Verkauf der Erze an die Schmelzhütten gehörten, andererseits die Ausgaben für Material und für Lohn. Sie berechneten die erforderlichen Betriebsmittel und verwalteten die Grubenkasse. Von dieser standen ihnen nur das unbedingt notwendige Bargeld zur Verfügung, die Kasse selbst befand sich im Bergamt. Ihre Rechnungen wurden quartalsweise im Einlageregister geführt. Regelmäßig, aller zwei oder vier Wochen, mussten Teile des Registers – *Anschnitt* genannt – dem Bergamt vorgelegt werden. Während die Schichtmeister die Verwaltung der Gruben führten, waren die Steiger für die technischen Belange zuständig. Unter ihnen konnte bei größeren Gruben ein *Untersteiger* stehen, aber auch *Kunst-, Zimmer-, Maurer-, Wäsche- und Scheidesteiger.* Entscheidungen wurden von Schichtmeister und Steiger gemeinsam getroffen.
Neben den Beamten, die als Vertreter des Bergherrn den Bergstaat organisierten und verwalteten, den Schichtmeistern, die im Interesse der Gewerkschaften als Organisation der Geldgeber für den optimalen Betrieb der Gruben sorgten, bildete die ***Knappschaft*** als Repräsentant der Arbeiter vor Ort die dritte Säule des Bergstaates. Die Belegschaft war dabei nicht nach Grubenzugehörigkeit, sondern nach den Revieren organisiert und stand natürlich unter der Aufsicht des Bergamtes. Die aus der Klasse der Steiger gewählten *Knappschaftsältesten* überwachten einerseits die Einhaltung der Rechte der Bergleute, hatten aber andererseits die Aufgabe, auf die Einhaltung der Sitten und den Zusammenhalt der Bergarbeiter zu achten. Für die Verwaltung der Knappschaftskasse, die im Bergamt verwahrt wurde, waren aus ihren Reihen besondere *Knappschaftskassenvorsteher* verantwortlich. Natürlich wurde auch hier über alles genau Protokoll geführt: Dafür gab es besondere *Knappschaftsschreiber.*
Alle Mühen in den Gruben, alle Abläufe in der Verwaltung, alle Anstrengungen in der Forschung und bei der Verbesserung technischer Hilfsmittel galten der Förderung verhüttungsfähiger Erze. Ursprünglich suchte man das Regalmetall Silber, hatte aber schon bald auch den Wert anderer Mineralien erkannt und begann sie zu nutzen. Nach den Vorschriften der Generalschmelzadministration mussten alle Silbererze nach Freiberg geliefert werden. 1831 begann aber auch die neuerbaute Antonshütte bei Schwarzenberg mit dem Schmelzen der armen Silbererze des Westerzgebirges. Dies sollte die Transportkosten verringern, doch bereits 1859 wurde der Betrieb der Hütte wieder eingestellt. Einen ähnlichen Lieferzwang gab es auch bei den kupferhaltigen Erzen, die zur Saigerhütte Grünthal gebracht werden mussten, und bei den Kobalterzen mit ihrer eigenen Administration. Bodenschätze wie Zinn, Schwefel, Vitriol und Arsenik kamen zur Aufbereitung in die entsprechenden örtlichen Hütten, die unter der Regie der Bergämter standen. Die folgende Übersicht aus dem Jahr 1830 gibt die Zahl der Beschäftigten –

ohne Beamte und Offizianten – in den zentralen Hütten an; die Arbeiter in den anderen Werken sind bei der Angabe zu den Revieren berücksichtigt:

Freiberger Schmelzhütten und Amalgamierwerk	Belegschaft:	435,
Saigerhütte Grünthal	Belegschaft:	36,
Blaufarbenwerke	Belegschaft:	164,
Eisenhüttenwerke mit Blech-, Draht- und Schaufelwerken	Belegschaft:	1.135.

Die ***Generalschmelzadministration***, die sich also eigentlich nur mit dem Silber beschäftigte, unterstand direkt der Berghauptmannschaft, aber nicht dem Oberbergamt. Die Leitung erfolgte durch das ***Oberhüttenamt*** in Freiberg. An der Spitze stand der *Oberhüttenverwalter*, verantwortlich für alle technischen Belange und den gesamten Haushalt. Seine Aufgaben waren mit dem eines Bergmeisters vergleichbar, wobei der Aufsicht über das Holz- und Kohlewesen eine besondere Bedeutung zukam. An seiner Seite stand der *Oberhüttenvorsteher*, der im Speziellen das Schmelzwesen zu beaufsichtigen, dazu alle 14 Tage die Erzlieferungen an sämtliche Schmelzhütten zu prüfen und daraufhin die Einstufung für die Bezahlung festzulegen hatte. Außerdem hatte er die Materiallieferungen zu kontrollieren. Das eigentliche Rechnungswesen der Administration war Aufgabe des *Oberhüttenraiter*s. Bei den Bergämtern gab es diese Stelle nicht, denn dort gehörte die Finanzabrechnung in den Bereich der Gruben. Der Oberhüttenraiter – *raiten* ist ein altes Wort für „verrechnen, anrechnen“ – führte vor allem die Generalschmelzadministrationskasse. Dazu legte er an Hand der Probezettel den auszuzahlenden Betrag an die liefernden Gewerke fest und führte darüber ein spezielles Buch. Für die Gewerke stellte er Belegzettel über Gewicht, Gehalt und Bezahlung der Lieferungen aus, die sie beim Oberzehntner einreichen konnten. Weiterhin zahlte er die Besoldung der Hüttenbeamten und Offizianten selbst aus, die Löhne der Arbeiter aber wurden an die Hüttenschreiber überwiesen. Durch seine Funktionen kontrollierte der Oberhüttenraiter auch gleichzeitig das Oberzehntamt. Weiterhin gehörten zum Oberhüttenamt als stimmberechtigtes Mitglied der im Rang eines Bergkommissionsrates stehende Professor für Chemie und Hüttenkunde der Bergakademie sowie der Maschinendirektor. Außerdem zählten die zwei *Oberhüttenamtsassessoren* zum beratenden Kreis, ebenso der für Rechtsfragen zuständige *Oberhüttenamtsauditor* und der *Oberschiedsguardein*. Letzterer hatte bei Unstimmigkeiten zwischen den Bergguardeinen und den Hüttenschreibern amtliche Schiedsproben zu nehmen und zu beurteilen. Das Oberhüttenamt traf sich einmal in der Woche zur Session. Bei besonders wichtigen Beratungen übernahm die Berghauptmannschaft selbst die Leitung der Sitzungen. Die eigentliche Büroarbeit erledigte die ***Oberhüttenamtsexpedition*** unter der Leitung des *Oberhüttenamtsactuarius*, der auch die Protokolle der Sitzungen führte und den dafür notwendigen Schriftverkehr ausfertigte, unterstützt vom *Oberhüttenamtsregistrator* und *Oberhüttenamtskopisten* sowie vom *Oberhüttenamtsaufwärter.*

Ab 1831 arbeiteten im Rahmen der Generalschmelzadministration vier Hüttenwerke: das Amalgamierwerk Halsbrücke, die aus der Vereinigung der Oberen und Unteren Hütte hervorgegangene Muldener Schmelzhütte, die eigentliche Halsbrücker Schmelzhütte sowie die König-Anton-Schmelzhütte in Antonsthal bei Schwarzenberg. Zwischen dem Oberhüttenamt und all diesen Hütten wachte der *Oberhüttenmeister* über den Ablauf der Schmelzarbeiten, wobei er besonders die Aufteilung der Erzlieferungen auf die einzelnen Hütten im Blick hatte, um eine kontinuierliche Arbeit sicherzustellen. Er nahm an der Klassifizierung der Erzlieferungen teil, beriet aber auch bei der Aufstellung neuer Öfen und bei der Durchführung von Versuchen. Aller 14 Tage gab er eine schriftliche Betriebsanzeige über sämtliche Hüttenarbeiten und die dabei entstandenen Probleme an das Oberhüttenamt und nahm bei Bedarf an den Sitzungen desselben teil.

Jede Hütte hatte ihre eigene ***Werkadministration***. An der Spitze des leitenden Personals stand bei den Schmelzhütten der Hüttenmeister mit einem umfangreichen Aufgabenfeld. Neben der Organisation der betrieblichen Abläufe unter Berücksichtigung der Ökonomie musste er sich auch um die technischen Anlagen und Gebäude kümmern, die Erzlieferungen übernehmen und die Materialeinkäufe tätigen. Er führte die Schmelzbücher und die Werksrechnungen. Da in den Hütten auch nachts gearbeitet wurde, hatte er für diese Zeit mit dem *Nachthüttenmeister* einen verantwortlichen Vertreter. Ihnen konnte zur Unterstützung noch ein *Vizehüttenmeister* beigegeben werden.

Weitere Hüttenoffizianten waren die Hüttenschreiber, Gewerkenprobierer, Kohlmesser und Waagemeister. Der *Hüttenschreiber* galt als die rechte Hand des Hüttenmeisters. Vor allem half er ihm bei der Übernahme von Lieferungen und probierte die Erze, kontrollierte die Schmelzbücher und bogen und überprüfte regelmäßig die Bestände der verschiedenen Erzschmelzstufen und der allgemeinen Materialien. Wichtig war auch die Auszahlung der Löhne für die Offizianten und Arbeiter und die Bezahlung der Lieferanten. Dafür hatte er das Lohnbuch und die Materialrechnungen zu führen. Im Auftrag der Gewerkschaften probierte der *Gewerkenprobierer* die Erzlieferungen und kontrollierte die Proben des Hüttenschreibers. Zu den Offizianten wurden zeitweise auch die *Silberbrenner* gerechnet, von denen der auf den Hütten ausgeschmolzene Silberkuchen und das vom Amalgamierwerk gelieferte Silber zu Brandsilber verfeinert wurden. Die Rechnung darüber führte der erste Silberbrenner. Für das Schmelzen waren natürlich unbedingt Heizmaterialien erforderlich, wie Holzkohle, Steinkohle, Koks. Der *Kohlmesser* übernahm das angelieferte Brennmaterial und gab es nach Bedarf heraus und hatte darüber genau Buch zu führen. Vorher wurden schon alle Erzlieferungen exakt ausgewogen und verzeichnet. Das war die Aufgabe des *Waagemeisters*. Für den Handel der nicht abgabepflichtigen Schmelzprodukte gab es eine Blei-, Glätt- und Schrotniederlage mit einem *Lagerhalter* und einem *Schrotgießer*.

Auch wenn das Silber im Amalgamierwerk nach einer völlig anderen Technologie gewonnen wurde, gab es bei der Verwaltung kaum Unterschiede zu den Schmelzhütten. Sie lag in der Hand des *Amalgamiermeisters* mit den gleichen Aufgaben wie die der Hüttenmeister. Dafür standen ihm zwei *Amalgamierschreiber* zur Seite. Von den beiden *Amalgamierprobierern*, die Amalgamierrückstände und das Amalgamiersilber probierten, wurde abwechselnd auch die Nachtaufsicht durchgeführt. Immer gab es auch *Hüttengehilfen* –fertige Absolventen der Bergakademie, die hier ihre ersten praktischen Erfahrungen sammelten.

Ausgestattet mit dem besonderen Privileg der Verhüttung sämtlicher Kupfererze und auch der kupferhaltigen Rückstände der Hütten stand die ***Saigerhütte Grünthal*** nicht unter der Aufsicht des Oberhüttenamtes, sondern direkt unter dem Oberbergamt. Als Vorsteher der eigenständigen Verwaltung gab es den *Saigerhüttenfaktor*. Zu seinen Aufgaben gehörten nicht nur Aufsicht und Leitung des gesamten Werkes, bestehend aus der Saigerhütte und dem Kupferhammer, sondern auch der Verkauf der Kupferwaren und die Führung der Geld- und Naturalrechnungen. Ihm zur Seite stand der *Anrichter*, der die Schichtmeistergeschäfte besorgte. Dazu gehörte die Aufsicht über die Saigerhüttenarbeiter, aber auch das Probieren der angelieferten Erze und des Garkupfers und der bei der Verhüttung anfallenden Zwischenprodukte. Dem *Hammerverwalter* unterstanden die Kupferhämmer. Die ***Expedition der Saigerhüttenfaktorei*** war der Arbeitsplatz des *Buchhalters*.

Die besondere Stellung der Blaufarbenwerke ergab sich schon aus der Zuständigkeit der ***Blaufarbenwerkskommission*** und der Aufsicht durch die ***Blaufarbencommunfactorie*** zu Schneeberg. Zum Leitungspersonal des „Königlich sächsischen doppelten Blaufarbenwerks zu Oberschlema“ gehörte ein *Faktor*, ein *Gerichtsverwalter*, zwei *Farbenmeister* und ein *Schreiber*. An der Spitze der privaten Blaufarbenwerke – das waren die zu Zschopenthal, Pfannenstiel sowie das Schindlerische Werk – standen ein oder zwei *Bevollmächtigte* als Vertreter der Kuxinhaber. Erst dann kamen in der Reihenfolge die Gerichtsverwalter und ein oder zwei Farbmeister. In diesem komplexen System des Berg- und Hüttenwesens blieben natürlich Streitigkeiten nicht aus. Es gab eine Reihe von Privilegien vom einfachen Bergmann angefangen, über Bergorte bis hin zu Grundherrn. Dazu mussten neben den Berggesetzen auch noch lokale Berggewohnheitsrechte beachtet werden. All diese Angelegenheiten verhandelte im Streitfalle der „befreite Gerichtsstand“ – die ***Berggerichte*** –, und nicht zivile Gerichte. Die erste Instanz bei Beschwerden waren die Bergämter als nicht nur mit Polizeibefugnissen ausgestattete Verwaltungsämter, sondern zugleich auch Gerichtshöfe. Neben den reinen bergbaulichen und hüttenmäßigen Streitigkeiten führten sie die Untersuchung und fällten Urteile gegen Bergwerksangestellte und Bergverwandte bei kriminellen Verfehlungen bis hin zum Amtsmissbrauch. Dabei konnten sie selbst Todesurteile fällen. Gegen Urteile der Bergämter konnte Berufung beim Geheimen Finanzkollegium, später Finanzministerium, als zweiter Instanz eingelegt werden. Auch diese Behörde hatte also die Funktion eines Gerichtshofes, und auch gegen dort gefällte Urteile war Widerspruch möglich – dann wurde der Fall an das Oberappellationsgericht unter der Zuständigkeit des Justizministeriums weitergeleitet. Bei dortigen Verhandlung mussten aber auf jeden Fall Bergsachverständige hinzugezogen werden. 1835 kam es zu Veränderungen im sächsischen Justizwesen, die die Zuständigkeit des Finanzministeriums bei der Appellation änderte.

Mit der Klärung von Streitfällen in Sachen Bergrecht hatte der Landesherr schon 1255 den Rat der Stadt Freiberg als oberste Stelle beauftragt. Bis Mitte des 19. Jahrhunderts galt dieses Privileg in Form des ***„Königlich Sächsischen Bergschöppenstuhls“***. Von den elf bis dreizehn Beisitzern, unter dem Vorsitz des Freiberger Bürgermeisters, musste die Hälfte aus dem Bereich des Berg- und Hüttenwesens kommen.

Für den Bergstaat war das äußere Erscheinungsbild natürlich von Bedeutung, aber es war nicht die wichtigste Aufgabe, die gelöst werden musste, und so wandte sich Oberberghauptmann von Herder erst nach acht Jahren im Amt diesem Thema zu, worauf es 1829 zum Erlass eines „Reglements für das Tragen der Parade- und Interimsuniform der Bergwerksdiener im Königreich Sachsen“ kam. 1831 stellte der Zeichner Gustav Wunderlich in seinem Werk „Trachten der Berg- und Hüttenleute im Königreich Sachsen“ die Vorschrift bildlich dar. Diese orientierte sich an Bewährtem, brachte aber eine Ordnung in die inzwischen erfolgten Veränderungen. Alle Beamten und Offizianten wurden dabei in sechs Klassen eingeteilt. Selbst für den Berghauptmann und Vizeberghauptmann, die es eigentlich nicht gab, galt diese Vorschrift, und auch die als *Physici* bezeichneten Ärzte trugen die prunkvolle Uniform. Die Vorschrift schloss das Eisenhüttenwesen mit ein, obwohl der Versuch einer Uniformierung zwei Jahre vorher eigentlich gescheitert war.

I. Klasse
Oberberghauptmann
Berghauptmannschaft
Vizeberghauptmann

II. Klasse
Bergrat
Bergkommissionsrat
Oberbergamtsassessor

III. Klasse
Oberbergamtsverwalter
Oberhüttenverwalter
Oberbergmeister
Oberzehntner
Oberbergamtssekretär
Maschinendirektor
Bergmeister
wirklicher Professor bei der Bergakademie
Silberzehntner
Oberhütteninspektor

IV. Klasse
vom Bergfach:
Kobaltinspektor
Edelsteininspektor
Pochwerksinspektor
Obereinfahrer
Zinnzehntner
Bergschreiber
Vizeobereinfahrer
Oberstollenfaktor
Bergamtsassessor
Lehrer an der Bergakademie
Berg- und Hüttenphysici
Markscheider
Bergguardein
Vizemarkscheider

vom Hüttenfach:
Oberhüttenvorsteher
Oberhüttenraiter
Oberschiedsguardein
Oberhüttenamtsassessor
Hammerinspektor
Blaufarben-Commun-Faktor
Königlicher Blaufarbenwerksfaktor
Saigerhüttenfaktor
Oberhüttenamtsactinarius
Justitiar bei den königlichen Blaufarben- und Hüttenwerken
Oberhüttenmeister
Vizeoberschiedsguardein
Vizeoberhüttenmeister

V. Klasse
vom Bergfach:
Kunstmeister
Bergmaschinen- und Wäschegeschworener
Maschinenbaumeister
Bergamtsaktuar
Oberbergamtsschreiber
Gegenschreiber
Kuxenschreiber
Zehntenschreiber
Bergmechanikus
Serpentinsteininspektor

Bergfaktor
Königlicher Schichtmeister
Bergmagazinverwalter
Knappschaftsschreiber
Knappschaftsvorsteher zu Schneeberg

vom Hüttenfach:
Glättfaktor
Amalgamiermeister
Hüttenmeister
Amalgamierschreiber
Hüttenmechanikus
Anrichter
Hammerverwalter beim Saigerhüttenfaktor
Gewerkenprobierer
Silberbrenner
Nachthüttenmeister
Gewichthalter auf den gewerkschaftlichen Blaufarbenwerken
Faktor auf den gewerkschaftlichen Blaufarbenwerken, den Arsenik-, Schwefel-, Vitriol- und Eisenhütten

VI. Klasse

vom Bergfach:
Maschinenbaufaktor
Gegenbuchhalter und Befahrungsprotollist
Bergamtsauditor
gewerkschaftlicher Grubenschichtmeister
Maschinenbaugehilfe
Ausbeute- und Zubußbote
Oberbergamtskopist
Berg- und Hüttenchirurg
Oberzehntnerkopist
Bergamtskopist

vom Hüttenfach:
Oberhüttenamtsauditor
königlicher Blaufarbenmeister
Oberhüttenadministrator
Vizehüttenmeister
Schichtmeister auf den gewerkschaftlichen Arsenik-, Schwefel-, Vitriol- und Eisenhüttenwerken
gewerkschaftlicher Blaufarbenmeister
Vizegewerkenprobierer
Hüttengehilfe
Amalgamiergehilfe
Oberhüttenamtskopist
Schrotgießer

Gegenüber dem „Freiberger Fuß“ von 1768 hatte sich die Uniform der Beamten und Offizianten wenig geändert. Die Puffjacke saß jetzt knapper, und bei der Ausschmückung hatten unterschiedlich breite Litzen alle Stickerei ersetzt. Schwarz als Farbe der Puffjacke blieb beim eigentlichen Bergbau unverändert, während sie für das Hüttenwesen jetzt silbergrau wurde. Das Reglement legte auch die Anzugsordnung zur kleinen Parade fest. Nach dieser Vorschrift wurde die Kleidung wahrscheinlich öfter getragen als die eigentliche Paradeuniform. Für den normalen Dienst gab es die Interimsuniform in zwei Varianten: Zur reinen Büroarbeit diente der knielange Rock, für Dienstreisen und zu anderen offiziellen Gelegenheiten der Frack. Denkbar ist auch, dass auf den schwarzen Bergkittel zurückgegriffen wurde.
Knappschaftsälteste, Steiger und Bergarbeiter sowie die entsprechenden Gruppen des Hüttenwesens waren in dieses Reglement nicht einbezogen – es gab für sie also auch keine Klasseneinteilung. Ihre Kleidung entsprach vielmehr der Tradition und den praktischen Erwägungen. Natürlich unterschied sich aber die Arbeitskleidung vom feierlichen Habit, der sich nach den sechs Klassen der Bergwerksdiener wie folgt unterschied:

Klasse I

Grüner **Schachthut**, oben mit fünfschartiger doppelter, unten mit einfacher Tresse und in der Mitte mit einem gestickten Eichenlaubkranz in Gold belegt. Die Breite der Tressen beträgt ½ Zoll (= 1,25 cm). Vorn das gestickte Königliche Wappen mit Hermelinmantel, an der linken Seite einerseits weiß-grüne Bandschleife, darüber ein weißer Federstutz, der unten mit schwarzen Federn kreisförmig umbunden ist. Beim Berghauptmann und Vizeberghauptmann ersetzt die obere doppelte Tresse ein einfaches, durchbrochenes Seidenband.
Schwarze **Puffjacke** mit weißem – *Capuchon* genannten – Schalkragen. Dieser ist mit breiter goldener Spitze an den Kanten und hinten auf der Mittelnaht besetzt. Die Außenkanten von Kragen, Aufschlägen, Puffstreifen, Rabatten, Taschen und Schößen der Puffjacke sind mit dreifacher gedrehter, goldener Schur versehen. Die Einfassung der Knopflöcher auf den Rabatten ist einfach und zur Mitte hin als Rosette gestaltet. Auf den Ärmeln, oberhalb und unterhalb des Puffs, zwei Reihen 3 Zoll lange Fransen, die mit dicken Bouillons umwickelt und mit *Kapuzinerknoten* oder *Mönchsknoten* belegt sind.
Der goldfarbene Tressenbesatz der scharlachroten **Weste** ist dreifach, die äußere ist 1½ Zoll, die zweite, innere 2 Zoll und die dritte 1 Zoll breit.
Der **Kuppelgurt** ist mit goldener Tresse belegt, ebenfalls die Säbelbänder. Kuppelschloss sowie Schnallen und Haken sind von Knopffarbe. Auf dem Schloss das königliche Wappen aus

gelbem Metall. Die vorn getragene **Tzscherpertasche** ist mit schwarzem Samt überzogen, an den Rändern mit dreifacher Schnur eingefasst und mit den goldgestickten Berginsignien versehen. Die Griffe der beiden Tzscherper sind aus Perlmutt.
Bergleder und **Kniebügel** haben eine rote Fütterung und sind mit dreifacher Schnur besetzt.
Weiße **Hose** und **Gamaschen**.
Nur vom Oberberghauptmann wird – als Zeichen des „Obersten Bergdieners" – die Prunkbarte getragen.
Die **Rangabzeichen** der für alle Klassen gleichen Interimsuniform bestehen aus schwarzen Feldern, darauf ein goldenes Medaillon mit Hammer und Schlägel. Die Epauletten sind mit dreifacher Schnur eingefasst und die Fransen entsprechen denen der Paradeuniform. Das Medaillon mit Hammer und Schlägel findet sich auch auf den umgeschlagenen Rockschößen wieder.

Klasse II
Schachthut wie bei Klasse I, jedoch ohne Eichenlaub und mit schwarz-gelb- schwarzem Federbusch.
Puffjacke wie Klasse I. Der Besatz an allen Kanten besteht aber aus zweifacher, gedrehter Goldschnur, die Knopflöcher sind jedoch nur einfach eingefasst. Doppelte Fransen auf den Ärmeln, diese vollständig von Bouillons umwickelt, ohne weitere Verzierung.
Tressenbesatz der **Weste** ist zweifach.
Kuppel wie bei der ersten Klasse. Die **Tzscherpertasche** ist mit schwarzem Atlas überzogen und an den Kanten mit zweifacher, goldener Schnur besetzt. Die Berginsignien sind dagegen silbern. Die Tzscherper sind weiß und schwarz überlegt.
Bergleder und **Kniebügel** sind weiß gefüttert und mit doppelter Goldschnur eingefasst.
Die **Rangabzeichen** der Interimsuniform sehen wie bei der ersten Klasse aus, sind aber nur mit zwei Goldschnüren eingefasst, und die Bouillons haben keine Kapuzinerknoten.

Klasse III
Der **Schachthut** hat beim Bergfach eine grüne Farbe, beim Hüttenfach ist er aber schwarz. Das Schild vorn bleibt für alle das farbige sächsische Wappen. Weiß-grüne Bandschleife und schwarz-gelber, dreiteiliger Federstutz ist ebenfalls für alle gleich. Dagegen richtet sich der Tressenbesatz nach der vorgeschriebenen Knopffarbe.
Die **Puffjacke** für das Bergwesen ist schwarz, für das Hüttenwesen silbergrau. Dem entsprechend ist das Capuchon weiß oder schwarz, mit breiter Borte nach der Farbe der Knöpfe. An

den Kanten aber nur einfacher Schnurbesatz, entweder in Gold oder in Silber, nach den Farben der Reviere oder Hüttenbranchen. Die doppelten Fransen entsprechen der vorgeschriebenen Knopffarbe. Zur Unterscheidung sind in den Reihen zwischen dünnen Fransen 10 dicke Bouillons eingearbeitet, wobei zwei Bouillons immer nebeneinander liegen.
Der Tressenbesatz der **Weste** hat die From wie bei der zweiten Klasse. Die Farbe der Weste und der Tressen richtet sich nach der Vorschrift.
Beim **Kuppelgurt** befindet sich nur an den Außenkanten jeweils ein Zoll breite Tressen, so dass in der Mitte ein ½ Zoll breiter Streifen von der Farbe der Weste zu sehen ist. Die **Tzscherpertasche** ist nur mit einer goldenen oder silbernen Schnur eingefasst, die Berginsignien sind aber immer silbern. Die Angehörigen des Hüttenfachs tragen keine Tzscherpertasche.
Bergleder und **Kniebügel** sind nur mit einer entsprechenden Schur besetzt und ungefüttert. Beim Hüttenwesen entfallen die Kniebügel ganz.
Die Felder der **Rangabzeichen** der Interimsuniform sind nur mit einer Schnur eingefasst, und der Behang entspricht den Fransenreihen der Paradeuniform. Sie sind von der Farbe der Knöpfe.

Klasse IV
Der **Schachthut**, die **Puffjacke** und die **Weste** sowie alle anderen Abzeichen entsprechend der dritten Klasse.
Zu Unterscheidung dienen die doppelten Reihen von Fransen, in denen zwischen den Fransen nur fünf Bouillons eingearbeitet sind.
An den **Rangabzeichen** der Interimsuniform befinden sich gleichmäßig dünnere Bouillon-Fransen.

Klasse V
Schachthut wie bei der vierten Klasse.
Die beiden Farben der **Puffjacke**, je nach Branche, entspreche der üblichen Vorschrift. Es fehlt aber der Schnurbesatz an den Vorstößen und an den Kanten der **Tzscherpertasche**, des **Bergleders** sowie der **Kniebügel**. Nur die Knopflöcher sind eingefasst. Auf jedem Arm befinden sich zwei Reihen dünner Fransen.
Die Epauletten der Interimsuniform sind mit einfacher Schnur eingefasst und der Behang besteht aus dünnen Fransen.

Klasse VI

Auf dem **Schachthut** befindet sich ein einfacher schwarzer Federstutz, der bei den Bergoffizianten oben zu zwei Dritteln gelb gefärbt ist, bei den Hüttenoffizianten unten ein Drittel gelb sowie oben zwei Drittel schwarz. Während sich die Farben der Tressen des Schachthutes oben und unten nach der Knopffarbe richtet, ist das Wappenschild unabhängig davon immer aus Gelbmetall. Es ist ohne Hermelinmantel gestaltet und nur von einem Laubkranz eingefasst.
Puffjacke und alles andere wie bei Klasse V. Auf den Armen befindet sich jeweils nur eine Fransenreihe.
Die Farb- und Vizefarbmeister tragen kein Bergleder, dafür eine bis auf die Knie gehende, faltige, kornblumenblaue **Schürze** mit Silberfransen. Eine solche Schürze tragen auch die Schichtmeister der Schwefel-, Arsenik- und Vitriolwerke. Sie sind von gelber Farbe und – je nach Bergamtsrevier – mit goldenen oder silbernen Fransen besetzt.
Keine Rangabzeichen auf der Interimsuniform.

Zum normalen Erscheinungsbild dieser Zeit gehörten neben Pferdewagen auch Reiter – so auch im Bergstaat. Wichtig waren die Pferde vor allem für solche Beamte, die entfernte Betriebe inspizieren mussten. Zur Parade legte man eine in den Farben der Weste gehaltene Sattelüberdecke auf. Diese waren bei der I. bis III. Klasse an den Rändern mit goldenen oder silbernen Tressen und bei der IV. bis VI. Klasse mit gelbem oder weißem Band eingefasst.
Das Reglement betraf nur die ersten sechs Klassen des Bergstaates. Für die anderen bestanden die Regeln weiter, die sich bis dahin entwickelt hatten. Immerhin erschien 1832 eine verbindliche Rangordnung, die auch die anderen Klassen berücksichtigte.

VII. Klasse
Zechenmeister
Bergknappschaftskassenvorsteher
Bergknappschaftsältester
Bergakademist
Oberbergamtsaufwärter
Königlicher Stollen- und Grubensteiger
gewerkschaftlicher Grubensteiger
Bergmusikmeister

Hüttenknappschaftskassenvorsteher
Hüttenknappschaftsältester
Werkmeister
Oberhüttenamtsaufwärter
Hüttenmeister

VIII. Klasse
Bergamtsaufwärter
Oberbergamtsbote
Königlicher Stollenuntersteiger
gewerkschaftlicher Grubenuntersteiger
Zimmersteiger
Kunststeiger
Wäschesteiger
Berghautboist
Bergmagazinabmesser

Abtreiber
Schmelzer

IX. Klasse
Ganghäuer
Bergamtsbote
Treibmeister
Doppelhäuer

Röster
Aufträger

X. Klasse
Wäscher
Haspelknecht

XI. Klasse
Grubenjunge
Poch- und Wäschejunge
Hüttenjunge

Siegmund August Wolfgang Freiherr von Herder

I. Klasse

Oberberghauptmann ***Vizeberghauptmann***

I. Klasse

Halbparade ***Parade*** ***Interimsuniform im Frack*** ***im Rock***

II. Klasse

Bergrat

II. Klasse

Parade Halbparade

Interimsuniform
im Frack im Rock

III. Klasse

Bergmeister **Oberhüttenverwalter**

III. Klasse

Parade Halbparade Interimsuniform im Rock im Frack

IV. Klasse

Blaufarbencommunfactor ***Oberhüttenvorsteher*** ***Bergschreiber***

IV. Klasse

Parade ***Halbparade*** ***Interimsuniform im Rock im Frack***

V. Klasse

Factor Arsenikwerk ***Factor Blaufarbenwerk*** ***Hüttenmeister*** ***Kunstmeister***

V. Klasse

Parade ***Halbparade*** ***Interimsuniform im Rock im Frack***

VI. Klasse

Blaufarben-meister ***Schichtmeister Schwefelwerk*** ***Bergchirurg*** ***Waagemeister*** ***Schichtmeister Eisenwerk***

VI. Klasse

Parade ***Halbparade*** ***Interimsuniform im Frack*** ***im Rock***

Freiberg

Schneeberg

Altenberg

Johanngeorgenstadt

Annaberg

Marienberg

Die Farben der Westen und Knöpfe der Schwefel-, Arsenik- und Vitriolwerke richtete sich nach den Farben der Reviere, in denen sie lagen. Später erhielten die "Gifthütten" schwefelgelbe Westen und silberne Knöpfe.

Schmelzhütten

Blaufarbenwerke

Schwefel-, Arsenik- und Vitriolwerke

Eisenhütten

Die Interimsuniform des Hüttenwesens richtete sich ebenfalls nach der Lage in den Revieren. Einziger Unterschied waren die "Hütteninsignien" an Stelle von Hammer und Eisen auf den Epaulettenfeldern und Rockschößen.

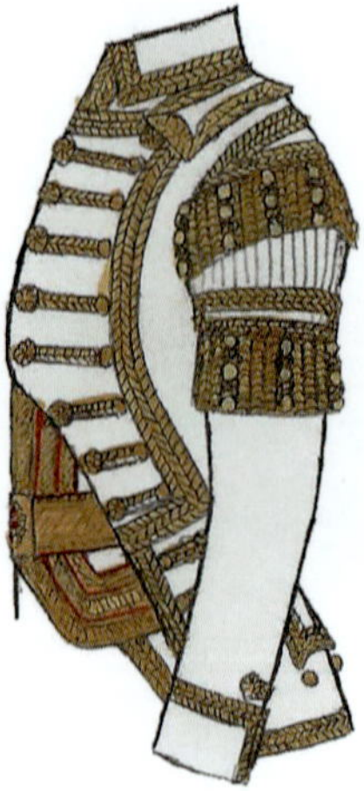

I. Klasse

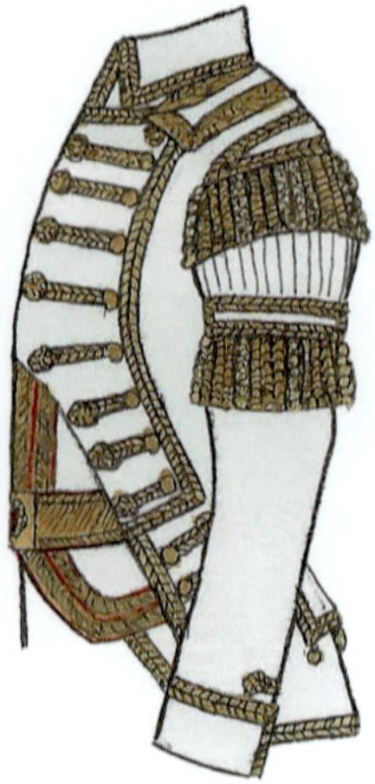

II. Klasse

III. Klasse

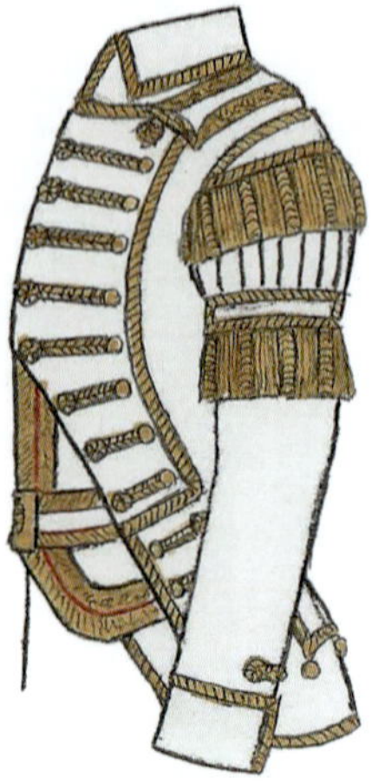

IV. Klasse

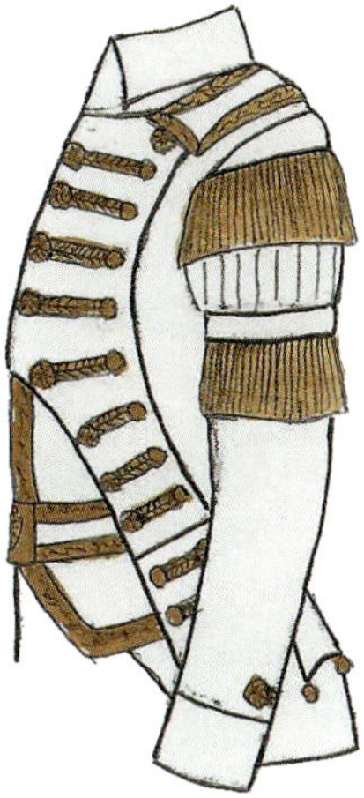

V. Klasse

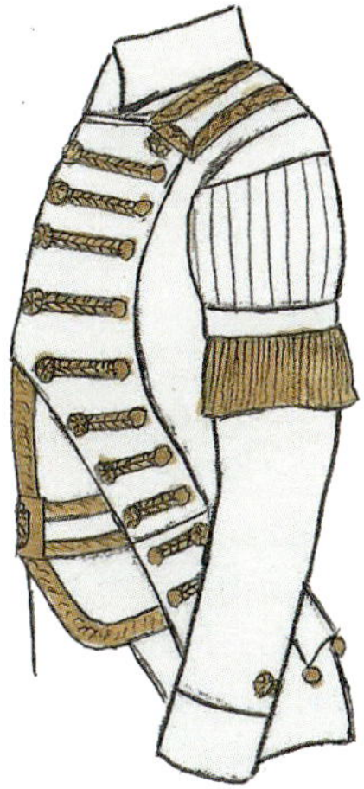

VI. Klasse

Das Reglement betraf nur die Beamten und Offizianten, und abgesehen von der Interimsuniform war es nur eine Modifizierung der Uniform von 1769. Allerdings sollte auch die Kleidung der Bergleute vom Leder vereinheitlicht werden. Aus diesem Grund verschickte das Oberbergamt 1827 eine Beschreibung des Habits der Freiberger Bergleute an verschiedene Bergämter, die nach diesem Muster die übliche Kleidung in ihren Revieren angeben sollten. Es antworteten aber nur zwei Bergämter, Annaberg und Marienberg, und das erst zwei Jahre später. In Tabellenform umfasste die Beschreibung aus Freiberg und Annaberg dreizehn Personengruppen, die aus Marienberg fünfzehn, und unterteilte in Parade- und gewöhnliche Sonntags- und Zechenkleidung. Obwohl in Prinzip alle ähnlich, gab es doch auch erhebliche Unterschiede, vor allem bei den Bergschmieden.
Die Kleidung der *Knappschaftsältesten* war noch ziemlich einheitlich, abgesehen von den Farben der Knöpfe und Westen. Örtliche Unterschiede gab es bei der Sonntagskleidung, die entsprechend der Anlässe variieren konnte. Bei der Zechenkleidung gab es keine Unterschiede. Bemerkenswert ist das weiße, im Nacken geknotete Tuch – Kennzeichen aller anweisenden Personen in der Grube, wie auch die mit Messing ausgeschlagenen *Blende*, was allerdings weniger

Ausdruck der Rangordnung, als vielmehr durch die Tatsache bedingt, dass diese Personen mit dem Bergkompass arbeiteten und eine Auskleidung der Grubenlampe mit Weißblech die Kompassnadel hätte ablenken können.

An zweiter Stelle der Tabelle kamen die *Steiger* als direkte Aufseher des Grubenbetriebes. Jede Grube hatte ihren Steiger, aber in größeren Gruben bekam der *Obersteiger* noch *Untersteiger* an seine Seite, auch solche mit besonderen Aufgaben, wie den *Zimmersteiger* und andere. An der Paradeuniform gab es in Annaberg keine Unterschiede zwischen diesen, in anderen Revieren unterschieden sie sich in Details. Auch bei der gewöhnlichen Sonntagskleidung unterschieden sich die beiden Gruppen nicht, zu besonderen Anlässen sehen wir aber Varianten. Generell konnten sonntags schwarze oder weiße Hosen getragen werden. Steiger aus dem Annaberger Revier erschienen in jener Zeit mit einem Tschako. Zwar versuchte man, diesen im gesamten Bergwesen einzuführen, aber die Tradition des grünen Schachthutes war stärker. Typisch für die Annaberger waren auch die schwarzen Hornknöpfe an der Sonntagskleidung. Die Zechenkleidung war überall gleich.

Als nächstes folgten die als *Hautboisten* bezeichneten Bergmusikanten. Die reich geschmückte Paradeuniform umfasste in Freiberg rote, in Annaberg weiße Westen und Aufschläge. Die Marienberger hoben sich ab, da sie einen Tschako trugen. Während die Musiker in den anderen Revieren die übliche Sonntagskleidung trugen, waren sie in Freiberg besonders ausstaffiert. Für den *Oberhautboisten* gab es sogar einen roten Kragen als Auszeichnung. Dazu trugen alle die übliche Zechenkleidung. Ob in jedem Fall die Hautboisten eingefahren sind, also die Musik mehr nebenbei betrieben, ist nicht ganz eindeutig, wird aber im Marienberger Bericht extra betont.

Eine besondere Gruppe waren in Marienberg die *Zinnschmelzer*, was seine Ursache in den Zinnerzvorkommen von Geyer und Ehrenfriedersdorf hatte. Das Schmelzen war der abschließende Schritt der Aufbereitung auf den Zechen, also kein eigentlicher Hüttenprozess. So ist es zu erklären, dass die Schmelzer zu den Bergpredigten im weißen Hemd erschienen, bei den anderen Paraden aber wie normale Steiger gekleidet waren. Ein Hinweis auf Altenberg, mit ähnlichen Verhältnissen, lässt sich aber nicht finden. Die Sonntagskleidung war wie bei den Steigern und bei der Übertagearbeit die normale Zechenkleidung.

Am unterschiedlichsten gestaltete sich die Paradekleidung der *Bergschmiede* und *Bergschmiedegesellen*. Allgemein galten die Schmiedemeister immer als Steiger. In Freiberg existierte sogar ein besonderes Abzeichen für die Schmiede, nämlich Hammer und Zange gekreuzt. Während auch die Schmiedegesellen in Freiberg mit weißem Hemd bekleidet waren, traten diese in Annaberg wie normale Häuer auf, also auch mit Barte. In Marienberg gab es wieder die Unterscheidung zwischen Parade zur Bergpredigt und normaler Parade: hier im weißen Schmiedehemd, dort in Steigertracht. An der normalen Sonntagskleidung der Freiberger Schmiede befand sich auf dem oberen Teil der Ärmel der Bergkittel das Hammer-und-Zange-Abzeichen: für Meister in Gold, für Gesellen in Weiß. Dies geht auf eine Anordnung des Oberbergamtes aus dem Jahre 1822 zurück. In den anderen Revieren unterschieden sich Meister und Gesellen durch die Kopfbedeckung. Zur Zechenkleidung gehörte in Freiberg der Schachthut, in Marienberg aber eine Schirmmütze. Die Schmiede in Annaberg trugen zur Arbeit überhaupt keine bergmännische Kleidung.

Unter Tage tätige Handwerker waren die *Grubenmaurer* und die *Zimmerlinge*. Im Marienberger Revier wurden die *Zeugarbeiter* extra geführt. Sie verrichteten Arbeiten an den Fördermaschinen die anderswo die Zimmerlinge ausführten. Zur Parade unterschieden sie sich hauptsächlich durch die mitgeführten Werkzeuge. Wenn Zeugarbeiter über Tage arbeiteten, banden sie sich Schurzfell um, ansonsten das Bergleder.

Die Masse der Bergleute stellten aber die *Doppelhäuer* und die *Lehrhäuer*. Auffällig an ihrer Paradekleidung war das Fehlen der Tzscherpertasche, obwohl sie diese für ihre Arbeit unbedingt benötigten. Allein im Marienberger Revier wurde den Häuern das Tragen derselben gestattet. Der Rangfolge entsprachen zwei Tzscherper bei den Doppel und einer bei den Lehrhäuern. Die Unterscheidung zwischen beiden Gruppen gab es in allen Revieren bei der Zechenkleidung. Das begann mit den Kniebügeln für die Doppelhäuer, die oftmals auch umgekehrt angelegt wurden, um die Schienbeine zu schützen. In Annaberg durften die Doppelhäuer ein weißes Leinentuch, wie sonst nur das Aufsichtspersonal, tragen. Dagegen hatten alle im Marienberger Revier ein Filztuch unter ihren Hüten.

Kunster – in Marienberg auch als *Knechte* bezeichnet – *Grubenjungen* und *Wäschearbeiter* schließen die Auflistung ab. Die Parade- und Sonntagskleidung ist einfach gehalten. Auf der Zeche trugen die Wäschearbeiter das Bergleder vorn, da sie ja nur über Tage arbeiteten.

Das Oberbergamt wertete diese Aufstellungen natürlich aus, wobei es die abweichende Kleidung der Bergschmiede besonders kritisierte. Aber auch sonst sollte alles einheitlicher werden, und so kam es 1830 zur Einführung eines neuen Habits. Den Capuchon auf den Bergkitteln ersetzte nun ein breiter liegender Kragen. Zur Parade wurde dann noch ein weißer Kragen mit Spitzenkante untergeknöpft. Bei den Bergschmieden gehörte zum weißen Hemd ein schwarzer, liegender Kragen. Der Unterkragen hatte einen Litzenvorstoß. Die Berghautboisten erhielten eine neue Kleidung mit rotem Kragen und Aufschlägen. Die Farben der Knöpfe und Litzen richteten sich bei allen nach den Revierfarben.

Die Kleidung der *Hüttenältesten* entsprach der der Knappschaftsältesten, abgesehen von der Farbe der Puffjacke. Das Aussehen der *Blaufarbenältesten* bestimmte natürlich die kobaltblaue Schürze. Die Funktionen eines Steigers wurden auf den Hütten von den *Meistern* wahrgenommen. Eine weitere Differenzierung der Arbeiter gab es, war aber an der Kleidung nicht ersichtlich. Fortan wurde der breitkrempige, rechts hochgeschlagene Hut für die *Hüttenleute* typisch. Die Sonderuniform der *Amalgamierarbeiter* verschwand gänzlich, und so sahen sie in ihren weißen Schmelzerhemden wie alle anderen im Hüttenwesen Beschäftigten aus. Auf dem Schachthut befand sich vorn das verschlungene Symbol von Silber und Quecksilber. Die anderen Branchen, die *Saigerhütten* , *Blaufarben*- und *Schwefelhüttenarbeiter*, unterschieden sich nach der Farbe der Schürzen.
Bergakademisten hatten ihre eigenständige Kleidung, die sich an der der oberen Ränge orientierte. Es wurde aber auch die delegierenden Reviere kenntlich gemacht, so durch die Farben der liegenden Kragen sowie der Knöpfe.

Johann Carl Freiesleben

Knappschaftsältester

zu besonderen Anlässen *gewöhnliche Sonntagskleidung* *Zechenkleidung*

Obersteiger Untersteiger
(Freiberg)

Steiger Obersteiger Untersteiger
(Annaberg) (Marienberg)

gewöhnliche Sonntagskleidung und zu besonderen Anlässen

gewöhnliche Sonntagskleidung

(Annaberg)

Zechenkleidung

Hautboist
(Freiberg)

Hautboist
(Marienberg)

gewöhnliche Sonntagskleidung

Hautboist Oberhautboist

(Freiberg)

(Marienberg)

Zechenkleidung

Zinnschmelzer
zur Bergpredigt *zur normalen Parade*
(Marienberg)

gewöhnliche Sonntagskleidung

Zechenkleidung

Bergschmiedegeselle **Bergschmiedemeister** **Bergschmiedemeister zur Bergpredigt**

Bergschmiede-meister **Bergschmiede-geselle** **Bergschmiedemeister zur Parade**

Bergschmiedegeselle

(Freiberg) ***(Annaberg)*** ***(Marienberg)***

gewöhnliche Sonntagskleidung *Zechenkleidung*

Schmiedegeselle Schmiedemeister Schmiedemeister
Schmiedemeister Schmiedegeselle Schmiedegeselle

(Freiberg) (Annaberg) (Marienberg) (Freiberg) (Annaberg) (Marienberg)

Grubenmaurer
Zimmerling

(Freiberg)

Grubenmaurer
Zimmerling

(Annaberg)

Grubenmaurer
Zeugarbeiter
Grubenzimmerling

(Marienberg)

gewöhnliche Sonntagskleidung
(alle)

Zechenkleidung
(Freiberg) (Annaberg) (Marienberg) (Zeugarbeiter Marienberg)

Doppelhäuer
Lehrhäuer
(Freiberg)

Doppelhäuer
Lehrhäuer
(Annaberg)

Doppelhäuer
Lehrhäuer
(Marienberg)

gewöhnliche Sonntagskleidung

Zechenkleidung

Doppelhäuer Lehrhäuer **Doppelhäuer Lehrhäuer** **Doppelhäuer Lehrhäuer**

(Freiberg) (Annaberg) ***(Freiberg)*** ***(Annaberg)*** ***(Marienberg)***

Kunster usw. ***(Freiberg)***

Kunster Grubenjunge ***(Annaberg)***

Knecht Grubenjunge ***(Marienberg)***

gewöhnliche Sonntagskleidung

Zechenkleidung

Kunster usw.   ***Wäschearbeiter***

Bergschmied ***Bergmann*** ***Bergmaurer*** ***Berghautboist***

(um 1830)

Hüttenältester ***Blaufarbenältester***

Hüttenmann *Amalgamierarbeiter* *Saigerhüttenarbeiter* *Blaufarbenwerker* *Schwefelhüttenarbeiter*

Hüttenmann

Amalgamierer

Bergakademist

(Schneeberg)

Bergakademisten
Halbparade Studienkleidung
(Annaberg)

Lehrer an der Bergakademie
Halbparade Dienstkleidung

Ein kleiner Bergstaat –
Die Freiherrlich von Burgker Steinkohle- und Eisenhüttenwerke

Die Nutzung der Steinkohle hatte schon sehr früh begonnen, besonders auch im Zwickauer Raum. In diesem Zusammenhang sind die „Zwickauer Schmiedeartikel" aus dem Jahre 1348 interessant, die den Schmieden verboten, innerhalb der Stadtmauern mit Steinkohle zu schmieden, denn man hatte Bedenken, dass der Kohlenrauch einen negativen Einfluss auf die Gesundheit haben könnte.
Die Steinkohle als Bodenschatz fiel nicht unter das Bergregal und war somit nicht Eigentum des Landesfürsten, sondern galt als Zubehör des Ackerbodens. Deshalb war die Nutzung mit der Grundherrschaft, in der Regel den Rittergütern, verbunden. In Sachsen sind zwei Trends zu beobachten. Um Zwickau hatten sich die Kohlengräber schon frühzeitig zusammengeschlossen und bildeten eine Art Innung, mit „Kohlenordnung" genannten Satzungen. Darin war zum einen die Reihenladung festgelegt, wonach die Mitglieder zum Verkauf der Kohle in einer bestimmten Reihenfolge und nicht unter einem festgelegten Preis verpflichtet waren. Zum anderen waren die Regeln für die Truhenladung bestimmt, die die Eisenarbeiter in Zwickau und Umgebung im Gegensatz zu anderen Käufern berechtigten, gute Kohle direkt vor die Haustür geliefert zu bekommen. Die Bemühungen, den Abbau der Kohle in das Bergregal einzufügen, hatten in Zwickau keinen Erfolg.
Anders verlief es im Plauenschen Grund. Hier erteilte der Landesherr 1542 Privilegien zum Abbau der Steinkohle, deren Inhaber dann die Bauern, deren Ackerflächen sie in Anspruch nahmen, voll entschädigen mussten. Die Vergabe der Abbaurechte erfolgte nicht nach den üblichen bergrechtlichen Grundsätzen von Schürfen und Muten, weshalb der Landesherr auch keinerlei Abgaben erhielt. Als indes ein anderer Grundherr 1577 auf seinem Gelände Steinkohle gewinnen wollte, erklärte das Bergamt alles Unterirdische zwischen Dresden und Freiberg als unter

das Bergregal fallend, womit auch Abgaben fällig wären. Es folgte ein langjähriger Rechtsstreit, der erst 1612 durch Urteile der Bergschöppenstühle in Freiberg und Joachimsthal beigelegt wurde, indem diese die Kohle als nicht zum Bergregal gehörig erklärten. Rechtssicherheit entstand schließlich durch das Kurfürstliche Kohlenmandat von 1743. Wesentlich daran war, dass dem Grundbesitzer die Kohle als Eigentum gehörte, er diesen Anspruch aber nach einem Jahr verlor, wenn er nicht mit dem Abbau begann. Danach konnte jedermann die Konzession für die Gewinnung der Steinkohle erlangen, musste aber den Grundeigentümer beteiligen oder entschädigen. Einige Wichtigkeit hatte außerdem eine weitere Verordnung, die den Export von Steinkohle verbot, denn der Bodenschatz sollte ausschließlich der wirtschaftlichen Entwicklung Sachsens dienen.

Durch die Knappheit des Holzes und die entsprechend steigenden Preise gewann die Steinkohle immer mehr an Bedeutung. Auch im Regalbergbau erkannte man zeitig die Vorteile der Kohle als Brennmaterial für die Bergschmieden. Dagegen standen Vorurteile und Ablehnung durch die Schmiede selbst, und so bedurfte es erst eines landesherrlichen Befehls – erlassen am 14. Dezember 1736 –, um die Steinkohle dort einzuführen. Zu jener Zeit wurden bereits die Kalköfen in den Herrschaften Wildenfels und Planitz mit Steinkohle befeuert. Für das Schmelzen der Erze war allerdings die Kohle nicht geeignet, das war erst mit der Anwendung von Koks der Fall. Allgemein nahm aber der Verbrauch und damit das Interesse an Kohle ständig zu. Durch die Initiative von Schichtmeistern des Freiberger Reviers begann 1786 der fiskalische Steinkohlenbergbau im Becken der Weißeritz. Zuerst wurde die Förderung aus Mitteln der Gnadengroschenkasse des Freiberger Bergamtes bestritten, als diese dann aber nicht mehr ausreichten, übernahm 1799 der Fiskus dieses Werk und erweiterte das Unternehmen durch den Erwerb der Rittergüter Döhlen und Zauckerode beträchtlich.

Aber auch andere Grundherren des Döhlener Beckens waren aktiv. Während links der Weißeritz das Königliche Steinkohlenwerk Zauckerode abbaute, befanden sich auf der rechten Flussseite als größere Unternehmen die „Freiherrlich von Burgker Steinkohlenwerke“, der „Potschappler Steinkohlebauverein“, der „Gitterseer Steinkohlenbauverein“ und etwas später noch der „Hänischener Steinkohlenbauverein“. Hinzu kamen noch mehrere Kleinunternehmen.

Das Jahr 1822 sah dann das neue „Königliche Mandat über die Gewinnung der Stein-, Braun-, Schwefel- und Erdkohlen und des Torfes“. An der Jahresfrist für den Beginn des Abbaus änderte sich nichts, aber jetzt kamen konkrete Bestimmungen zum technischen Betrieb sowie zu Rechten und Pflichten der Betreiber hinzu. Neu war vor allem die technische Aufsicht der jeweiligen Bergämter über die Gruben, die von diesen mindestens einmal im Jahr zu befahren waren.

Unter den privaten Unternehmen entlang der Weißeritz stach besonders das von Burgk hervor. Schon 1767 hatte hier der Bergbau durch den kurfürstlichen Sekretär Carl Gottfried Dathe begonnen. 1819 erbte der vom Bergbau faszinierte Leutnant und Jurist Carl Friedrich August Krebß (1791–1872) von seiner Tante das Rittergut und somit das Steinkohlewerk. Nach dem Erwerb des Adelsdiploms führte er ab 1822 den Titel eines Freiherrn Dathe von Burgk. Mit dem ererbten beträchtlichen Vermögen seiner Tante konnte er weitere Kohlefelder aufkaufen und begann sein Unternehmen zu modernisieren. Ohne ein Risiko einzugehen, übernahm er nur das, was sich auf anderen Gruben bewährt hatte. So setzte er schon 1821 zur Wasserhaltung im „Wilhelminenschacht" die zweite Dampfmaschine im sächsischen Bergbau ein, nachdem im Vorjahr eine solche auf dem staatlichen Werk von Zauckerode zum Einsatz gekommen war. Weiterhin ersetzte er die Förderung mittels der üblichen viermännigen Handhaspeln durch Pferdegöpel und untertage die Schubkarren durch Hunte. Von großer Bedeutung war aber die 1823 beginnende Verkokung der Kohle in Bienenkorböfen. Diese Öfen waren aus Ziegelsteinen in der Form von Bienenkörben aufgemauert, in ihnen brannte die Kohle von oben herab ab, wobei ein Teil der Kohle verbrannte, aber etwas mehr als die Hälfte zu Koks wurde. Gleichzeitig konnten die Abgase für eine Leuchtgasanlage genutzt werden, die zur Beleuchtung der Schachtgebäude und des Schlosses diente. Es war die zweite auf dem europäischen Kontinent.

Erst durch die Umwandlung zu Koks konnte die Kohle auch für das Schmelzen von Erzen verwendet werden. So lieferten die Burgker Steinkohlenwerke bedeutende Mengen an die Freiberger Schmelzhütten. Der Baron erkannte aber auch zeitig die Vorteile der Verbindung von Kohleförderung und Eisenwerken. Dazu erwarb er das alte Hammerwerk Dölzschen und baute es zu einem Eisen-Hüttenwerk um. Sein Unternehmen nannte sich von nun an „Freiherrlich von Burgker Steinkohlen- und Eisenhüttenwerke". An der Spitze stand eine Zentralverwaltung, die neben den Gruben und der Hütte auch für den landwirtschaftlichen Betrieb des Rittergutes zuständig war.

1821 führte Krebß, der frühere Offizier, in seinem Steinkohlenwerk Uniformen ein und es wurden regelmäßig Bergparaden veranstaltet. Dieser Schritt war insofern bedeutsam, weil dadurch die Kohlengräber rein äußerlich zu Bergleuten aufgewertet wurden. Die anderen Werke folgten dem Schritt. Dathe selbst begann sich einen kleinen Bergstaat aufzubauen, mit ihm als „Bauherr" an der Spitze, und ein Jahr später wandelte er eine bereits bestehende Krankenkasse zu einem Knappschaftsverein um. Damit folgte er allerdings nur dem Vorbild anderer, denn in Zauckerode war dieser Schritt schon 1808 erfolgt. Zur Ausbildung von Fachpersonal und Steigern gründete er 1827 eine Berg-Lehranstalt; später – 1844 – kam sogar ein Kindergarten dazu und 1857 auch noch ein Werkskrankenhaus.

Auch wenn man den Freiherrn von Burgk nicht unbedingt als Wohltäter bezeichnen konnte, wurden doch auf seinem Werk etwas höhere Löhne als sonst im Revier gezahlt. Allgemein verdienten 1827 die Bergleute im Döhlener Becken während einer sechsstündigen Schicht doppelt so viel wie die Häuer im Freiberger Revier. Allerdings waren sie damit nicht bessergestellt, denn durch die Nähe zur Residenzstadt Dresden waren hier die Lebenshaltungskosten bedeutend höher. Es blieb deshalb den Bergleuten nichts weiter übrig, als neun bis zwölf Stunden oder mehr anzufahren oder eine Aufbesserung durch Nebenverdienste zu erreichen.

Wie drückend die soziale Lage war, zeigte sich an der aktiven Teilnahme der Bergleute des Plauenschen Grundes während der Ereignisse vom Mai 1849 in Dresden. Und wie sehr die Uniformierung differenzierte, zeigt ein Ereignis während des Knappschaftsfestes 1831 in Burgk. Nach dem Erwerb des Eisenhammers galt die Uniformvorschrift auch für die Hüttenarbeiter, doch diese zeigten keinen Untertanengeist, sondern sahen in der Knappschaft nichts als angelegte Fesseln und in der verordneten Uniform ebenfalls etwas Aufgezwungenes. Als ein Häuer dagegen mit seiner Uniform prahlte, wurde ihm der Federstutz heruntergeschlagen. Zunächst waren es gegenseitige Beschimpfungen: Die einen wurden als „Arschlederjungen“, die anderen wegen des roten Federstutzes als „Rotschwänze“ beschimpft. Ein anwesender Reviersteiger versuchte den Streit mit gezogenem Säbel zu schlichten. Die Hüttenleute zerbrachen daraufhin Stühle und löschten das Licht im Saal, und alles endete in einer wilden Schlägerei zwischen ihnen und den Bergleuten. Der Freiherr von Burgk als ehemaliger Offizier hielt die Uniformierung seiner Bergleute für wichtig, und bald folgten seinem Beispiel auch die anderen Werke im Plauenschen Grund. Da es dazu aber keine Verordnung gab, gestaltete sich die bergmännische Kleidung recht unterschiedlich.

Freiherrlich von Burgker Steinkohle- und Eisenhüttenwerke
Officianten in Dienst- und Paradeuniform

Potschapler Steinkohlewerk

Oberofficiant

Königliche Steinkohlewerke zu Zauckerode

Bergmann

Das Reglement von 1843

Es war sicherlich keine leichte Aufgabe, die Nachfolge des charismatischen Oberberghauptmanns von Herder anzutreten. Nach dessen Tod übernahm 1838 Johann Carl Freiesleben (1774–1846) die Leitung des sächsischen Bergstaates. Der erfahrene Bergbeamte war dieser Herausforderung gewachsen und führte die Geschäfte im Geiste Herders weiter. Allerding trat er 1842 altersbedingt in den Ruhestand, sein Nachfolger war Friedrich Constantin von Beust (1806–1891) über, der 1844 Berghauptmann und 1851 Oberberghauptmann wurde.
Unter Herder war es zu einer Blüte des sächsischen Bergbaues gekommen. Technische Neuerungen und eine perfekte Verwaltung führten zu guten Ergebnissen. Herder hatte den Bergbau ganzheitlich gesehen und die Zusammengehörigkeit der Bergleute gefördert. Gerade aber für die einfachen Berg- und Hüttenarbeiter war es kein einfaches Leben. Carl Gustav Adalbert von Weissenbach (1797–1846), selbst Bergmeister zu Freiberg, schrieb 1833 in seinem Buch „Sachsens Bergbau, nationalökonomisch betrachtet" über die Bergleute:

> *Auf die ganze Moralität und den unter der arbeitenden Classe herrschenden Geist hat das Bergwerksgewerbe auffallend günstigen Einfluß. Der vollständige und wohlgeordnete Schulunterricht der Bergmannskinder und das frühzeitige Anhalten derselben zur Arbeit bilden hierzu schon die ersten sicheren Grundlagen. Der größere Teil der Knaben tritt mit dem14ten, wohl gar schon mit dem 9ten oder 10ten Jahre in geregelte dienstmäßige Arbeit ein, unter ernster Aufsicht und steter Gewöhnung zu Fleiß, Folgsamkeit und Subordination. Die beinahe militärische Disciplin und Dienstordnung, die durch alle Grade der bergmännischen Arbeitsfunction beobachtet wird und in keinem anderen Gewerbe in der Art besteht, setzt die Gewöhnung an Gesetz und Ordnung dann durch das ganze Dienstleben des Berg- und Hüttenmannes hindurch fort. Die Beschaffenheit der Arbeiten erfordert stets rege Aufmerksamkeit, Umsicht und Ruhe, Entschlossenheit und Furchtlosigkeit, rasches, möglichst zeitnutzendes Arbeiten, Aus-*

dauer und zum Theil besondere Geschicklichkeiten. Diese sich dem gemeinsten Arbeiter von selbst darlegenden Bedürfnisse erhöhen seine moralische Kraft. Die Arbeit drängt sich in kurzen Arbeitszeiten mit Anstrengung und Spannung der moralischen, wie der physischen Kräfte zusammen. Natur und Örtlichkeit hat den Arbeiten des Berg- und Hüttenwesens einen gewissen Charakter des Ernstes, zuweilen selbst des Schauerlichen, aufgeprägt, der mit einem fast romantischen Zauber an diesen Beruf fesselt und unwillkürlich das natürlich-einfache Gemüth der Gebirgsbewohner zu einer ernsten, würdigen Haltung, zu einem gesetzten Betragen während der Arbeit und zu Ergebung und Frömmigkeit veranlaßt. Der Sinn der Frömmigkeit und Religiosität entwickelt sich bei der augenscheinlichen Gefahr, in welcher Leben und Gesundheit des Bergmanns stündlich schwebt, um so natürlicher und wird deshalb durch das vor und nach jeder verfahrenen Schicht gehaltene gemeinschaftliche Gebet auf der Grube, sowie durch die von Zeit zu Zeit gehaltenen besonderen Berg-Gottesdienste in den Kirchen, mit Sorgfalt genährt und befördert. An den vorwaltenden religiösen Sinn knüpft sich beim Bergmann ein besonderer Grad von Ehrgefühl und ein Bestreben, durch Haltung und Benehmen seinen Stand auszuzeichnen. Der gemeinsame abgeschlossene Beruf, die in dessen Gefährlichkeit liegende Notwendigkeit, sich sehr oft gegenseitig, selbst mit eigener Gefahr, beizustehen und ein enges kameradschaftliches Band zu knüpfen, die Eigenthümlichkeit der gemeinsamen Lebensweise, Gebräuche, Verfassungen, Vorrechte, Leiden und Freuden, die besonderen und allenthalben geregelten Dienst- und Knappschaftsverhältnisse, die gemeinsame erbliche Armuth, selbst die ausschließende altherkömmliche Tracht oder Uniform, kurz alle die vielen Eigenthümlichkeiten des Bergstandes haben einen eigenen Gemeingeist oder Esprit de Corps gebildet, der sehr heilsam auf Sittlichkeit, Ehrgefühl und Anstand wirkt und dem Bergmanne zugleich seinen mühseligen Beruf lieb und werth macht, daher auch unerläßlich zum Gedeihen des Bergbaues gehört und auf jede Weise sorgsam bewahrt und befördert werden muß.

Dieser Geist der Werthhaltung des eigenen Berufes und Standes ist sonach mit dem militärischen Gemeindienst in einer Armee, dem Patriotismus in einem Volke, dem Bürgersinne in einem Gemeindeverband u. Aehnl. zu vergleichen. Ein eigenes Point d'honneur hat sich – allerdings durch dienstliche Einrichtungen begünstigt – in Beziehung auf die Ehrlichkeit unter den Bergleuten entwickelt. Die kleinste Entwendung von Geld oder von solchen Gegenständen, auf welche überhaupt der gemeine Mann seine mehr nur naturrechtlichen Begriffe vom ausschließenden Eigentume beschränkt, halten sie für so entehrend, daß sie mit dem Thäter ferner gemeinschaftlich anzufahren verweigern und ihn deshalb aus ihren Knappschaften ausschließen. Fleiß und Armuth erzeugen gemeinschaftlich im Bergmann Mäßigkeit, Sparsamkeit, Genüg-

samkeit und deshalb Zufriedenheit; man findet daher im Ganzen Gemüthlichkeit und eine heitere, sorglose Stimmung bei ihm, obgleich nie Uebermuth. Gesang und Musik sind ihr Element. Seine außerhalb der Dienstzeit ganz selbständige Lage erzeugt einen gewissen Sinn für bürgerliche Freiheit und in Verbindung mit seiner größeren intellectuellen Ausbildung eine gegen manche Arbeiterclassen vollkommenere Geistesmündigkeit. Diese letztere und ein immer waches Streben zum Vorwärtsschreiten wird dadurch noch erhöht, daß eine sehr zahlreiche Dienststufenfolge jedem Einzelnen die Aussicht zum Aufrücken, vom Scheide- und Wäsch-Jungen an durch die Classen der Bergknechte, Lehrhäuer, Doppelhäuer und verschiedenartige Unter- und endlich Ober-Steiger hindurch, selbst bis endlich zum Revierbeamten eröffnet und ihm dafür bürgt, daß wirkliches Verdienst, Talent und Auszeichnung nie unbeachtet und unbelohnt bleiben. Es erzieht sonach wirklich der Bergbau eine vorzugsweise biedere, fromme, fleißige, zufriedene und fast zu allen Handarbeiten geschickte Volksclasse, die wegen dieser Eigenschaften den Namen guter Staatsbürger mit vorzüglichem Rechte verdient.

Diese Darstellung ist sicherlich idealisiert, denn das Buch sollte dazu dienen, der Öffentlichkeit ein möglichst positives Bild vom Nutzen des Bergbaues zu vermitteln, aber bestimmt sahen die Bergleute sich und ihre Arbeit ebenso als etwas Besonderes an. Wie aber war die Realität?

Am 13. Mai 1841 übergab der Bergarbeiter August Lichtenberger und andere während einer öffentlichen Audienz einen Beschwerdebrief von zehn Punkten an den König mit der Bitte, *daß Seine Königliche Majestät die Bergleute in ihren, jetzt schon sehr geschmälerten und eingeschränkten Gerechtsamen in Schutz nehmen möchten.* In der Schrift wurden die Zustände im Freiberger Revier beklagt. Die Eingabe gelangte an das dafür zuständige Finanzministerium, das wiederum vom Oberbergamt eine Stellungnahme verlangte. Schon wegen des Zeitgeistes ist hier eine wörtliche Wiedergabe der Beschwerde und der Gegendarstellung angebracht, nachzulesen in den Landtagsakten der Jahre 1843/44, unter dem „Bericht der vierten Deputation der ersten Kammer über die Beschwerde der Bergarbeiter aus [dem] Freiberger Bergamtsrevier“:

1.

daß kürzlich den Bergarbeitern der Antrag gemacht worden sey, die sogenannten Feiertagsschichten (d. i. Schichtlöhne, die die Arbeiter verfassungsmäßig an gewissen Feiertagen erhalten, ohne wirklich angefahren zu seyn,) einzuziehen, den hierdurch entstehenden Lohnausfall aber den Bergleuten und zwar nur den höher gelohnten Classen derselben durch Erhöhung ihres currenten Wochenlohnes, jedoch in unzureichender Maase zu vergüten; daß die Bergarbei-

ter zwar gegen diese Maasregel „förmlich zu protestieren" sich genötigt gesehen, ihnen aber hierauf bis jetzt etwas weiter nicht angetragen worden sey, dem Verlauten nach aber „neue Repressalien" im Werke seyn sollten;
daß ferner die jüngeren und insbesondere die seit dem Quartal Trinitatis 1841 in Arbeit genommenen Mannschaften gleich nicht anders als mit der Bedingung, daß sie auf Feiertags- und Krankenschichten keinen Anspruch machen sollten, angenommen worden seyn;

Es ergibt sich schon aus der Fassung dieses Punctes, daß die darin geführte Beschwerde nicht gegen etwas gerichtet ist, was da wirklich besteht, so weisen auch die betreffenden Acten nach, daß in dieser Beziehung nicht der entfernteste Grund zum Klagen vorhanden ist. Es war nämlich bei Gelegenheit der Einführung des neuen Münzsystems von den Grubenvorstehern zu Altenberg besagte Bericht des dortigen Bergamts Bl. 1. der Oberbergamts-Acten No. 11009. Vol. II. der Vorschlag geschehen, die Feiertagsschichten jetzt gänzlich in Wegfall zu bringen und den Betrag derselben dem Arbeitspersonal auf das übrige Lohn zu repartieren.

Ob und in welcher Maase dieser Vorschlag auch in den übrigen Revieren zur Ausführung zu bringen seyn möchte? darüber erforderte das Oberbergamt durch Patent vom 9. Januar dieses Jahres (Bl. 8. ibid.) das Gutachten sämtlicher Bergämter. Das Bergamt Freiberg ließ lt. Bl. 75. der Bergamts-Acten No. 4327. Durch die Grubenvorsteher die Arbeiter um ihre Wünsche befragen, und als die letzteren sich besage der Anzeige der Schichtmeister Bl. 93. Act. dict. gegen die fraglichen Maasregeln ausgesprochen, wurde dieselbe auch, so zweckmäßig sie an sich zur Vereinfachung des Rechnungswesens und zur Ermöglichung mehrere Abrundung der umgerechneten Lohnsätze erschien, lediglich in Beachtung jener Wünsche und weil bei der befragten Einrichtung die Leute gerade zu Festtagszeiten weniger Geld in die Hände erhalten haben würden, von dem Bergamte Freiberg Bl. 17. der Oberbergamts-Acten No. 11009. Vol. II. abfällig begutachtet und dem zu Folge Lt. Bl. 25. ibid. gänzlich davon abgesehen. Davon, daß man den Arbeitern an die Stelle der Feiertagsschichten eine wöchentliche Lohnzulage von nur 1 Ngr., welche allerdings zu gering gewesen seyn würde, zugedacht, und jüngeren Arbeiter, wie allerdings in Altenberg vorgeschlagen worden, ganz unentschädigt zu lassen, beabsichtigt habe, ist nirgends ein Wort gesagt; ebenso wenig ist auch von einer andern etwa statt dessen zu treffenden Einrichtung hinsichtlich der Feiertage in den Acten, welche vielmehr mit diesem Vorgange schließen, irgend etwas zu finden. Es ist mithin die Frage (nicht im „Antrag") gekommene Maasregel von den Beschwerdeführern zunächst nicht richtig dargestellt worden; ferner ist sie nicht wegen einer „förmlichen

Protestation", sondern in Folge ausdrücklicher Erforschung der Wünsche der betheiligten Arbeiter unausgeführt geblieben; endlich ist von „weiteren Repressalien," welche angeblich bevorständen, nirgends die geringste Andeutung zu ersehen, ebenso wenig als auch die Beschwerdeführer dergleichen näher zu bezeichnen vermocht haben. Der ganze fragliche Punct der Eingabe stellt sich demnach als völlig gehaltlos und weder Anlaß zu einer Beschwerde, noch zu einer Bitte enthaltend dar und es hat die Behörde hierunter vielmehr ihre Entschliessung von Anfang an lediglich von den Wünschen der Arbeiter abhängig gemacht, also nicht den entferntesten Grund zur Klage gegeben. Noch weniger kann in dieser Beziehung etwas hinsichtlich der Krankenschichten angeführt werden, von denen zwar die Bittsteller im Eingange ebenfalls sagen, daß eine Beeinträchtigung derselben zu befürchten sey, jedoch nirgends etwas darauf Bezügliches vorbringen, während das Bergamt Bl. 28. b. der Oberbergamts-Acten No. 11392. versichert, daß irgend eine Veränderung mit den Krankenschichten gar nicht im Werke gewesen sey.

Die Vorstellung fährt übrigens fort: Die jüngeren und insbesondere die seit Quart. Trinit. 1841 in Arbeit genommenen Mannschaften seyen gleich nicht anders, als mit der Bedingung, daß sie auf Feiertags- und Krankenschichten keinen Anspruch machen sollten, angenommen worden, und hieran schließt sich die Bitte: es möge dieses abgedrungene Gelöbniß für ungütig und unrechtsmäßig erachtet werden, da es von den betreffenden Individuen nur aus Furcht, deshalb von der Bergarbeit ausgeschlossen zu werden, geleistet worden sey. Wäre nun an sich gegen eine solche, den Leuten vor ihrer Annahme und als Bedingung, eben weil es ihnen freisteht, sich derselben zu unterwerfen, etwas nicht zu sagen, dieß Verfahren vielmehr der einzige Weg, wie man, ohne bereits vorhandene Ansprüche der älteren Mannschaften zu verletzen, eine neue Einrichtung herbeiführen könnte, so ist doch, abgesehen hiervon, die Sache nicht richtig dargestellt. Nachdem nämlich durch Rescript vom 13. Januar 1831, die Beschränkung der Feiertage betr., acht Feiertage aufgehoben worden waren, gab die Frage: wie es mit dem Anfahren der Bergleute an diesen Feiertagen gehalten werden solle, Anlaß zu vielfachen und um so schwierigeren Erörterungen, jemehr man hierbei allenthalben Rücksicht auf die Wünsche der Mannschaft nehmen wollte. (Bl. 49, 53, 77, 101. Oberbergamts-Acten No. 11009. Vol. I.)

Die Einen wollten an den aufgehobenen Feiertagen anfahren und neben der verfassungsmäßigen Freischicht auch die wirklich verfahrene Schicht, mithin zwei Schichten verlohnt erhalten; Andere wollten nicht anfahren, und es mithin beim Alten belassen; Andere wollten anfahren und die Freischicht auf andere, noch fortbestehende, den Bergleuten aber seither nicht mit Freischichten honorirte Feiertage verlegt sehen. Letztere Einrichtung wurde im Freiberger Revier erst versuchsweise auf 2 Jahre (Bl. 114 ibid.); dann wieder auf 2 Jahre (Bl. 198 ibid.) und erst im Jahre 1836 (Bl. 262 ibid.) bis zu anderer Anordnung festgesetzt, dabei aber wiederholt und zwar Seiten des Finanz-Ministeriums, besage dessen Verfügung vom 18. April 1832 (Bl. 114) und vom 23. April 1834 (Bl. 198 loc. cit.) ausgesprochen, „daß eine gleichförmige Einrichtung in sämmtlichen Bergamtsrevieren hierunter angemessen und um so thunlicher erscheine, als das Verhältnis der Bergarbeiter zu den Gewerken (den Brodherrn) auf Contract und insbesondere auf beiderseitiger beruhe, demgemäs aber Seiten der Arbeiter, sie möchten bereits angelegt seyn oder erst angelegt werden, der Abänderung dieses Contractes wohl zu fügen sey, worauf dann das Oberbergamt in dem Patente vom 7. Mai 1834 (Bl. 199. b. ibid.) anordnete, zu Herstellung mehrerer Gleichförmigkeit bestimmte Einleitung zu treffen, und wo dagegen Hindernisse obwalteten, wenigstens bei der Annahme der neuen Mannschaften nur unter der Bedingung der gleichförmig für alle Reviere verminderten Freischichten zuzulassen; eine Einrichtung, welche auf Oberbergamtsbericht (Bl. 260. ibid.) auch durch Finanz-Ministerial-Verfügung vom 8. Juni 1836 (Bl. 262.) Genehmigt und seitdem beobachtet worden ist.

Das Vorstehende zeigt deutlich, daß ein Grund zur Beschwerde hier nicht vorliegt, und daß übrigens das Anführen, als fände der mehrberegte Vorbehalt erst seit instehendem Jahr statt, unrichtig ist.

Von Krankschichten und von einer Verzichtleistung auf solche ist auch hierbei keine Rede.

2.

finde bei der Annahme neuer Bergarbeiter nicht allemal ein gerechtes Verfahren statt; das gegebene Versprechen, die Söhne von Bergleuten hierbei besonders zu berücksichtigen, gehe nicht allemal in Erfüllung und Bergmannskinder würden oft aus „vortheilhaften Gründen und besondern Absichten“ jungen Leuten aus anderen Ständen nachgesetzt;

Das Prinzip, die Bergmannssöhne vorzugsweise zu berücksichtigen, besteht aller Dings und ist wiederholt bei verschiedenen Gelegenheiten, z.B. in dem öffentlichen Anschlage des Bergamtes Freiberg vom 26. Juni 1829 (Bl. 97 der Bergamtsacten No. 4315) und in dem vorläufig eingeführten Regulative wegen Annahme u. der Bergarbeiter (Bl. 2, 62,67 der Oberbergamtsacten No. 10901 Vol. I.) ausgesprochen worden. Allerdings wird aber dieses Prinzip nicht ohne alle Ausnahme durchgeführt.

Das Bergamt hat durch ein Extract, Bl. 212 der Bergamts-Acten No. 4315, nachgewiesen, daß unter den in den 5 Jahren 1836 bis 1840 überhaupt neu angenommenen Individuen 243, also etwa der fünfte Teil, Nichtbergmannssöhne waren, hat aber dabei Bl. 31 der Oberbergamts-Acten No. 11392 bemerkt, daß von diesen 243 wieder 145 auf die auswärtigen und vereinzelt liegenden Gruben kommen, wo die junge Mannschaft nicht leicht aus Bergmannsfamilien zu erlangen stehe.
Wenn man aber hierbei erwägt, daß allemal die körperliche und geistige Qualification der Leute die erste Berücksichtigung bei ihrer Auswahl verdient, so kann die Mitannahme einer gewissen, nach Obigen nur geringe Anzahl Knaben aus andern Ständen mindestens so lange kein Anstoß geben, als dabei wirklich unpartheiisch verfahren wird.
Die Beschwerdeführer haben zwar angegeben, es walteten „vortheilhafte Gründe und besondere Absichten" hierbei vor; dieß könnte nur Seiten der Grubenvorsteher der Fall seyn, welche die jungen Leute aus den Angemeldeten auswählen und dem Bergamte zur Annahme präsentiren. Das letztere versichert aber Bl. 30 b. der Oberbergamts-Acten No. 11392, es sey überzeugt, daß die Grubenvorsteher nur ausnahmsweise, wenn sich zu der bestimmten Zeit gerade nicht so viel Bergmannssöhne meldeten, als auf den betreffenden Gruben gebraucht würden, auch Söhne aus anderen Familien vorschlügen; wenigstens sey dieß denselben von Bergamte immer zur Pflicht gemacht worden. Ob nicht dennoch vielleicht in einem oder anderen Falle gegen dieses Gebot gefehlt werden mag, bleibt dahingestellt; so lange aber die Beschuldigung der Partheilichkeit nur in so allgemeinen Ausdrücken, wie hier, ausgesprochen und kein specieller Fall namhaft gemacht und nachgewiesen wird, ist dagegen nichts zu thun.

3.

wenn es den anfangs zurückgewiesenen Bergmannssöhnen gelinge, später und nachdem sie in der Landwirtschaft gedient, noch mit der Bergarbeit versorgt zu werden, so würden sie als Bergknechte für immer mit 20 ggr. Wochenlohn angelegt und dürften, aller bessern Bemühung ungeachtet, nicht auf Beförderung reflectiren.
Früher hätten dergleichen Individuen wenigstens nach 6 Jahren Aussicht auf Lohnerhöhung gehabt; jetzt sey dieß Gesetz aufgehoben. Zwar würden hier und da mancher begnadigt und weiter befördert, ob es aber hierbei gerecht zugehe, möge schärfere Beurtheilung überlassen bleiben, weil viele Bedürftige und vollkommene Fähige ausgeschlossen bleiben. Was Einem Recht, sey dem Anderen billig;

Es besteht allerdings die Einrichtung, daß über das 17te Jahr hinaus keine jungen Leute mehr zur Bergarbeit angenommen und daß wenigstens solche Individuen, die ausnahmsweise später und zwar nach zurückgelegtem 20ten Jahre noch mit Bergarbeit versorgt werden (bleibende Knechte), kein Anspruch auf das gewöhnliche Avancement zusteht. Es ist dieß auch in der Natur der Sache begründet, theils weil zur vollständigen Ausbildung des Bergmanns das Durchlaufen sämmtlicher Arbeitsstufen und die Aneignung der Kenntnisse und Fertigkeiten, die die Jungen in den ersten Dienstsphären erwerben, erforderlich, theils weil es die Gerechtigkeit geboten ist, daß eben denen, die sich von Jugend auf der Bergarbeit gewidmet und alle untern Grade durchlaufen haben, ein Vorzug vor Andern eingeräumt werde. Es ist aber nicht diese Rücksicht allein, welche die fragliche Einrichtung herbeigeführt hat, sondern auch der Umstand, daß es bei den meisten Gruben an geringlöhnigen Arbeitern für die Förderungsvorrichtungen fehlt und daher, wenn man hierzu nicht die sogenannten bleibenden Bergknechte verwenden wollte, alle und jeder Arbeiter längere Zeit hindurch bei der Förderung bleiben und bei dem hierfür geordneten geringen Lohne sich begnügen müßten.

Aus diesem Grund ist man, obwohl das Drückende der beregten Einrichtung für die davon Betroffenen auch Seiten der Behörden nicht verkannt, sondern mehrfach (Bl. 12 b.,17,23 b., 32 Act. No. 10901 Vol. I.) in Ansprache gebracht worden, doch in der Hauptsache dabei stehen geblieben. Wenn aber solche sogenannten bleibenden Bergknechten auch den Anspruch auf Avancement benommen ist und ihnen dieß gleich bei der Annahme eröffnet wird, so ist doch geschickten und gut qualifizierten Subjecten unter ihnen deshalb nicht auch die Aussicht auf Beförderung abgeschnitten, und es besteht, nachdem vorher ein 6jähriges Stehenbleiben im Knechtlohne (Bl. 2 b. ibid.) die Regel bildete und lt. Bl. 198 von den Grubenvorstehern sogar der Vorschlag geschehen, daß auch nur die diejenigen bleibenden Bergknechte, die das 29ste Lebensjahr nicht überschritten, noch beförderungsfähig seyn sollten, doch dermalen die, auch in den Entwurf zum Bergknappenbuche aufgenommene Bestimmung, daß diejenigen bleibenden Bergknechte, die fünf Jahre als solche gestanden, bei guten Zeugnissen nach dem Ermessen des Bergamtes befördert werden können., wovon überdieß noch Zimmerleute, Maurer u. dergl. ausgenommen sind (Bl. 67 b., Bl. 196 Act. dict. No.10901, Vol. I., Bl. 89 ibid., Vol. II.).

Unter solchen Verhältnissen ist es ganz in Ordnung, daß nicht alle bleibenden Bergknechte gleichmäßig zum Aufrücken gelangen und es kann der Satz nicht gelten: was dem Einen recht, ist dem Andern billig; vielmehr entscheidet hier nur die vorzügliche Brauchbarkeit, und das Bergamt versichert, daß diese Rücksicht allein den Ausschlag gebe. Zudem ist aber auch die ganze Einrichtung hauptsächlich nur für Leute aus dem Bauern- und Handwerkerstand getroffen, die sich erst in späteren Jahren zum Bergbau wenden und daher in der Regel keine bergmännische Vorbereitung, sondern nur kräftige Glieder mitbringen, deßhalb aber nur zu solchen Verrichtungen taugen, wozu man z.B. bei Tagebauen, Tagelöhner verwendet. Bergmannssöhne, eben weil sie bei ihrer Anmeldung in der Jugend in der Regel nicht zurückgewiesen werden, nur selten als bleibende Knechte in Arbeit, wie dieß auch der Extract Bl. 212 der Bergamtsacten No. 4315 zeigt, nach welchem unter den in 5 Jahren angelegten 166 bleibenden Bergknechten nur 24 von bergmännischer Abkunft waren, wobei es noch überdieß nicht nachgewiesen ist, wie viele der letzten Jahre freiwillig ein andere Gewerbe gewählt hatten. Die Einrichtung der bleibenden Bergknechte kann mithin weder einen Tadel verdienen, noch möchte eine Modifikation hierunter zu bevorworten seyn.

4.

gehe jetzt überhaupt das Aufrücken im Lohne viel langsamer von Statten als früher, denn
a) während früher die jungen Bergarbeiter aller Vierteljahre eine Lohnerhöhung erhalten hätten, wären neuerlich ihrem Lohne nur alle Halbjahre 1 ggr. zugelegt worden und seit 1840 sogar nur aller Jahre, so daß jetzt nach Einführung der neuen Rechnungsweise dieselben ein Jahr um 1 ngr., das andere Jahr um 1 ½ ngr. Gebessert würden;
b) wenn die junge Mannschaft bis zu 20 ggr. Wochenlohn, d.i. bis zum Bergknecht avancirt sey, müssen sie jetzt 3 Jahre dabei verharren, während sie vor etwa 20 Jahren nur 1 Jahr lang auf eine Lohnerhöhung bis zu 21gr. hätte warten müssen;
c) zum Doppelhäuerlohn aber und zu dem vor dessen Erlangung aufzufahrende Probe- oder Häuergedinge käme jetzt ein Bergmann nicht vor dem 32sten oder 34sten Lebensjahre, indem bei der jetzigen Einrichtung, wonach alljährlich nur 100 Doppelhäuer gemacht würden, ein Lehrhäuer bei 1 Taler Wochenlohn oft 4 oder 5 Jahre ausharren müsse, während er früher nach 3 Jahren oder im 20sten bis 24sten Lebensjahre zum Häuergedinge gelassen worden sey;

Die hie beklagten Verhältnisse beruhen nach dem vorliegenden Berichte allerdings größtentheils und was namentlich die Gegenwart anlangt, in Wahrheit; sie sind aber lediglich durch die Rücksicht auf die dermalige ökonomische Lage des Silberbergbaues und die daraus hervorgehende Nothwendigkeit, den Gruben-Haushalt thunlichst wirtschaftlich einzurichten, herbeigeführt worden.

Die Doppelhäuer sind unter den Bergarbeitern, die nicht besondere Verrichtungen haben (wie Maschinenwärter, Zimmerleute, Maurer u.), die Meister und die am höchsten (in Freiberg mit zeither 1 Thlr. 3ggr. – für 5 Schichten, jetzt mit 7 Ngr. für eine Schicht,) Gelohnten und zu den eigentlichen Steinarbeiten bestimmt. Die frühere Einrichtung, nach welcher jeder Bergarbeiter nach einer gewissen Anfahrzeit zum Anfahren des Probegedinges und zum Einrücken in die Classe der Doppelhäuer gelangte, hatte neuerdings, wo zudem in Folge fortwährender polizeilicher und technischer Verbesserungen in dem bergmännischen Berufsleben die Arbeitsfähigkeit und Lebensdauer der Leute unverkennbar verlängert worden ist, dahin geführt, daß die Anzahl der Doppelhäuer das wirkliche Bedürfniß an solchen ansehnlich überstieg; deßhalb mußten Doppelhäuer zu niedrigen Arbeiten und namentlich zur Förderung, für welche eigentlich geringlöhnigere Arbeiter (Bergknechte) da sind, verwendet, mithin diese Arbeiten unnötig vertheuert werden. Man sah sich daher veranlaßt, die Zahl der Doppelhäuer auf den wirklichen Bedarf zurückzuführen und die Ernennung solcher auf ein richtiges Verhältniß mit dem Abgange zu bringen. Demgemäß wurde auf Vorschlag des damaligen Bergmeisters Bl. 7 der Bergamtsacten No. 4288 Vol. I. bei den Conferenzen von 1829 lt. Bl.10 ibid. und Bl.13 der Oberbergamtsacten No. 8009 Vol. II. beschlossen, zunächst in dem Quinquennio 1829 bis 1833 alljährlich nur 100 Doppelhäuer zu creiren, einer Zahl, die auch dem nach dem Extracte Bl. 186 act. dict. 8009 Vol. II. in den 10 Jahren 1827 bis 1836 durchschnittlich zu 95,3 Mann im Jahre nachgewiesenen Abgange an Doppelhäuer entsprach, allerdings aber nicht der Zahl der heranwachsenden Leute von jährlich circa 236. (Bl. 212. A.-A.-Act. No. 4315.) Diese Beschränkung ist nun wegen Fortdauer der Veranlassung auch über das Quinquennium hinaus (Bl. 92 der Ob.-B.-Act. No. 8009 Vol. II. und Bl. 207 der Ob.-B.-Act. No. 8009 Vol. II. und Bl. 207 der Ob.-B.-Act. No. 10901. Vol. I.) und bis jetzt in der Hauptsache beibehalten worden, obgleich seitdem von den in Folge derselben von der Anfahrung des Probegedinges Zurückgewiesenen mehrfache Gegenvorstellungen, ja selbst vom Bergamte mildernde Vorschläge (Bl. 165 Act. No. 8009 Vol. II.) gemacht wurden, die von Zeit zu Zeit zu anderweiter Erwägung dieser Maasregel, aber immer wieder zu der Überzeugung führten, sie beibehalten zu müssen. Bei der Betriebsconferenz von 1839 kam sogar nach Bl. 161 b Act. No. 8009 Vol. II. eine noch mehrere Herabsetzungen der Zahl 100 als wünscheswerth in Vorschlag, wurde jedoch in Rücksicht auf das Personale nicht adoptirt. So geschieht es denn allerdings, daß jetzt viele, die als Lehrhäuer bereits 3 Jahre gestanden und sich zum Auffahren des Gedinges gemeldet haben, davon vorerst noch ausgeschlossen und bis auf nächste, wohl selbst auf das zweite Jahr später verwiesen werden; (im Jahre 1841 sind von 213 Angemeldeten 105 zurückzuweisen gewesen.) Diese Ausschliessung erfolgt aber, wie die in den mehrangezogenen Acten No. 80009 alljährlich der oberbergamtlichen Cognition vorgelegten ausführlichen Personal-Verzeichnisse darthun, nicht ohne sorgfältigste Erwägung aller einschlagenden Verhältnisse und nur so, daß allemal die, die am längsten gewartet haben, und unter Gleichberechtigten die, welche das Loos trifft, den Vorzug haben, wobei übrigens den vor der Hand zurückgewiesenen Lehrhäuern die Zusicherung gegeben ist, daß sie, wenn sie vor dem Einrücken in die Doppelhäuerclasse invalid werden sollten, das Gnadengeld doch nach dem für Doppelhäuer bestehenden Satze erhalten. (Bl. 92 b. 93. 94. Ob.-B.-A.-Acten No. 8009 Vol. II.) Ausnahmsweise hat man jedoch, um die Zurückgewiesenen nicht zu lange warten zu lassen, im Jahre 1839 125 und 1840 150 Doppelhäuer creirt. (Bl. 178. 187. Ibid.)

Übrigens versichert das Bergamt Bl. 34 b. O.-B.-A.-Acten No. 11392 in Übereinstimmung mit der im Jahre 1836 lt. Bl. 207 der O.-B.-A.-Acten No. 10901 Vol. I. gemachten Angabe, daß der Unterschied zwischen sonst und jetzt dennoch nicht so groß sey, als die Beschwerdeführer angeben, indem auch früher die Arbeiter erst um das 25. Lebensjahr zum Auffahren des Häuergedinges gekommen, andererseits auch jetzt im Alter von 32–34 Jahren hierbei nur als Ausnahme vorkommen könne, und weißt noch darauf hin, daß das spätere Einrücken in den Erwerb jetzt auch in den meisten anderen Ständen gewöhnlich sey. Erwägt man nun, daß das ganze Aufrücken der Arbeiter, wenn es auch jetzt langsamer erfolgt, als vordem, doch der Natur der Sache immer eine Maasregel der Administration bleiben muß, der sich die Betreffenden zu fügen haben, ohne sich mit Grund auf das frühere Verhältniß berufen und einen Anspruch auf Fortdauer desselben formiren zu können, so folgt daraus auch, daß eine Beschwerdeführung gegen die dermalige Einrichtung ungegründet ist. Es dürfte Aber auch die Bitte um Abhülfe aus dem Grunde nicht zu deseriren seyn, weil es allerdings hier, wie überall, das Richtigste und Natürlichste zu seyn scheint, das Aufrücken nach Maasgabe des Bedarfs einzurichten, ein Prinzip, welches beim Ernennen der Doppelhäuer auch in den übrigen Berg-Amtsrevieren lt. Bl. 209, 212, 218, 222, 225 der O.-B.-A.-Acten No. 10901 Vol. I. zum alleinigen Anhalten dient, so daß auch dort nach Bl. 60, 209 b, 218, 221b. der Lehrhäuer Nicht unbedingt nach 3 Jahren in das Doppelhäuerlohn eintritt.

Rücken die Bergarbeiter aber erst später in die oberste Lohnstufe ein, so müßte als natürliche Folge davon – bei consequenter Durchführung der Absicht nicht zu viele hochlöhnige Arbeiter zu haben, vielmehr die Löhne in der Regel den Arbeitsgraden und Leistungen anzupassen – auch das längere Zurückbleiben in den vorhergegangenen Graden eintreten, und das ist das, worüber sich die vorliegende Eingabe nach Obigen (4 a. b.) ebenfalls verbreitet, indem sowohl die dem Grade nach den Lehrhäuern vorangehenden Bergknechte jetzt länger bei ihrem gewöhnlichen Lohne von 20 ggr. ausharren, als auch die Jungen langsame im Lohne gebessert, was beides, als in Wahrheit beruhend, von dem Bergamte zugegeben wird, jedoch ebenfalls mit dem Zusatze, daß das dermalige Verhältniß nicht sehr von den früheren – und wie hier noch zu bemerken ist, fast gar nicht von dem in den übrigen Revieren – abweiche.

Was zuvörderst die vorzugsweise zu den Förderungsarbeiten bestimmte Klasse der Bergknechte anlangt, so wird Bl. 33 Act. Nr. 11392 von den ältern Berg-Ratsmitglieder versichert, daß schon vor 40 Jahren die Leute länger als 1 resp. 2 auch 3 Jahre in dieser gestanden; das zweijährige Stehen als minimum ist aber allerdings erst durch das mittels Oberbergamts-Verordnung vom 9. Oktober 1830 (Bl. 62 der O.-B.-A.-Acten Nr. 10901 Vol. I.) zum einstweiligen Anhalten gegebene Regulativ, Bl. 69, nachdem vorher lt. Bl. 3 b. vom Bergamte schon ein dreijähriger Stillstand vorgeschlagen worden war, festgesetzt, davon jedoch, auf die anderweite, durch die Rücksicht auf Sparsamkeit beim Grubenhaushalte motivierte Vorstellung des Bergamts Bl. 2. act. dict. Vol. II. und in Folge weiterer sorgfältiger Erwägung (Bl. 51. jct. 60 b. ibid.) im Jahre 1838 wieder abgegangen und seitdem ein dreijähriges Stehen als Regel festgehalten worden, in welcher Maase auch die betreffende Bestimmung in dem Entwurfe eines Bergknappen-Buches Bl. 10 b. ibid. aufgenommen ist.

In Schneeberg stehen die Bergknechte, nach der Angabe des dasigen Bergamts, Bl. 13 b. act. 19901 Vol. I. sogar oft noch länger als 3 Jahre, in anderen Revieren (Bl. 92 b,15 b. ibid.) allerdings nur 2 Jahre; dabei ist aber stets zu berücksichtigen, daß anderwärts nicht so großer Andrang zur Bergarbeit stattfindet, wie im Freiberger Revier. – Für die Jungen endlich sind vordem allerdings aller Vierteljahre Lohnsbesserungstermine abgehalten worden, obgleich auch damals nach Bl. 33 Act. Nr. 11392 ein und dasselbe Individuum nicht oder wenigstens nur höchst selten An jedem Termin Zulage erhalten hat. Aus dem mehrerwähnten Grunde aber, um den Anwachsen hochlöhniger Arbeiter vorzubeugen, ist in neuerer Zeit und wenigstens seit 1827, (lt. Bl. 4. Act. Nr. 10901 Vol. II.) nur aller halben Jahre einmal Lohnsbesserungstermin gehalten, dann in dem obenerwähnten Regulativ von 1830, Bl. 69 b. sogar die Bestimmung, daß nur alljährlich gebessert werden sollte, getroffen und diese, in den anderen Revieren nach Bl. 9 b, 13 b, 17, 30. Act. Nr. 10901 Vol. II. ohnehin allgemein gültige Bestimmung auch – nachdem im Jahre 1839, wegen immer zunehmenden Andranges zu den höheren Arbeiterklassen von den Grubenvorständen selbst lt. Bl. 111 der B.-A.-Acten Nr. 3527 Vol. VIII. darauf angetragen, und obgleich das Bergamt aus Rücksicht auf das Interesse der

Leute und weil es bei jährlichen Terminen schwerer, als bei halbjährigen sey, einzelnen minder würdigen Subjecten die Zulage vorzuenthalten, Bl. 136 ibid.Bl.180 b. jcto. 168. Ob.-B.-A.-Acten Nr. 8009 Voll. II. sich dagegen ausgesprochen – durch Oberbergamts-Verordnung vom 24. August 1839 Bl. 184. Ibid. bleibend gemacht worden, jedoch mit der ausdrücklichen Genehmigung, daß auch fernerhin vorzüglich fleißigen und tauglichen Subjecten ihr Lohn halbjährig vom Bergamte erhöht werden könne. Hiernach werden in der Regel die Löhne der jungen Mannschaften nur alljährlich Und zwar um 1ggr. erhöht, doch bemerkt das Bergamt Bl. 33 b. Act. Nr. 11392 Ausdrücklich, daß bei den untersten Klassen, wegen deren auch früher mehrmals Erfolgter Lohnsbesserung, die Erhöhung um 3, 4 und 5 pf. pro Schicht, d.i. 15, 20, 25 pf. pro Woche gewöhnlich und zulässig sey, wodurch dann allerdings das nämliche Resultat für die betreffenden Individuen erlangt wird, wie früher, und wodurch zugleich die weitere Angabe der Beschwerdeführer, daß alle von 1841 an anzunehmenden jungen Leuten nur um jährlich 1 ngr. gebessert werden sollten, Widerlegung erhält.

Daß im Ganzen also die Löhne der Bergarbeiter im Freiberger Revier jetzt langsamer steigen, als früher, ist sonach nicht in Abrede gestellt worden. Ob aber die vorwaltenden Gründe, von deren reiflichster Erwägung die Acten vielfaches Zeugnis geben, nicht auch für fernere Beibehaltung des jetzigen Verfahrens sprechen dürften? ist höherer Beurtheilung anheim zu geben; jedenfalls dürfte der Gegenstand nicht geeignet seyn zur Beschwerdeführung.

5.

werde seit Einführung des neuen Münzfußes der frühere Ansatz des Wochenlohns nicht mehr in Anwendung gebracht, sondern das Lohn nach der Schicht berechnet, so daß z.B. das Schichtlohn eines Doppelhäuers, der nach dem 20 Guldenfuße 1 Thlr. 3 gr. – Wochenlohn, also pro Schicht – 5 gr. 5 pf. bezogen, nunmehr 7 ngr. – betrage, bei den neu angenommenen Bergarbeitern aber der Agiozuschlag gänzlich in Wegfall und ihr Lohn sogleich nach dem neuen Münzfuß in Ansatz käme.

Abgesehen davon, daß darauf, ob das Lohn, wenn es nur sonst richtig gewährt wird, nach Schichten oder Wochen in Rechnung kommt, wenig ankommen kann, widerlegt sich die hier erhobene Beschwerde zum Theil sofort selbst, denn die Umrechnung von 5 gr. 5 pf. Conv. giebt nach 2 7/9 Prozent eben 7 ngr. –, also das, was die Leute erhalten; zum Theil ist sie aber ganz unrichtig, denn auch allen neuangelegten Arbeitern ist in Folge der Bestimmung pct. 11. Der Verfügung vom 4. Dezember 1840 und nach Ausweis der vom Bergamte Freiberg aufgestellten Lohnstabelle das Lohn nach der gesetzlichen Reduction umgerechnet und dabei allemal die Abrundung zu Gunsten der Arbeiter gemacht, auch da, wo hiervon anfangs durch Weglassung der 1/5 pf. abgewichen worden war, durch Verfügung vom 16. Juli 1841, Beil. A. Nr. 6 ausdrücklich noch darauf hingewiesen worden.

6.

wären die Verbindlichkeiten der Bergarbeiter gegen die Knappschaftskasse im Vergleich mit früherer Zeit gestiegen;

Ist schon aus der Vorstellung selbst nicht wohlabzunehmen, zu welchem Zwecke überhaupt hier diese Angelegenheit in Erwähnung kommt, indem weder direkte Klagen, noch Bitten daran geknüpft sind, so verweist noch insbesondere das Bergamt auf die Bl. 216 der B. A. Acten Nr. 4315 ersichtliche Darstellung des Knappschaftsvorstehers Heerklotz, aus welcher hervorgeht, daß in Folge der Erwähnten Erhöhung des Büchsengeldes seit 1833 aus der Knappschaftskasse 1.) 350 Kinder mehr als früher mit Schulgeld unterstützt, 2.) den über 40 Jahre angefahrenen Bergarbeitern eine Erhöhung des wöchentlichen Gnadengeldes um 2 gr. gewährt, 3.) den früher ganz von Allmosen ausgeschlossenen Witwen unter 50 Jahren 2 gr. (jetzt 3ngr.) wöchentliche Unterstützung gegeben, 4.) das Gnadengeld der Witwen von mehr als 50 Jahren von 1 gr. 6 pf. auf resp. 3 und 4 gr. (jetzt 4 und 5 ngr.) erhöht, 5.) Bergmannwaisen, die sonst nur bis zum 10. Und 12. Jahre wöchentlich 1½ bis 2 gr. erhielten, bis zum 14. Jahre 3 gr. (jetzt 4 ngr.) wöchentlich gereicht, auch damit, gegen die frühere Einrichtung, fortgefahren werden konnte, wenn die Mutter sich anderweit verehelichte, 6.) die Verabreichung eines Sarggeldes von 16 gr. – (jetzt 21ngr. -), welches sonst nur Doppelhäuer erhielten, auch auf andere Bergleute ausgedehnt werden konnte – Ausgaben, welche z.B. im Jahre 1833 einen neuen Aufwand von quartaliter 1150 Thlr. - -, der aber durch die Mehreinnahme an erhöhten Büchsengeld von 1368 Thlr. - - übertragen wurde, verursachten.
Jedenfalls sind – einige allgemeine, als Ehrenaufwand der ganzen Knappschaft anzusehenden Ausgaben bei Bergparaden und dergl. abgerechnet – die Leistungen der Knappschaftskasse nur dem Wohle der bedürftigen Knappschaftsmitglieder gewidmet, mithin die Beiträge der Mannschaften, soweit sie jenen Leistungen entsprechen, völlig in Ordnung; von einer etwaigen Verwendung der Knappschaftskasse zu fremdartigen Zwecken haben die Beschwerdeführer nicht angeführt.

7.

würde jetzt ein alter Häuer, wenn er vom 10ten bis zum 50sten Lebensjahre und darüber seine ganze Kraft dem Bergbau gewidmet, wenn seine Kräfte abnähmen, vorzeitig ohne Erbarmen und ohne Rücksicht auf seine Familie in das Gnadengeld gesetzt.

> *kann schon an sich gar nicht als eine gegründete Ausstellung gelten, da es das Interesse der Sache fordert, das Ablegen und Pensionieren der alten, untüchtig gewordenen nicht zu sehr zu verschieben und namentlich nicht von dem Willen der betreffenden Individuen oder eine Rücksicht auf deren Familien abhängig zu machen; das Bergamt versichert aber überdies noch, Bl. 38 Act. Nr. 11392, daß in dieser Hinsicht eher zu viel Nachsicht geübt und die Bergarbeiter so lange nur immer möglich und thunlichenfalls bis zum Verfluß des 50. Arbeitsjahre, weil dann ein bedeutend höheres Gnadengeld Eintrete, beibehalten, hernach aber möglichst mit Nebenverdienst durch Leichte Arbeiten über Tage und selbst in eigener Behausung, wie z.B. durch Fertigen von Zündern, Patronenhülsen, Lehmwolgern, durch Holzspalten und dergl. versorgt würden, so daß z.B. jetzt 63 Invaliden auf dieser Weise in Beschäftigung ständen und einige derselben an Gnadengeld und obigen Nebenverdienst so viel und oder noch mehr genössen, als ein aktiver Doppelhäuer.*

8.

wäre ihnen, ohne daß sie im Ganzen eigentlich wüßten, zu welchem Zweck dieß geschehen, im Quartal Crucis 1840 ein Wochenlohn mit je lohntäglich dem Betrage eines Schichtlohnes inne behalten, auf einigen Gruben zwar, daß dies Wochenlohn später den Arbeitern oder ihren Hinterlassenen bei der Ablegung oder dem Ableben der ersteren wieder ausgezahlt werde, bekannt gemacht worden, bei Himmelfahrt sammt Abraham Fdgr. aber eine solche Erläuterung nicht erfolgt.

> *Das Bergamt referirt Blt. 39. Act. no. 11392., es sey zeither das Lohn immer Für eine Woche praenumerando ausgezahlt und daher zu dessen Abstellung die fragliche Maasregel – auf eine unverkennbar schonende und möglichst unfühlbare Weise – ausgeführt, übrigens der Grund dieser Maasregel nach der Versicherung der betreffenden Grubenvorsteher ebenso gut auf Himmelfahrt, wie auf den übrigen Gruben auseinander gesetzt worden, so daß es den Anschein gewinnt, nur die Beschwerdeführer haben davon aus eigener Schuld etwas nicht gehört oder auch nicht hören wollen, indem schon an sich anzunehmen ist, daß ge-*

rade bei der wichtigen und mit einer starken Mannschaft belegten Grube Himmelfahrt keine Ausnahme von der allgemein angeordneten Publication gemacht worden sey, auch der Versicherung der Grubenvorsteher mehr Glauben zu schenken seyn dürfte, als der der Beschwerdeführer, welche sich in mehreren anderen Anführungen auch Verstöße gegen die Wahrheit haben zu Schulden kommen lassen.

9.

Daß gegenwärtig alle dem Bergmann unentbehrlichen Lebensbedürfnisse, namentlich das, statt des früheren eignen Rodens, jetzt zu erkaufende Holz, die Wohnung u. mehr kostete, wogegen das Bergmannslohn unverändert auf den früheren Satze geblieben sey, während sogar vordem der Bergmann noch mehr Gelegenheit zu anderem durch das Fabrikwesen jetzt abgeschnittenen Verdienste gehabt habe; hiernächst, daß während das Lohn des Bergarbeiters, insbesondere des Doppelhäuers dasselbe geblieben, das Lohn der Steiger und der Gehalt der Geschworenen und anderer Vorgesetzten mit der Zeit immer gestiegen sey, indem erstere vor etwa 100 Jahren 6 2/3 bis 8 Taler – in 14 Tagen, jetzt 12 bis 18 Taler neben freier Wohnung auf den Huthäusern und freiem Holze, letzteres sonst 250 Thlr. - - jetzt 750 Thlr. - - betrage.

Zum großen Theile sind dieß Klagen, wie sie zu jeder, ganz besonders aber in der jetzigen Zeit, über die Gegenwart geführt werden, und an denen wohl immer wenigstens etwas Wahres ist. Auch hier ist nicht zu verkennen, daß das Stehenbleiben des Bergmannslohnes auf dem Satze, den es laut Blt. 224 B. A. Acten Nr. 4315. Und Blt. 36. O. B. A. Acten Nr. 11392. seit länger als 100 Jahren gehabt, in ein unvortheilhaftes Verhältniß zu den immittelst gestiegenen Preisen vieler Bedürfnisse des gewöhnlichen Lebens gekommen ist. Indessen theilen dieß Schicksal die Bergleute mit vielen Andern, und auf der anderen Seite ist auch wieder nicht mit Stillschweigen zu übergehen, daß viele Bedürfnisse und Genüsse jetzt wohlfeiler zu haben sind, als früher, und daß namentlich auch für den Bergmann jetzt in anderer Weise ungleich mehr gesorgt ist, als vorhin und als in anderen Ständen; das sonst sehr gewöhnliche Einborgen des Lohns ist jetzt in Freiberg eine fast gar nicht mehr bekannte Ausnahme; ebenso das Feirigseyn der Bergleute, indem die Behörden mit der größten Sorgfalt und nicht selten zu offenbarer Belästigung der Gruben die durch ungünstige Verhältnisse der einen Grube ausser Arbeit gekommene Mannschaft anderwärts unterzubringen bemüht sind, es werden unaufhörlich Einrichtungen und Verbesserungen in technischer und polizeilicher Hinsicht getroffen, die auf Entfernung der Gefahr, auf Abwendung des Nachtheils für die

Gesundheit und der allzugroßen Consumtion der Kräfte hinzielen; endlich erhalten die jetzigen Bergleute durch die seit kaum 50 Jahren bestehende Magazineinrichtung eine namhafte Erleichterung in theuerer Zeit. Was demohnerachtet noch an Momenten des Nothstandes vorhanden ist, das ist freilich nicht der Gegenstand der hier anzustellenden Erörterung, sondern in allgemeinen Zeitverhältnissen begründet, ganz gewiß aber nicht den Grubenkassen zur Abhülfe zuzuschieben, ebensowenig als dabei den Bergbehörden ein Vorwurf zu machen seyn dürfte. Denn daß ist endlich im Falle der Nothwendigkeit, wenn nämlich einer Grube die nöthigen Geldmittel abgehen oder wenn durch Wassersnoth eine Schwächung des Betriebes geboten wird u. die Nebenarbeit der Bergleute zuerst wegfällt, versteht sich von selbst, und ist nicht als Willkür der Vorgesetzten zu bezeichnen.

Auch befinden sich gerade im Freiberger Revier die Bergleute hinsichtlich der Höhe und pünctlichen Bezahlung des Lohns, der Stetigkeit des Verdienstes und der Gelegenheit zu bergmännischem Nebenerwerb unbedingt besser, als in den andern Revieren, wo das Lohneinborgen und Feiern oft vorkommt, ledige Schicht- und Weilarbeit sehr ungewöhnlich und das Doppelhäuerlohn geringer ist, denn es beträgt dasselbe lt. Bl. 37 Act. no. 11392 in Marienberg für 5 Schichten 1 Thlr. - - in Geyer für 6 Schichten 1 Thlr. - - in Schneeberg und Johanngeorgenstadt für 6 Schichten 1 Thlr. 3 gr. - - in Annaberg für 5 Schichten resp. 1 Thlr. - - und für 6 Schichten 1 Thlr. 3 gr. - - und zwar inclusive, nicht, wie die Beschwerdeführer angegeben, exclusive des Geleuchtes.

Wenn übrigens die Beschwerdeführer als Gegensatz noch anführen: das Lohn der Steiger und der Gehalt der Geschworenen und anderer Vorgesetzten sey mit der Zeit immer gewachsen, indem ersteres vor etwa 100 Jahren 6 2/3 bis 8 Taler in 14 Tagen, jetzt bis zu 12 und 18 Taler - - neben freier Wohnung auf den Huthäusern, letzterer sonst 250 Thlr., jetzt 750 Thlr. - - betrage, so bemerkt dagegen das Bergamt Freiberg zuvörderst Blt. 36 ibid., das Lohn sey „gewiß bei keinem Obersteiger bis auf 18 Thlr." erhöht worden; dann muß aber hierbei auch berücksichtigen, daß ein Zahlenvergleich zwischen dem Bergmanns- und dem Steigerlohne nicht statthaft ist, theils weil der Bergmann nur für seine Schicht gebunden, der Steiger aber Tag und Nacht im Dienste ist, und keinen Nebenverdienst hat, theils weil die Leistungen des Bergmanns hauptsächlich physischer, die des Steigers aber wesentlich intellectueller Natur sind.

Der Vergleich mit den Geschworenen u. aber ist, da diese vom Staate besoldet werden, nicht an seiner Stelle; er ist aber auch unhaltbar, weil die Geschworenen früher neben dem Gehalte von 250 Thlr. - - mancherlei Accidenzien hatten, jetzt aber nicht 750 Thlr. - - sondern 650

Thlr. - - Gehalt beziehen, abgesehen davon, daß auch auf sie von dem gegen früher namhaft vermehrten Geschäfte des Bergamts ein vermehrter Antheil kommt. Auch unter den sonstigen Vorgesetzten der Bergleute finden sich schwerlich solche, über deren unverhältnißmäßig hohe Bezahlung eine gegründete Ausstellung zu machen seyn möchte.

10.

daß dem Bergmanne zuweilen von seinen Vorgesetzt, besonders von manchen Grubenvorstehern und Obersteigern eine höchst unglimpfliche, ja mehr sclavische Behandlung zu Theil werde, so daß sie oft nicht wüßten, ob sie ihr Lohn für ihre schwere und oft gefahrvolle Arbeit oder aus deren Gnade und Barmherzigkeit erhielten.

Dem stellt das Bergamt Freiberg Bl. 38 Act. Nr. 11392. mit Berufung auf die nach dem Vorhergehenden bewirkte Beleuchtung der einzelnen Anführen Lichtenbergers und Cons. die Bemerkung entgegen, daß die Bergarbeiter im Freiberger Revier unter Allen am wenigsten Grund zur Beschwerdeführung und zum Klagen über Nichtbeachtung gerechter Bitten hätten, vielmehr Seyen ihre Bitten seit Eintritt der neuen Veränderungen in der Landes- und Bergverfassung schon in sehr vielfacher Weise und zum Theil auch mit Erfolg bevorwortet worden. Nur unbilligen Bitten könne nicht gewillfahret werden.
Gerade solche würden aber in neuerer Zeit von den Bergarbeitern so dargestellt und hierbei so wie überhaupt im gewöhnlichen Leben, theilweise ein so subordinations- und respektwidriges Betragen von ihnen beobachtet, daß das bergamtliche Verfahren gegen die Leute gewiß eher zu nachsichtig, als zu hart sey, und es nicht zu verwundern seyn würde, wenn das Bergamt und die Grubenvorsteher hin und wieder einige Strenge gegen sie annähmen. Allein in höchst unglimpfliche und sclavische Behandlung und Willkühr arte diese Strenge, bei der jedem Bergmann doch freistehenden Klage deßhalb, nicht aus.
Das Oberbergamt verbreitet sich bei dieser Gelegenheit noch weiter über Den in neuerer Zeit, besonders bei dem jüngern Personale immer mehr Hervortretenden Mangel an Subordination und Disciplin, bemerkt, daß Deshalb bereits Einleitung zu Bearbeitung eines Disciplinarreglements getroffen sey, und vereinigt sich schließlich mit dem Bergamte zu dem Antrage: es möchte den Bergarbeitern Lichtenberger und Consorten allerhöchsten Ortes das ernstliche Mißfallen über das Anbringen ihrer wahrheitswidrigen, unbegründeten Beschwerden zu erkennen geben.

> *Haben die Beschwerdeführer bei ihren unter 10. erwähnten allgemeinen Klagen specielle Vorgänge nicht angeführt, so kann auch nicht anders angenommen werden, als daß mehr der Unwille über dann und wann erhaltene absägliche Resolutionen auf unangemessene Ansprüche und Bitten aus ihnen spricht, denn im Allgemeinen hat auch das Finanzministerium fortwährend Gelegenheit gehabt, wahrzunehmen, wie bei jeder durch die allgemeinen Verfassungseinrichtungen gebotenen und wirklichen oder scheinbaren Beeinträchtigung des Bergmannstandes, z.B. bei Einziehung der Militärfreiheit, bei der Besteuerung, bei der Auflegung von Gemeinde- und Parochiallasten, bei der beabsichtigten Veränderung mit der Berggerichtsbarkeit, der Reduction der Verabreichung wohlfeiler Hölzer, der Einrichtung der Localstatuten in den Bergstädten u. u. die Bergbehörde den unermüdlichen Fürsprecher des Bergmannstandes gemacht hat, so daß wenn allen solchen Anträgen der Bergbehörden genügt worden wäre, eine Menge der neuen Einrichtungen nicht ins Leben getreten seyn würden. Daß bei alledem eine mitunter ernste und strenge Behandlung der Leute Stattfindet und stattfinden muß, ist – wenn hierin nicht exerdirt wird – ganz Natürlich. Die Bergarbeiter können nicht mit gewöhnlichen Tagearbeitern, von denen außer der Leistung ihres Pensums nichts gefordert wird, verglichen werden. Die Stetigkeit ihrer Arbeit, die specielle Beaufsichtigung, die die letztere erfordert, die mancherlei wegen der Bergarbeit und zu ihrem Besten getroffenen gemeinschaftlichen Einrichtungen, ihre Abstufung in verschiedene Klassen und alle die eigenthümlichen Verhältnisse des Bergbaues überhaupt Machen eine besondere disciplinarische Verfassung nothwendig, und wo eine Solche besteht, kann es nicht fehlen, daß der Einzelne sich oft beengt fühlt; Das ist aber noch kein sclavischer Druck. Und wie sehr die Forderungen der Leute oft, ohne Beachtung der bestehenden Verhältnisse, in Form und Wesen über die Grenzen hinausgehen mögen, beweißt Nichts besser, als die vorliegende Beschwerdeschrift.*

Diese Gegendarstellung genügte dem Finanzministerium und es erstatte dem König Bericht, der daraufhin die Beschwerden als unbegründet abwies. Das Ablehnungsschreiben wurde August Lichtenberger am 22. Januar 1842 übergeben. Somit hätte die Angelegenheit erledigt sein können. Aber schon fünf Tage später, am 27. Januar 1842, erschienen abermals Bergarbeiter auf der öffentlichen Audienz beim König. Zusammen mit neun anderen war jetzt Carl August Butze der Wortführer der Bergleute des Freiberger Reviers. Ihre Vorstellung war hauptsächlich eine Erwiderung auf die Ablehnung der Petition. Und sie verlangten, *vor Sr. Königlichen Ma-*

jestät hoher Oberlandesbehörde und vor dem Finanzministerio in Gegenwart des Oberbergamtes und Bergamtes verhört werden möchten.

Dem wurde stattgegeben und in der Gegenwart eines Geheimen Finanzrats kam es in Freiberg am 14. März 1842 zur einzelnen Belehrung und Befragung der zehn Beschwerdeführer. Dieser Art der Untersuchung haftete natürlich der Geschmack einer Einschüchterung an, und alle sagten sich im Laufe der Anhörung auch von der Beschwerde los. Selbst Butze erklärte, dass *er die Sache nicht verstanden und sich nicht überlegt* habe. Er selbst bekam ein Verfahren wegen unberechtigten Sammelns von Geld für die Fahrt nach Dresden und von Unterschriften angehängt.

Es gab allerdings noch keine Ruhe, denn die Bergleute hatten schon am 18. Januar 1842 eine Eingabe an den Landtag geschickt. Die hier zuständige Vierte Deputation der Ersten Kammer befasste sich deshalb ebenfalls mit dem Vorgang und lehnte nach eingehender Überprüfung der Akten die Eingabe ab. Die Begründung lautete: *Die Deputation hat zu dieser Annahme aus den Mittheilungen des Ministerii insofern gegründete Veranlassung gefunden, als sich daraus sattsam die Bereitwilligung zu Tage legt, das Loos des Bergvolks, wo irgend möglich, zu erleichtern, billigen Wünschen desselben entgegen zu kommen, wirkliche Mißbräuche abzustellen und begründeten Beschwerden abzuhelfen.* Dieser Beschluss ist auf den 21. Februar 1843 datiert.

Mit der Julirevolution von 1830 in Frankreich war auch in Sachsen ein neuer Zeitgeist angekommen. Das Königreich erhielt eine Verfassung, Altes wurde in Frage gestellt. Dazu gehörte auch die bergmännische Kleidung. Für die Angestellten des Bergstaates war das barocke Habit einfach zu teuer, und für den einfachen Bergmann der Kittel im Winter zu dünn. Einen Streitpunkt gab es auch bezüglich der Regelung, zum Kirchgang, zu Taufen und anderen wichtigen Familienfesten in Parade zu erscheinen, da es eben zugleich kein absolutes Trageverbot von Zivilkleidung gab. Das Finanzministerium hielt ebenfalls eine Vereinfachung der Berguniform für geboten und beauftragte im März 1836 den Oberberghauptmann von Herder, Vorschläge zu unterbreiten. In der Folge gab es verschiedene Hinweise und Gutachten, über die schließlich eine Kommission beriet. Das Ergebnis erschien 1843 als neues „Reglement für die Dienstkleidung der bei dem Berg- und Hütten-Wesen im Königreiche Sachsen angestellten Berg-, Staats- und Gewerkschaftlichen Diener". Das Habit der einfachen Berg- und Hüttenleute war davon nicht betroffen.

Diese Vorschrift stellte einen völligen Bruch mit der Tradition dar. Alles Unnötige an der Uniform verschwand, die Funktionalität stand im Vordergrund. Schon allein der Schnitt der Puffjacke hatte sich – entsprechend der Zeitmode – durch den Wegfall der sichtbaren Weste stark verändert. Sie war jetzt vorn komplett mit einer Reihe goldener Knöpfe verschlossen. Durch die

fehlenden Farben der Weste und der Knöpfe konnte so natürlich nicht mehr die Zugehörigkeit zu den einzelnen Revieren dargestellt werden. Sie erfolgte nunmehr nur noch durch farbige Rabatten an den Ärmelaufschlägen. Neu war neben den Rangabzeichen auf dem Kragen, dass für die Hüttenbeamten und Offizianten die schwarze Farbe der Puffjacke ebenfalls verbindlich wurde. Sie unterschieden sich lediglich vom Bergfach durch das Fehlen der Tzscherpertasche und der Kniebügel. Auf dem Korb ihrer Säbel befanden sich die Hütteninsignien.
Die Neuordnung betraf die ersten sechs Klassen; später kam der neue Schnitt der Puffjacke auch bei der Siebenten in Gebrauch, weil so vor allem die Knappschaftsältesten mit einbezogen werden konnten. Während sich in den ersten sechs Klassen goldfarbene Bouillons und Fransen an der Armtour befanden, waren es hier schwarze Fransen. Auf dem Kragen gab es keine Rangabzeichen. Der stark gefaltete, weiße Überfallkragen der Steiger blieb nur in Schneeberg erhalten. Alle Knappschaftsältesten behielten ihre weiße Fahrkappe. Besonders über die Uniformierung der Hüttenknappschaftältesten entstand ein Streit, und sie behielten schließlich beim neuen Schnitt der Puffjacke ihre silbergraue Grundfarbe mit gleichfarbigem Kragen und Aufschlägen sowie schwarzem Capuchon mit goldener Spitze. Der Federstutz hatte, wie der Schachthut, die schwarze Farbe.
Alle anderen Elemente, wie Schachthut, Bergleder, Tzscherpertasche und Kniebügel blieben erhalten. Bei Paraden zu Pferd wurden Stiefel mit Anschnallsporen getragen. Die Pferdedecken waren schwarz und mit einer einem Zoll breiten Goldtresse bei der 1. und 2. Klasse besetzt. Für die Klassen drei bis sechs war es eine einen Zoll breite gelbseidene Borte.
Die neue Uniform, offiziell als „Dienstkleidung“ bezeichnet, gab es für verschiedene Zwecke in drei Varianten:
Parade, getragen vor dem König oder der Königin bei feierlicher Vorstellung, bei Paraden und Aufzügen, bei Verpflichtung des zu Verpflichtenden sowie bei besonderer Ansage;
Halbparade, vor dem König oder der Königin bei Durchreisen oder Besuchen, vor den Mitgliedern des Königlichen Hauses oder Regierenden des Auslandes, bei der Bergpredigt, bei feierlichen Sitzungen von Behörden, bei bergmännischen Festen und anderen festlichen Gelegenheiten;
Dienstrock, im gewöhnlichen Dienst getragen, einschließlich der Konferenzen auf den Revieren.

Für die Bergakademisten wurde 1840 ein Bekleidungsreglement erlassen, das aber nicht mehr zur Anwendung kam. Vorgesehen waren noch die farbigen, liegenden Kragen nach den Revieren und eine silbergraue Uniform für die Hüttenkandidaten. Da aber mit dem Reglement von 1843 gerade diese Teile wegfielen, setzte sich der rote Überfallkragen zum schwarzen Bergkit-

tel für alle durch. Neu, und als Zeichen der Bedeutung der Bergakademie über die Grenzen hinaus, war die Uniformierung der ausländischen Studenten.
Den Verantwortlichen war klar, dass eine solche Neueinkleidung organisiert werden musste und viel Geld kostete. Deshalb wurde schon im Vorfeld eine Uniformkammer für die Beschaffung eingerichtet. Der Hauptsitz befand sich in Freiberg, Zweigstellen in Annaberg und Schneeberg. Die Mitgliedschaft war freiwillig, und die entnommenen Kleidungsstücke konnten entweder sofort bar bezahlt werden oder auf Raten, deren Höhe sich nach dem Einkommen richtete. Die neue Uniform brachte vor allem einen gravierenden Einschnitt für das Hüttenwesen. Der Widerstand gegen das neue Habit konnte deshalb – trotz der Androhung von Strafen – nicht überraschen. Zu Paraden erschienen die Beamten und Offizianten des Hüttenwesens einfach nicht vollständig in der neuen Uniform. Es kam deshalb 1846, 1847 und 1848, also noch fünf Jahre nach der verbindlichen Einführung, zu schriftlichen Ermahnungen und Belehrungen. Ein besonderer Streitpunkt betraf die Ältesten der Hüttenknappschaft. Ihnen wurde schließlich die Uniform der Beamten, mit der Abweichung der silbergrauen Grundfarbe, genehmigt.

Mit dem Reglement von 1843 wurde auch die Bergrangordnung neu festgelegt. Sie bestand weiterhin aus elf Klassen, wobei die neue Uniform nur für die ersten sechs galt. Die einfachen Berg- und Hüttenleute waren davon nicht betroffen.

Klasse I

Stickerei auf dem Kragen – Oberberghauptmann nach Hofrang Klasse 2, Berghauptmann nach Klasse 3, Armtour für beide aus starken goldenen Bouillons	der Oberberghauptmann der Berghauptmann der Vice-Berghauptmann

Klasse II

Stickerei auf dem Kragen – Bergräte nach Hofrang Klasse 4, Bergkommissionsräte nach Klasse 3, Armtour für alle aus starken goldenen Bouillons	die Bergräte die Bergkommissionsräte

Klasse III	
drei Litzen auf dem Kragen, Armtour aus dünnen goldenen Bouillons	der Oberbergamtsverwalter die Oberbergmeister der Maschinendirektor der Oberhüttenverwalter die Bergmeister die Oberzehntner die Professoren an der Bergakademie die Vice-Bergmeister
Klasse IV	
zwei Litzen auf dem Kragen, Armtour aus dünnen goldenen Bouillons	die Obereinfahrer der Oberhüttenvorsteher der Oberbergamtssekretär die Bergschreiber der Hammerinspektor der Bergakademieinspektor die Kobaltinspektoren die Silberzehntner der Oberhüttenraiter der Blaufarben-Communfactor der Oberschiedswardein der Factor des Königlichen Blaufarbenwerkes der Saigerhüttenfactor die Vice-Obereinfahrer der Oberstollenfactor der Kunstmeister die Oberhüttenamtsassessoren die Bergamtsassessoren die Bergmaschinen- u. Wäsch-Geschworenen der Oberhüttenmeister der Oberhüttenamtsactuar die bergakademischen Lehrer die Factore beim Privat-Blaufarbenwerk die Zinnzehntner

Klasse V

eine Litze auf dem Kragen,
Armtour aus dünnen goldenen Fransen

die Markscheider
die Bergwardeine
der Vice-Oberhüttenmeister
der Amalgamiermeister
der Hüttenmeister
die Gegenschreiber
die Receßschreiber

Klasse VI

keine Litze auf dem Kragen,
Armtour aus dünnen goldenen Fransen

der Anrichter
die Maschinenbaumeister
der Hüttenchemiker
der Oberbergamtsschreiber
die Bergamtshilfsactuarien
die Oberzehnten-Controlleure
die Maschinenmeister
die Vice-Markscheider
die Amalgamierschreiber
die Hüttenschreiber
die Vice-Hüttenmeister
die Vice-Amalgamiermeister
der Hüttenraiter
die Blaufarbenmeister
die Bergfactore
der Altenberger Zwitterstocks-Factor
der Altenberger Zwitterstocks-Stollenfactor
der erste Lehrer an der Hauptbergschule
die Oberbergamtsauditoren
der Bergmechanikus
die Amalgamierprobierer
die Gewerkenprobierer
die Zehntenkontrolleure
der Kontrolleur bei der Generalschmelzadministrationskasse

die Zehntenkontrolleure
der Kontrolleur bei der Generalschmelzadministrationskasse
die Zehntenschreiber
die Nachthüttenmeister
der Hammerverwalter
die Schichtmeister, sowohl Königliche als auch gewerkschaftliche, auch Stollenvorsteher
die Farbmeister der Privatblaufarbenwerke
der Mineralienniederlags-Administrator
der Zinnschmelzadministrator
der Vice-Gewerkenprobierer
die Vice- Zehntenschreiber

die Knappschaftsschreiber
der Oberwerkmeister
die Oberhüttenamtsauditoren
die Bergamtsauditoren
die Maschinenbaugehilfen

die Königlichen Vice-Farbmeister
die Registratoren
die Sportel- und Gebühren-Einnehmer
die gewerkschaftlichen Hüttenmeister
die gewerkschaftlichen Schichtmeister
die gewerkschaftlichen Hüttenschreiber
die Waagemeister
die Sportel- und Gebühren-Kontrolleure
die Vice-Waagemeister
die Vice-Farbmeister auf den Privatblaufarbenwerken
die Hütten- und Blaufarbenwerksgehilfen
die Markscheidergehilfen
der Schrotgießer
der Erzbuchführer

Klasse VII

der Zechmeister
die Knappschaftskassen-Vorsteher
die Zubußboten
die Kopisten
die Knappschaftsältesten
die Obersteiger
die Werkmeister
der Bergmusikmeister
die Kobaltüberreuter
die Werkschreiber
die Vice-Werkschreiber
der Oberbergamtsaufwärter

Klasse VIII

die Steiger
die Untersteiger
die Ober-Gezeugarbeiter
die Zinnschmelzmeister
die Kupferhammerschmiedemeister
der Bergakademieaufwärter
die Zimmersteiger
die Kunststeiger
die Mauersteiger
die Grabensteiger
die Schmiedesteiger
die Wäschsteiger
die Setz-Scheide-Klaube-Anschlag-Steiger
der Hüttenzimmermeister
die Silberbrenngehilfen
die Abtreiber
die Kupfergarmacher
die Zubrennsteiger
die Oberschmelzer
die Oberröster
die Vorlaufsteiger
die Oberganghäuer
die Kohlenmesser
die Probenstößer
die Schmelzer
die Vorröster
die Saigerer
die Waageknechte
die Berghautboisten
die Registerschreiber
die Gezeugearbeiter
die Maschinenwärter
die Schrotgießgehilfen

Klasse IX

die Ganghäuer
die Röster
die Erzmüller
die Ausglüher
die Hutleute
die Mineralien-Niederlagsgehilfen
der Oberhüttenamtsbote
die Oberzehntenamtsboten
die Bergamtsboten
die Zehntenamtsboten
die Treibemeister
die Wäscharbeiter beim Amalgamierwerk
die Anquicker
die Gaswärter
die Kunstarbeiter
die Zubrenner
die Einschmelzer
die Aufträger

die Zimmerlinge
die Bergschmiede
die Bergmaurer
die Doppelhäuer
die Vorläufer
die Gezeugearbeiter-Gehilfen
die Schrotarbeiter
die Kupferhammergesellen
die Vorwieger der Beschickungen

Klasse X

die Wäscher
die Einschmelzergehilfen
die Gezeugarbeiterlehrlinge
die Erzmüllerburschen
die Lehrhäuer
die Erzsieber
die Schlackenläufer
die Kohlenläufer
die Auswärmer bei den Kupferhämmern
die Wächter
die Haspelmeister
die Bergschmiedelehrlinge
die Aschknechte
die Haspelknechte
die Vorläufergehilfen
die Aschläufer

Klasse XI

die Grubenjungen
die Hüttenjungen
die Poch- und Wäschjungen

Das Reglement von 1843

Die Revierfarben waren nun:

Oberbergamt, Bergakademie	Patte von schwarzem Manchester
Oberhüttenamt, zur Generalschmelz-administration gehörigen Werke und Saigerhütte Grünthal	Patte von orangefarbenem Tuch
Oberzehnten- und Bergamt Freiberg	Patte von scharlachrotem Tuch
Oberzehnten- und Bergamt Annaberg	Patte von weißem Tuch
Bergamt und Zehntenbeamte Marienberg	Patte von strohgelbem Tuch
Bergamt und Zehntenbeamte Johanngeorgenstadt	Patte von karmoisinrotem Tuch
Bergamt und Zehntenbeamte Altenberg	Patte von zeisiggrünem Tuch
Bergamt und Zehntenbeamte Schneeberg	Patte von dunkel-kornblumenblauem Tuch
Blaufarbenwerke	Patte von smalteblauem Tuch
Beamte und Offizianten der Schwefel-, Arsenik- und Vitriolwerke	Farben der Reviere, in denen die Werke liegen

Oberbergamt und Bergakademie

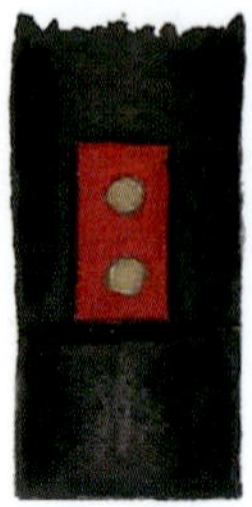

Freiberg

Annaberg

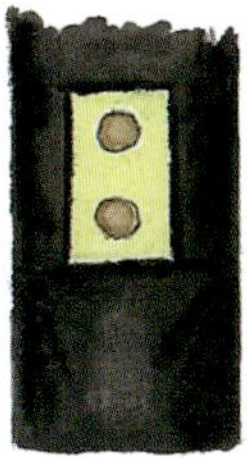

Marienberg

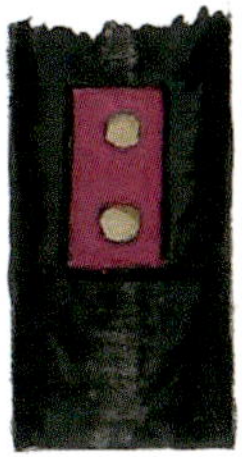

Johanngeorgenstadt

Altenberg

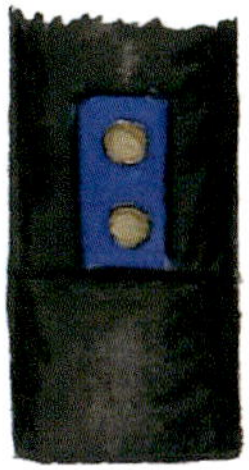

Schneeberg

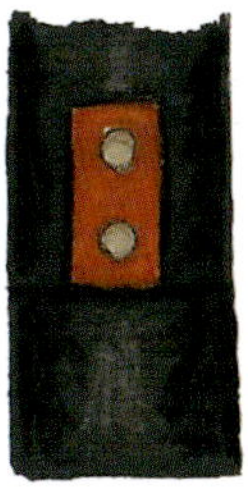

*Oberhüttenamt,
Generalschmelzadministration
Saigerhütte Grünthal*

Blaufarbenwerke

Klasse I und II

Chef des Berg- u. Hüttenwesens

Bergrat

Klasse I und II

in Halbparade *im Dienstrock*

Klasse III

Bergmeister
(Freiberg)

Klasse III

in Halbparade *im Dienstrock*

(Freiberg)

Klasse IV

Kunstmeister

(Altenberg)

Klasse IV

in Halbparade *im Dienstrock*

(Freiberg)

Klasse V

Markscheider
(Annaberg)

Klasse V

in Halbparade ***(Altenberg)***

im Dienstrock ***(Freiberg)***

Klasse VI

Registrator
(Schneeberg)

Königlicher Vice-Farbmeister
(Blaufarbenwerk)

Klasse VI

in Halbparade ***(Freiberg)***

im Dienstrock ***(Marienberg)***

Bergakademist

Bergakademist
(Ausländer)

Die Beust-Ära

Nachdem Berghauptmann Freiesleben seinen Ruhestand erreicht hatte, übernahm 1842 Friedrich Constantin Freiherr von Beust (1806–1891)die Leitung des sächsischen Bergstaates. Damit trat ein erfahrener Bergmann an dessen Spitze, denn vor seiner Berufung in das Oberbergamt war er Bergmeister zu Marienberg und hatte Jura studiert. 1851 wurde Beust zum Oberberghauptmann ernannt – der letzte bis zur Wiedereinrichtung des Amtes im Jahre 2010!

In die ersten Jahre seiner Amtszeit fielen die Ereignisse der Revolution von 1848/49, deren liberale Ideen auch Sachsen erschütterten. Wenn es den Demokraten zunächst auch nicht gelang, die politischen Verhältnisse zu ändern, so trat allein schon durch das Wachstum von Industrie und Gewerbe ein Wandel ein, woran der sächsische Ministerpräsident Friedrich Ferdinand von Beust, der jüngere Bruder des Berghauptmanns, einen entscheidenden Anteil hatte.

Durch Investitionen in den technischen Fortschritt und Veränderungen im Betriebssystem sowie die wissenschaftliche Betrachtung der Erzgänge konnte sich in jenen Jahren der Silberbergbau im Freiberger Revier erneut stark entwickeln. Die Gruben wurden nicht mehr einzeln, sondern das Revier als Ganzes betrachtet und entsprechende Pläne verfolgt. So teufte man – wo es möglich war – Kunstschächte ab und stellte darin große Wasserhaltungs- und Fördermaschinen auf, wodurch sich die Förderwege verkürzten. Dabei kamen Drahtseile zum Einsatz und in den Gruben erschloss ein Schienennetz die einzelnen Stollen. Überhaupt war der Bau von größeren und technisch entwickelten Bergwerksmaschinen und die Bereitstellung von Aufschlagswasser in ausreichender Menge von größter Bedeutung. Auch die neuartigen Dampfmaschinen fanden Eingang in den Bergbau – beginnend 1844 im Freiberger Revier. Wesentlich verändert hatte sich auch die eigentliche Abbaumethode: Der gewohnte Strossenbau, in dem die Bergleute das Erz von oben nach unten abbauten, war dem Firstenbau vollständig gewichen. Dabei erfolgte der Abbau von einer Förderstrecke ausgehend nach oben, wodurch taubes Gestein besser als Versatz in den Hohlräumen eingelagert werden konnte, was wiederum zu einer Einsparung von Grubenholz führte und vor allem dem Grubenwasser die Möglichkeit zum Abfließen bot. Damit verbunden war die Einführung der General- und Prämiengedinge. Die nach englischem Vorbild eingeführte Akkordarbeit beschleunigte den Abbau, verlangte von den Bergarbeitern aber auch mehr Leistung – bei gestiegenen Verdienstmöglichkeiten.

In den Schmelzhütten verwandte man nur noch Koks. Das gesteigerte Ausbringen aus den Gruben erforderte eine völlige Überarbeitung der bestehenden Windmaschinen und auch der Schmelzöfen insgesamt. Erfolgreich war der Versuch, die Schachtöfen durch Doppelöfen zu ersetzen, bei denen eine größere Menge an Erz durchgesetzt werden konnte. Diesem Ziel diente auch die Übernahme des Flammofenprozesses nach englischem Vorbild, der die Kosten weiter senkte. Auch große Röstöfen für die Bleiarbeit – ebenfalls aus England übernommen – brachten erhebliche Einsparungen. Als sehr vorteilhaft bewährte sich auch die Gasfeuerung, und für die Entsilberung des Kupfersteins verwendete man jetzt die Kochsalzextraktion. Durch solche technologischen Optimierungen konnte die Verhüttung den größeren Fördermengen entsprechen.

Während die Entwicklung des Bergbaus im Freiberger Revier einen großen Aufschwung nahm, stagnierte sie in den anderen Revieren, was vor allem in den anders gestalteten Lagerstätten begründet war. Silber hatte hier ja kaum noch eine Bedeutung, und beim Fabrikbergbau auf Kobalt, Zinn und Eisen wirkten sich äußere Umstände negativ aus. So war den Blaufarbenwerken, und damit auch der Kobaltförderung, durch die Erfindung der billigeren Ultramarinfarben eine große Konkurrenz entstanden. Auch Zinn und Eisen wurden im Ausland in großen Mengen angeboten, deren Wettbewerbsdruck die bestehenden Betriebssysteme nicht gewachsen waren. Hingegen gewann die Kohle für die sich rasch entwickelnde Industrie große Bedeutung, wodurch sich völlig neue Aussichten für den Bergbau ergaben. In jedem Fall zeichnete sich aber ab, dass herkömmliche Organisationsformen nicht in der Lage waren, unter den neuen Bedingungen zu bestehen. Das war auch der Grund für den Erlass eines „Gesetzes über den Regalbergbau“ im Jahre 1851.

Während in der Vergangenheit nur die edlen Metalle unter das Bergregal fielen, sollten fortan alle metallischen Mineralien darunter fallen. Das Aufsuchen und die Gewinnung von Bodenschätzen, ausgenommen Salz, war nunmehr für Jedermann freigegeben. Besondere Bergregalrechte von Einzelpersonen und Gemeinden gingen auf den Staat über, gegebenenfalls mit Entschädigungen, was die Auflösung der Vasallenbergämter bedeutete.

Eine radikale Veränderung brache die Neubestimmung der ***Grubenfelder***. Im Altbergbau hatten sich die Verleihung von gestreckten Grubenfeldern entsprechend der Lage der Erzgänge herausgebildet. In der Praxis kam es aber deshalb immer wieder zu Komplikationen, nämlich dann, wenn sich zwei Erzgänge kreuzten. Die Gangstreitigkeiten konnten oftmals nur durch ein Urteil der Berggerichte oder einen Vergleich beendet werden. Das Gesetz von 1851 ersetzte deshalb die bestehenden Gangfelder durch Geviertfelder. Diese Grubenfelder entsprachen Flächen, die durch Linien auf der Oberfläche begrenzt waren und sich senkrecht ohne Ende in die Tiefe fortsetzten. Das allgemeine Grubenfeld hatte eine Fläche von 1000 Quadratlachtern und galt als Maßeinheit. Der gleiche Muter konnte sich auf Antrag mehrere Grubenfelder verleihen lassen und aneinanderreihen, wobei die Größe, Form und Begrenzung von der Wahl des Bewerbers abhing. Für Raseneïsenstein galt ein anderes Maß der Geviertfelder, nämlich 100.000 Quadratlachter, und für *Seifen* eine Fläche von 10.000 Quadratlachter. Als ein Lachter war die Länge von zwei französischen Metern festgelegt.

Laut Gesetz gab es jetzt eine genaue ***Mindestbelegung der Gruben***. Auf einem Grubenfeld im Standardmaß mussten mindestens zwei Bergleute eingestellt sein, die täglich mindestens eine achtstündige Schicht, mit Ausnahme der Sonn- und Feiertage, zu verfahren hatten. Erhöhte sich die Anzahl der Geviertfelder, so steigerte sich in Fünfer-Schritten die vorgeschriebene Belegschaft um jeweils eine Person, also bei zwei bis sechs Grubenfeldern auf drei Arbeiter und für das siebte bis elfte Grubenfeld mussten vier beschäftigt sein, und so fort.

Die Grubeneigentümer waren verpflichtet, für einen festgelegten Zeitraum ***Betriebspläne*** beim Bergamt einzureichen. Waren sie dazu nicht in der Lage, wurden solche Pläne vom Bergamt erstellt. Die Grubeneigentümer waren auf jeden Fall verpflichtet, den Betrieb nach diesen Plänen zu führen. Die Haushaltsführung blieb den Grubeneigentümern überlassen, die Bergbehörden konnten aber jederzeit Einsicht nehmen. Aus den Überschüssen durften die Eigentümer erst etwas entnehmen, nachdem eine Sicherheit für den Grubenbetrieb auf ein halbes Jahr hinterlegt war. Zudem mussten sie gestatten, dass in ihren Gruben Versuche zu gemeinnützigen Zwecken durchgeführt wurden und dort Bergakademisten bzw. Bergschüler für ihre theoretische und praktische Ausbildung arbeiteten. Für jede Grube – auch als ***Berggebäude*** bezeichnet – war ein Schichtmeister und ein Steiger anzustellen, welche das Bergamt verpflichtete. Bei ganz kleinen Gruben konnten beide Funktionen von einer Person wahrgenommen werden. Den Grubenbesitzern stand das Recht zu, die Grubenbeamten nach Rücksprache mit dem Bergamt auch zu entlassen.

In der Regel wurde der Bergbau von ***Gewerkschaften*** betrieben, deren Eigentum sich in 128 Kuxe teilte. Eine Kux durfte zwar in hundert gleiche Teile geteilt werden, aber bei Abstimmungen galt sie immer nur eine Stimme. Die Gewerkschaften hatten einen Grubenvorstand zu berufen, der aus drei Mitgliedern bestehen musste. Alle drei Jahre hatte eine Person auszuscheiden, konnte aber auch sofort wiedergewählt werden. Das Bergamt prüfte die Rechtmäßigkeit der Personen und des Verfahrens. Zubußen für den Betrieb der Zechen wurden nicht mehr vom Bergamt festgelegt, das Recht und die Pflicht auf Erhebung der Zubuße, die jeder Kuxinhaber zu zahlen hatte, ging nunmehr auf den Grubenvorstand über, und damit auch die Verteilung der Überschüsse.

Auf Grund der positiven Freiberger Erfahrungen war jetzt für die gemeinsamen Interessen in allen Revieren oder Revierabteilungen ein ***Revierausschuss*** zu bilden. Dem hatten fünf gewählte Mitglieder anzugehören, drei von den Grubenbesitzern und zwei vom Oberbergamt gestellt. Ihnen waren fünf Vertreter der Knappschaft gegenübergestellt, von denen drei aus der Mitte der Knappschaft und zwei aus der Mitte des Bergamtes zu wählen waren. Bei Stimmengleichheit galt das Wort des Vorsitzenden. Die Ausschüsse saßen immer am Ort des Bergamtes. Alle drei Jahre hatte auch hier ein Mitglied sein Amt niederzulegen, konnte aber sofort wiedergewählt werden. Die Aufgaben der Ausschüsse bestanden in der Verwaltung der Revierwirtschaftsanstalten für die Aufbereitung und Verwertung der Bergwerksprodukte, wie etwa Revierpochwerken; der Herbeischaffung von Betriebsmitteln, zum Beispiel in Bergmaterialienniederlagen, gemeinschaftlichen Ziegeleien oder Schmieden, aber auch für solche Anstalten, die für die Unterstützung der Bergarbeiter bestimmt waren, wie die Bergmagazine, Berghospitäler und Knappschaftskassen. Die Verwaltung letzterer Anstalten erfolgte unter Aufsicht der Bergbehörde gemeinsam mit den Vertretern der Knappschaft. Überhaupt hatten die Bergämter darüber Aufsicht zu führen, dass bei der Verwaltung dieser Anstalten nicht gegen gesetzliche Bestimmung verstoßen wurde, und außerordentliche Bewilligungen aus diesen Kassen konnten nur mit Genehmigung der Behörden erfolgen.

Neu war auch die Ernennung von ***Revieroffizianten*** durch den Revierausschuss. Diese mussten über eine Ausbildung an der Bergakademie und über praktische Erfahrung verfügen. Sie konnten vom Revierausschuss auch entlassen werden.

Definiert wurden zudem die Rechte und Verbindlichkeiten zwischen den verschiedenen Gruben. So gab es die Verpflichtung, anderen Grubeneigentümern gegen Entschädigung zu gestatten, dass diese die Schächte, Stollen, Wasser, Wasserhaltungs- und Förderanlagen, Aufbereitungsanstalten und andere dem Bergbautrieb dienende Einrichtungen mitbenutzen durften. Das Ableiten von Wasser durch eine fremde Gruppe war dagegen nur bei bestimmten Bedingungen möglich. Es gab auch die Erlaubnis, dass andere von ihrem Grubenfeld aus Stollen in benachbarte Grubenfelder vortrieben.

Obwohl die Zehntenämter bestehen blieben, gab es fortan das völlig andere System der ***Bergwerksabgaben***. Eine Grubenfeldsteuer ersetzte nunmehr die bisherigen Zehnten und Abgaben. Berechnet wurde diese nach der Größe an der Oberfläche und musste quartalsweise gezahlt werden. Zu entrichten war als Gebühr bei Verleihung auf Gold und Silber fünf Neugroschen und auf andere Mineralien drei. Darüber hinaus waren vom Gewinn der Grube fünf Prozent abzuführen. Als Beitrag der staatlichen Ausgaben für den Bergbau kamen für Gruben, die Gold oder Silber förderten, noch drei Prozent vom Wert der Erze als Rohproduktenabgabe hinzu. Diese Erze durften nicht eher an andere oder Hüttenwerke abgegeben werden, bevor nicht deren Wert ermittelt worden war, jedoch verzichtete der Staat auf das Vorkaufsrecht auf Erze und Metalle.

Festgestellt wurde ferner, dass die chemische Verarbeitung der Erze nicht zum Bergbau gehöre. Deshalb galt das Gesetz über den Regalbergbau nicht für Hütten- und Blaufarbenwerke sowie andere Anlagen, die nach derlei Methoden arbeiteten. Die bisher als Besitzer bestehenden Gewerkschaften galten nun juristisch als Gesellschaften und wechselten damit in die Zuständigkeit des Innenministeriums. Die Verbindung zu den Knappschaften blieb aber bestehen.

Im Verhältnis zwischen Grubenbesitzern und deren Arbeitern wurde den Eigentümern auch eine Kranken- und Invalidenfürsorge auferlegt. Erkrankten Bergleute infolge ihrer Arbeit oder verunglückten sie, so stand ihnen bis zur Wiederherstellung ihrer Arbeitsfähigkeit oder Übernahme in die Knappschaftsunterstützung der volle Lohn zu. Ebenso hatte die Grubenbesitzer die Kurkosten zu tragen. Bei grobem Verschulden seitens der Besitzer oder ihrer Offizianten musste die Unterstützung für den Bergmann auf Lebenszeit gezahlt werden. Die Bergleute waren damit nicht mehr Teil des Bergstaates, sondern Angestellte der Grubenbesitzer.

Durch das neue Berggesetz erhielten die Grubenbesitzer größere Rechte, denn sie waren nun nicht mehr nur Kuxinhaber, die nach den Festlegungen der Bergämter Gewinn bekamen oder Zubuße zu zahlen hatten. Jetzt konnten sie den Abbau in ihren Gruben durch ihre Offizianten selbst steuern, und es lag an ihnen, ob und wie Ausbeute erzielt wurde. Die Bergbehörden kontrollierten und griffen nach Bedarf auch weiterhin ein. Vom Gesetz weitgehend unberührt blieb das Knappschaftswesen.

Einen Einschnitt brachte die Neuordnung der Bergreviere im oberen Gebirge 1856. Durch Erlass wurde nach Auflösung der Bergämter Schneeberg und Johanngeorgenstadt das Bergamt Schwarzenberg neu gegründet. Es umfasste die bisherigen Bergamtsreviere Johanngeorgenstadt, Schwarzenberg und Eibenstock sowie das Revier Schneeberg mit der Abteilung Voigtsberg. Aus dem Bergamt Annaberg wurde die Revierabteilung Scheibenberg-Hohenstein-Oberwie-

senthal zugeschlagen. Bereits 1847 wurden die Bergämter Marienberg und Annaberg zusammengelegt. Der gemeinsame Sitz war nun Annaberg, 1856 wieder Marienberg, wodurch Annaberg aus der Liste der Bergämter verschwand. Das Bergamt Altenberg, das bis 1851 auch für den Kohlenbergbau zuständig war, verlor 1867 ebenfalls seine Eigenständigkeit und kam mit all seinen Revierabteilungen zum Bergamt Freiberg. Ebenfalls 1856 wurde die Berggerichtsbarkeit an die Zivilgerichte übergeben. Ein Jahr später erfolgte die Stilllegung des Amalgamierwerkes, zumal es nach dem Berggesetz sowieso nicht mehr zum Bergbau gehörte, da die Aufbereitung der Erze auf chemischem Wege erfolgte. Dagegen wurde auf Grund der Einführung eines allgemeinen Landesgewichts 1858 unter der Aufsicht des Oberbergamtes das „Königliche Bergeichamt zu Freiberg“ errichtet.
Damals kam es auch zur letzten Uniformänderung im Sächsischen Bergstaat. 1853 erließ das Finanzministerium eine neue Vorschrift für Dienstuniformen, für die Post und Eisenbahn und eben auch den Bergbau. Für alle diese Zweige war jetzt eine Bekleidung mit einheitlichem Schnitt und Rangabzeichen, aber in unterschiedlichen Farben vorgesehen. Daher erschien das „Regulativ für die Dienstbekleidung der bei dem Regalberg- und fiscalischen Hüttenwesen im Königreich Sachsen angestellten Beamten und Officianten“. Unverändert gab es die Kleidung zur Parade, zur Halbparade und zum gewöhnlichen Dienst. Die Bestimmungen zum Tragen der einzelnen Uniformarten hatte sich nicht geändert. Während sich das Paradehabit und dasjenige zur Halbparade nur im Detail veränderten, hatte die Dienstuniform jetzt ein vollkommen anderes Aussehen: Im Schnitt entsprach sie den Waffenröcken beim Militär. Den bis zur Mitte der Oberschenkel reichenden Dienstrock schlossen vorn zwei Reihen acht goldener Knöpfe. Auf den Schoßtaschen befanden sich jeweils drei. Von den sich auf den farbigen Ärmelpatten befindlichen je drei Knöpfen waren nur zwei zu sehen. An allen Außenkanten, auch um die Ärmelpatten, gab es eine scharlachrote Biese. Auf dem schwarzen Kragen waren die Rangabzeichen in Form von goldenen Litzen und silbernen Sternen angebracht. Die gleichen Abzeichen fanden sich an der Puffjacke der Paradeuniform wieder, mit Ausnahme der ersten drei Klassen der Rangordnung. Auf ihrem Kragen befanden sich die Stickereien des entsprechenden Hofranges.

Völlig neu als Kopfbedeckung war eine Kappe nach österreichischem Vorbild. Sie war oben rot vorgestoßen, hatte Schirm und Sturmriemen und als Branchenabzeichen vorn unter der Kokarde, im goldenen Pompon, Hammer und Schlägel in silberner Farbe. Der untere Rand war mit golden gedrehten Schnüren als Rangabzeichen besetzt. Für die Klassen I bis V waren es eine stärkere und eine dünnere Schnur, die hinten eine doppelte Verschlingung bildeten. Den Klassen VI bis VIII war nur eine Schnur gestattet. Für feierliche Anlässe konnte die Dienstuniform

zusammen mit dem dreieckigen Hut der Halbparade getragen werden. In diesem Fall wurde auch der Säbel umgeschnallt.
Geändert hatte sich auch die Farbe der Satteldecke. Sie war jetzt wieder scharlachrot mit einer ein Zoll breiten Goldtresse bei Beamten der ersten bis vierten Klasse und einer gleich breiten gelben Borte bei Beamten und Offizianten der Klassen fünf bis acht.
Besonderen Wert wurde auf die Knöpfe gelegt. Nur königliche Beamte und Officianten durften darauf über den Berginsignien auch eine Krone tragen! Durch diesen feinen Unterschied ließen sich am Beispiel der Blaufarbenwerke die Angehörigen des fiskalischen Blaufarbenwerks Oberschlema von denen der Werke des seit 1848 bestehenden Privat-Blaufarbenwerksvereins unterscheiden.
Die alte Rangordnung war hinfällig, da die einfachen Bergarbeiter nicht mehr beim Bergstaat angestellt waren, sondern bei den Grubenbesitzern. Das Reglement galt deshalb nur für die Staatsangestellten, die jetzt in neun Klassen eingeteilt waren. Beim Habit der Bergleute änderte sich nichts.

Klasse I

Stickerei auf dem Kragen der Puffjacke nach Hofrangklasse 2, auf dem Rockkragen 4 Streifen und 2 Sterne	Oberberghauptmann

Klasse II

Puffjacke: Stickerei nach Hofrangklasse 3, Rock: 4 Streifen und ein Stern	Berghauptmann Vice-Berghauptmann

Klasse III

Puffjacke: Stickerei nach Hofrangklasse 4, Rock: 3 Streifen und 3 Sterne	Bergrat

Klasse IV

Puffjacke: Stickerei der Hofrangklasse 5, Rock: 3 Streifen und 2 Sterne	Titularbergrat Oberbergamtsassessor (wirklicher)

Klasse V

Puffjacke und Rock: 3 Streifen und ein Stern	Oberbergamt Oberbergamtsverwalter Oberbergamtsassessor (mit beratender Stimme) Bergakademie und Bergschule Professor Kassenwesen Oberzehntner Maschinenwesen Maschinendirektor Bergwesen Bergmeister Vice-Bergmeister Hüttenwesen Oberhüttenverwalter

Klasse VI

Puffjacke und Rock: 2 Streifen und 3 Sterne	Hüttenwesen Oberhüttenvorsteher Oberschiedswardein Königlicher Blaufarbenfaktor Oberbergamt Oberbergamtssekretär Bergakademie und Bergschule Titularprofessor Akademieinspektor Kassenwesen Zehntner Maschinenwesen Oberkunstmeister Bergwesen Obereinfahrer Bergschreiber Obermarkscheider

Königlicher Kupferhammerfaktor
Oberhüttenmeister
Revierofficianten
Blaufarbencommunfactor

Klasse VII

Puffjacke und Rock: 2 Streifen und 2 Sterne	Oberbergamt Kanzleiinspektor beim Oberbergamt Bergakademie und Bergschule Akademischer Lehrer Haupt-Bergschullehrer Maschinenwesen Kunstmeister Bergwesen Bergamtsassessor Berggeschworener Markscheider Hüttenwesen Oberhüttenamtsassessor Oberhüttenamtssekretär Hüttenraider Amalgamiermeister Hüttenmeister Hüttenchemiker Revierofficianten Stollenfaktor Pochwerksinspektor Receßschreiber Grubenofficianten Bergfactor

Privat-Blaufarbenwerks-Factoren ist es gestattet, die Uniform zu tragen.

Klasse VIII

Puffjacke und Rock: 2 Streifen und ein Stern	<u>Oberbergamt</u> Oberbergamtsauditor Oberbergamtsregistrator <u>Bergakademie und Bergschule</u> Bergmechanikus <u>Kassenwesen</u> Bergredant Oberzehntenamtscontroleur Zehntenschreiber Kupferhammerkassierer <u>Maschinenwesen</u> Maschinenbauconducteur <u>Bergwesen</u> Bergamtsactuar Vice-Markscheider Vice-Berggeschworener Bergwardein <u>Hüttenwesen</u> Hüttenschreiber Amalgamierschreiber Vice-Hüttenmeister Königlicher Blaufarbenmeister Hüttenprobierer Amalgamierprobierer Hilfsprobierer Blaufarbenchemiker <u>Revierofficianten</u> Gewerkenprobierer <u>Grubenofficianten</u> Altenberger Zwitterstocksfactor Altenberger Zwitterstocksstollnfactor Schichtmeister

Blaufarbenmeistern der Privat-Blaufarbenwerke ist es gestattet, die Uniform zu tragen.

Klasse IX

Puffjacke und Rock:
ein Streifen und ein Stern

Oberbergamt
- Oberbergamtskopist

Bergakademie und Bergschule
- Administrator der Mineralienniederlage

Kassenwesen
- Vize-Zehntenschreiber
- Zehntencontrolleur

Maschinenwesen
- Maschinenbaugehilfe
- Walzmeister

Bergwesen
- Bergamtsauditor
- Registrator
- Sportelofficiant
- Markscheidergehilfe

Hüttenwesen
- Oberhüttenamtsauditor
- Waagemeister
- Vicewaagemeister
- Hüttengehilfe
- Schrotgießer
- Registrator

Revierofficianten
- Knappschaftsschreiber
- Oberwerkmeister
- Oberwäschsteiger
- Oberschmiedesteiger
- Obersteiger

1862 erließ das Oberbergamt noch eine Generalverordnung, die die Uniformierung im Privatbergbau betraf. Demnach galt die Verpflichtung und Berechtigung zum Tragen der Dienstuniform nur für die im Dienst des Staates stehenden Berg- und Hüttenbeamten sowie Officianten, ebenso für die von den Bergämtern zu den Revieranstalten delegierten Personen. Berechtigt zum Tragen der Dienstkleidung waren demnach auch solche Officianten im Privatdienst, die ihre Titel von den Bergbehörden bekommen hatten und die eine Dienstkleidung bereits besaßen.

Bestimmungen für die Dienstkleidung der Privat-Officianten außerhalb des genannten Personenkreises waren allein Sache der Grubenbesitzer und der Revierausschüsse. Diese sollte sich dann aber deutlich von der fiskalischen Dienstuniform unterscheiden, besonders durch die Weglassung der goldenen Streifen und silbernen Sterne und der Kronen auf den Knöpfen. Weiterhin durften die Titel „Bergcommissar“ und „Königlicher Bergfactor“ von privaten Unternehmen nicht verwendet werden, dagegen waren „Bergfactor“ und „Schichtmeister“ erlaubt. Entsprechend wurde 1865 eine neue Bestimmung für die Abzeichen und die Rangordnung im sächsischen Bergbau erlassen. Sie umfasste jetzt nur noch drei Klassen, die sich durch die Stickerei auf dem Kragen unterschieden.

Friedrich Constantin Freiherr von Beust

Klassen I bis IV

ab 1856

Chef des Berg- und Hüttenwesens

Oberbergrat

ab 1856

Klassen I bis IV

in Halbparade *im Dienstrock zu besonderen Anlässen* *im Dienstrock*

Klassen V und VI

Bergmeister
(Marienberg)

Obereinfahrer
(Johanngeorgenstadt)

Klassen V und VI

in Halbparade (Altenberg)

im Dienstrock zu besonderen Anlässen

im Dienstrock (Annaberg)

Klassen VII und VIII

Markscheider
(Freiberg)

Bergamtsactuar
(Marienberg)

Klassen VII und VIII

in Halbparade (Annaberg)

im Dienstrock zu besonderen Anlässen (Generalschmelzadministration)

im Dienstrock (Schneeberg)

Klasse IX

Obersteiger
(Schneeberg)

Waagemeister
(Hüttenwesen)

Klasse IX

in Halbparade	***im Dienstrock zu besonderen Anlässen***	***im Dienstrock***
(Marienberg)	***(Annaberg)***	***(Freiberg)***

Der Steinkohlebergbau

Auch wenn die Förderung der Steinkohle nicht zum Regalbergbau gehörte, so erlebte dieser Bodenschatz in der zweiten Hälfte des 19. Jahrhunderts eine gewaltige Nachfrage. Die Kohle war nicht mehr allein nur Brennstoff für die Häuser oder in Schmieden, sie war nun auch für die vielen Dampfmaschinen notwendig, die ihrerseits zahllose Maschinen in den Fabriken antrieben. Das galt natürlich auch für die mobilen Dampfmaschinen: Ohne Kohle keine Eisenbahn! Und so erlebte Sachsen fast ein neues „Berggeschrey", diesmal nach dem „neuen Silber"! Steinkohle kam im Königreich in mehreren Gebieten vor: Neben den drei großen Becken von Zwickau, Lugau/Oelsnitz und Döhlen gab es die kleineren Becken von Flöha, Borna/Ebersdorf und Hainichen sowie geringe Vorkommen bei Olbernhau, Schönfeld und Rehefeld/Zaunhaus.

Solange die Kohle an der Oberfläche gewonnen wurde – in der Regel durch die Grundbesitzer –, sprach man noch von „Kohlegräbern". Als aber durch die erhöhte Nachfrage und die geologischen Gegebenheiten der Abbau in die Tiefe ging, waren bergmännische Kenntnisse notwendig. Der Abbau der Kohle unterschied sich vom Erzbergbau wesentlich allein durch die Art der Lagerstätten. Bei Letzteren folgten die Bergleute den Gängen im Grundgebirge, Kohle kam hingegen in Flözen vor, die sich in größerer, flächenmäßiger Ausdehnung muldenartig zwischen die verschiedenen Gesteinsschichten des Gebirges einfügten. Dabei schwankte die Mächtigkeit der Flöze und konnte bis zu zwei Lachter – also vier Meter – erreichen, die Abbautiefen um die Mitte des 19. Jahrhunderts in Zwickau 100 und im Döhlener Becken um 150 Lachter. Der Bergbau im Lugau/Oelsnitzer Revier hatte dagegen erst begonnen.

Das Vordringen in die Tiefe konfrontierte auch die Kohlebergleute mit dem Problem der Wasserhaltung. Hier wurden ebenfalls tiefe Stollen zur Entwässerung angelegt, gab es entsprechende Pumpwerke und Kunstgezeuge, die von Hand, von Tieren aber auch durch Wasserräder angetrieben wurden. Natürlich reichten diese herkömmlichen Methoden für den Tiefenabbau bald

nicht mehr aus, kamen – mehr als im Erzbergbau – leistungsfähige Dampfmaschinen zum Einsatz, die gleichzeitig der Wasserhebung und der Kohlenförderung dienten.
Ein besonderes Problem des Steinkohlebergbaus war die Wetterführung. Es gab dabei verschiedene Arten von bösem Wetter: die *matten Wetter*, bei dem der geringe Sauerstoffanteil der Luft zum Atmen und zum Abbrennen der Leuchtmittel nicht ausreichte; *Schwaden* von Luft mit erhöhtem Anteil von kohlensaurem Gas (Kohlendioxyd), in denen die Lichter verloschen und die Menschen größtenteils erstickten; schließlich die besonders gefährlichen *schlagenden Wetter*, ein Luftgemisch aus Kohlenwasserstoff- und Kohlenoxydgas, das nur in einem Luftanteil von mehr als der Hälfte erstickend wirkt, aber wegen der leichten Entzündbarkeit schon durch die Flamme der Grubenlampe und bei einer gleichzeitigen Explosion sehr gefährlich ist. Es bildet sich von selbst in fetter Kohle, die sich durch Abspringen kleiner Kohlenstücke zu erkennen gibt, oder in Spalten und auf dem Rücken des Flözes. Dort strömt es mit großer Gewalt und mit eigentümlichen Geräuschen aus, die vom Bergmann „Bläser“ oder „Krebsen“ genannt wurden. Das *brandige Wetter* ist ein Kohlenoxydgas mit einem eigentümlich süßen Geruch, dass zur Erstickung führt und das sich in Verbindung mit Luft bei der Berührung mit einer Flamme entzündet und explodiert.
Den gefährlichen Gasen wurde mit einer Reihe von Maßnahmen entgegengewirkt, deren wichtigste damals die Anwendung von Feuerkübeln und Wetteröfen war. Diese Feuer sollten in Zusammenhang mit Ventilatoren, Wetterlutten, Wetterverschlägen, wetterdichten Wassersaigen – Wasservorhänge – und anderen Einrichtungen die Luftbewegung in den Gruben verbessern. Dabei kam es vor, dass sich in den schwülen Sommermonaten tief unten überhaupt kein Feuer entfachen ließ und die Bergleute erst wieder einfahren konnten, wenn das Feuer wieder brannte.

In den einzelnen Revieren bediente man sich aufgrund der geologischen Verhältnisse unterschiedlicher Methoden, im Wesentlichen aber wurde vom Schacht aus eine Strecke bis zum Rand des Kohlefeldes in das Flöz hineingetrieben und die Grenze dabei umfahren. Parallel dazu gab es eine zweite Strecke, und beide wurden durch Seitenstrecken miteinander verbunden, so dass der Kohlenstock in einzelne Pfeiler geteilt wurde. Auf den Sohlen der Strecken wurden dabei gleichzeitig getrennte Schienen für die leeren und die vollen Hunde verlegt. Dann begann der eigentliche Abbau der Pfeiler von außen nach innen.
Zuerst *schrämen* die Häuer mit ihren Kohleeisen eine tiefe Kerbe in den Fuß des Kohlenstocks. Dann schlagen sie weitere Kerben ein und *schlitzen* den Kohlenstock von oben herunter. Dabei begann die Kohle unter dem Druck der Masse zu zerspringen, und die Bergleute mussten sich gegen herabfallende Kohlestücke schützen, indem sie Hölzer gegen die abzubauende Kohlen-

wand stemmten. Danach begann das eigentliche Herausbrechen mit Keilhaue, Spitzhammer und Fäustel. Wenn möglich wurde auch gesprengt. Nach dem Bohren eines Loches wurde dieses mit einer Patrone geringerer Ladung gefüllt und mit einer Lunte gezündet. Der Häuer trat dabei nur ein Stück zurück, um gleich nach der Sprengung den Ort von der gelösten Kohle zu räumen. Förderleute brachten die leeren Hunte heran, die vom Häuer befüllt wurden. Wegen der geringen Festigkeit der Decke musste diese von den Zimmerleuten sofort abgestützt werden, wobei es das Bestreben gab, ausgekohlte Stollen rasch zu Bruche zu bringen, um so Aufwand und Holz zu sparen. Wegen des hohen Holzverbrauchs und der hohen Holzpreise baute man die Zimmerung auch zurück – allgemein als „Rauben" bezeichnet. Das war eine sehr gefährliche Arbeit, bei der neben den gewöhnlichen Werkzeugen auch Seile und Ketten zu Einsatz kamen. Während der Einbau der Zimmerung Aufgabe der Zimmerlinge war, wurde der Rückbau ausschließlich von den Häuern ausgeführt.

Die Kohle war nicht immer gleich, selbst in einem Revier gab es verschiedene Sorten. Im Döhlener Becken etwa wurde zwischen harter und weicher Schieferkohle unterschieden. Aus den besseren Schichten der weichen Kohle wurde die Schmiedekohle aussortiert und aus dem Gemenge der anderen Kohle die Kalkkohle gewonnen. Die Kalkkohle wiederum konnte durch Waschen zu Kokskohle aufbereitet werden. In Zwickau unterschied man zwischen Pech- und Rußkohle, wobei die klarere Pechkohle zur Koksgewinnung diente. Auch im Lugau/Oelsnitzer-Becken kam Pech- und Rußkohle vor. Gerade für das Schmelzen im Hüttenwesen und für das Betreiben von Dampfmaschinen hatte Koks eine besondere Bedeutung.

Die für die Koksgewinnung geeignete Pechkohle musste vor der eigentlichen Verkokung noch von Kohlenstaub und Schmutz gereinigt werden. Das geschah durch Waschen in einfachen Flutrinnen mit drei Kästen, in denen sich im ersten die groben Teile absetzten, im zweiten die reine Kohle und im letzten die nutzlosen Schwämme. Neben der Flutwäsche gab es auch die Setzwäsche. Am oberen Rand eines großen Wasserkastens befand sich ein Sieb, auf das Kohlenklein geschüttet wurde. Durch Heben und Senken des Wasserspiegels ließen sich die einzelnen Stücke nach ihrer Schwere sondern. Die nachfolgende Verkokung erfolgte im Zwickauer Revier auch in Meilern, aber die übliche Fabrikation fand in Koksöfen statt. Im Plauenschen Grund hatten diese die Form von Bienenkörben, in Zwickau wurden sie backofenförmig aus Tonziegeln gemauert. An der hinteren Seite befand sich im Gewölbe eine Esse, vorn eine viereckige Öffnung. Durch die Esse befüllte man den Ofen mit Kohle, die über die vordere Öffnung mit einer Krücke gleichmäßig verteilt wurde. Beim Erstgebrauch des Ofens war ein kräftiges Holzfeuer notwendig, um die Kohle zu entzünden, später reichte die Eigenhitze aus. War der Ofen besetzt,

wurde auch die vordere Öffnung durch Ziegelsteine geschlossen und mit Lehm verschmiert. Zuerst kam schwarzer, mit gelben Schwefelschwaden versetzter Rauch aus der Esse, bis dann die Flamme durchbrach – zuerst in gelber, dann in weißer Farbe. Wenn diese erloschen war, blieb die Kohle noch zwei, drei Tage im Ofen, bevor der fertige Koks mit eisernen Krücken entnommen und nach dem Abkühlen in Körbe verpackt versandt wurde.
Obwohl den Bergleuten in der Steinkohle von den Zeitgenossen die gleichen Eigenschaften wie ihren Bergkameraden im Erzbergbau zugesprochen wurden, unterschieden sie sich doch von ihnen. Auch sie waren gottesfürchtige Menschen, aber das gemeinschaftliche Gebet im Huthaus vor der Einfahrt gab es zumindest in Zwickau nicht. Auch der sonst übliche Aberglauben fehlte ganz. Sie vertrauten den Naturgesetzen, der Zuverlässigkeit der Technik und den Kenntnissen der Vorgesetzten. Außerdem war diese Art des Bergbaus in so gewaltigem Ausmaß und so kurzer Zeit entstanden, dass sich Traditionen erst herausbilden mussten. Es bestand auch ein völlig anderes Arbeitsumfeld. So wird berichtet, dass zugewanderte Bergleute aus dem oberen Gebirge vom Arbeitspensum überfordert waren. Dafür waren die Verdienste wenigstens in Zwickau sehr gut. Um 1857 erhielten die Zimmerlinge für die zwölfstündige Schicht 16 Ngr., die Häuer 15 Ngr. und die Förderleute 12 Ngr.; Tagarbeiter kamen auf 10 Ngr. Da fast ständig im Gedinge gearbeitet wurde – auch durch längere Arbeitszeiten –, waren Verdienste über einen Taler nicht selten. Auf den großen Kohlewerken gab es überall eine Knappschaftskasse mit vergleichbaren Leistungen wie im übrigen Bergbau.
Für die Arbeiter gab es keine Einteilung in Klassen, sondern nach ihren Tätigkeiten: Häuer, Förderleute, Zimmerlinge, Kunstwärter sowie Unter- und Obersteiger (nach Tätigkeit in Gruben- und Tagesteiger). Zur Leitung der Werke gab es natürlich Beamte, die sich auch besondere Titel zulegten: „Faktor“, „Betriebsschichtmeister“, „Bergverwalter“ oder „Bergdirektor“. Zur Verwaltung zählten außerdem: Kohlenmesser, Ober- und Unterkohlenschreiber, Rechnungsführer, Buchhalter, Kontrolleure und Kassierer. Die Markscheider wurden besonders verpflichtet und hatten ihre Befähigung durch ein Zeugnis, ausgestellt vom Oberbergamt, nachzuweisen.

Die ursprünglich den Bergämtern übertragene Aufsicht über die Kohlengruben ging mit dem Gesetz über den Regalbergbau von 1852 auf das Innenministerium über. Dort errichtete man jeweils eine Kohlenwerksinspektion in Dresden und Zwickau. Mit Ausnahme des „Königlichen Steinkohlenwerks Zauckerode“, das weiterhin beim Finanzministerium und damit unter der Aufsicht des Bergamtes Altenberg stand, gehörten zum Bezirk der Inspektion Dresden alle Kohlenwerke östlich von Leipzig und zur Zwickauer Inspektion der westliche Teil des Landes. Zu den Aufgaben der Kohlenwerksinspektoren gehörte die Überwachung der Pflichten der Kohlenwerke, wie die Einhaltung von Sicherheitsvorschriften, Verhinderung von Raubbau und fehlerhaftem Abbau, aber auch die Untersuchung von Unfällen. Dazu hatten sie jede Grube mindestens einmal im Jahr zu befahren. Als Mitarbeiter wurde den Inspektoren jeweils nur ein Kopist für die Bearbeitung des Schriftverkehrs zugestanden. Die Oberaufsicht über die Kohlenwerke und damit auch über die Inspektoren hatte man den jeweiligen Kreisdirektionen übertragen. 1861 gab das Innerministerium seine Zuständigkeit wieder an das Finanzministerium ab, wodurch die Aufsicht über die Kohlenwerke auch wieder dem Oberbergamt oblag.

Um die Mitte des 19. Jahrhunderts galt die ganze Aufmerksamkeit der Steinkohle. Obwohl die Braunkohle als Brennstoff bekannt war und in kleinem Maße auch gefördert wurde, erreichte sie erst in der zweiten Jahrhunderthälfte größere Bedeutung. Trotzdem wurde schon vorher, auf der Suche nach Steinkohle, das Braunkohlenrevier von Zittau erschlossen. Um 1850 gab es dort 30 Werke, die über Schächte im Tiefbau die Kohle förderten und über 1.000 Bergleute beschäftigten. Die größte Grube befand sich damals in Hartau und gehörte dem „Reichenberger Kohlenbauverein", einer Aktiengesellschaft, deren Mitglieder ausschließlich in Böhmen zu Hause waren. Auf diesem Werk waren zwei Dampfmaschinen für die Wasserhebung im Einsatz, eine mit 16 PS, eine mit 50 PS Leistung. Die Ausbeute betrug jährlich 500.000 Scheffel. Das Personal bestand aus zwei Comptoristen, drei Maschinenwärtern, je einem Schichtmeister und Administrator, einem Controlleur, einem Obersteiger, einem Untersteiger und 250 Bergleuten.
In derselben Zeit hatten die großen Steinkohlenwerke allerdings bedeutend mehr Menschen in Arbeit. Sie entstanden zum einen aus Rittergütern, deren Grundherren sich des Abbaus der Kohle annahmen, und zum anderen aus Kapitalgesellschaften, die nach dem Bergrecht den Bergbau auf erschlossenen Kohlefeldern nach Ablauf der Jahresfrist eröffneten. Zu den ersteren gehörte im Zwickauer Becken, als Anhängsel des zum Besitz der Familie von Arnim gehörenden Rittergutes, das Kohlenwerk Planitz. Der erste Kunstschacht wurde 1836 geteuft und hatte am Ende der 1850er-Jahre eine Tiefe von 170 Ellen, also knapp 100 Metern (eine Elle entsprach rund 57 Zentimetern). In Betrieb befanden sich eine Dampfmaschine von 10 PS für die Förderung und eine von 6 PS für den Betrieb der Kohlenmühle. Der Himmelfahrtsschacht mit einer Wasserhaltungsdampfmaschine von 40 PS und einer Förderdampfmaschine von 10 PS wurde 1844 eröffnet und erreichte eine Tiefe von 220 Ellen. 1855 kamen dann noch der erste und der zweite Tummelplatzschacht mit jeweils einer Tiefe von 40 Ellen hinzu. Kurz vor der Vollendung standen der „Alexanderschacht", 1856 begonnen, mit geplanten 420 Ellen Tiefe und einer Dampfmaschine für die Wasserhaltung von 200 PS sowie zwei Förderdampfmaschinen von je 16 PS, ebenso der „Arndtschacht", 1857 begonnen, mit einer Tiefe von 70 Ellen und einer För-

derdampfmaschine von 6 PS. Zum Werk gehörte noch eine Koksbereitungsanstalt mit 36 Koksöfen und einer transportablen Dampfmaschine von 5 PS. Die Kohleförderung steigerte sich von 7.000 Karren im Jahre 1840 auf 192.637 Karren im Jahre 1857. Einer Karre entsprach als Raummaß 5 Dresdner Scheffel und damit einem Inhalt von rund einem halben Kubikmeter. Es wurden jährlich 150.000 Zentner Koks produziert. Die Belegschaft bestand seinerzeit aus einem Schichtmeister, einem Rechnungsführer, einem Kohlenschreiber, zwei Expedienten, vier Steigern, zwei Kohlenmessern und 400 Arbeitern.

Zu den als Kapitalanlage entstandenen Werken gehörten – neben anderen Gesellschaften – die des „Erzgebirgischen Steinkohlen-Actien-Vereins“ in Zwickau. Die Entstehung geht auf die Bohrversuche des für Zwickau bedeutenden Professors Hermann Theodor Breithaupt (1820–1885) zurück. Der Aktienverein selbst hatte seinen Sitz in Leipzig und betrieb drei Schächte. Den „Segen-Gottes-Schacht“ mit einer Tiefe von 138 Lachtern, einer Dampfmaschine zur Wasserhaltung von 50 PS und einer zur Kohleförderung von 20 PS, die man 1841 niederbrachte. Auf mächtigere Flöze traf der „Hoffnungsschacht“ und nahm 1849 mit einer Tiefe mit 128 Lachtern den Betrieb auf. Die Wasserhaltung war hier komplizierter und wurde von nur einer Dampfmaschine von 140 PS geschafft. Zu Förderung reichte eine solche von 20 PS. 1858 erreichte ein dritter Schacht, der „Vertrauensschacht“, das erste Kohlenflöz. Die Förderung der ersten beiden Schächte erreichte 1856 die Menge von 196.330 Karren, wovon 42.132 Karren für die Koksgewinnung und die eigene Feuerung abgingen. Im Steinkohlwerk waren, unter der Leitung des Bergverwalters Modrach, beschäftigt: 16 technische Beamte und Officianten bis hin zum Steiger sowie neun kaufmännische Beamte und Rechnungspersonal, 208 Arbeiter in der Gewinnung, 188 Arbeiter in der Förderung, 57 Arbeiter bei der Zimmerung und Mauerung, 49 Arbeiter beim Maschinenwesen und der Zeugarbeit inklusive der Schmiede, zehn Arbeiter bei der Aufbereitung, 28 Arbeiter bei der Koksfabrikation sowie 54 Arbeiter beim Versand.

Natürlich bestand bei dieser Entwicklung ein hoher Bedarf an qualifiziertem Personal. In Zwickau erkannte man das schnell und konstituierte 1862 ein Bergschulkomitee unter dem Vorsitz des Zwickauer Steinkohleninspektors Kühn und noch vier weitere Bergschulkontribuenten aus den Reihen der Grubenbesitzer. Im Gegensatz zur Berghauptschule in Freiberg war die geplante Schule keine staatliche und wurde von den Unternehmern finanziert. Diese verpflichteten sich, auf zehn Jahre jährlich zu einem Betrag von 1.545 Talern zu zahlen, die Stadt Zwickau zu 150 Talern. Es gab noch eine einmalige staatliche Beihilfe von 500 Talern. Die Oberaufsicht hatte trotzdem durch ministerielle Verordnung das Oberbergamt und das Finanzministerium, die unmittelbare führte das „Bergschulcomité“, das auch über die Aufnahme und Versetzung der Schüler bestimmte. Anfangs waren 50 vorgesehen, die vier Jahre ausgebildet werden sollten, wobei für die untere 4. Klasse der Sonnabend, für die 3. Klasse der Freitag vorgesehen war, die 2. Klasse kam donnerstags zusammen, die 1. Klasse am Mittwoch. An den anderen Tagen verfuhren die Bergschüler ihre normalen Schichten in den Kohlewerken des Zwickauer Beckens. Dadurch gab es eine gute Verbindung von Theorie und Praxis. Der Unterricht umfasste:

4. Klasse	deutsche Sprache	2 Stunden
	Arithmetik	2 Stunden
	Zeichnen	2 Stunden
	Schönschreiben	1 Stunde
3. Klasse	Physik	2 Stunden
	Mineralogie	1 Stunde
	Geometrie	2 Stunden
	Zeichnen	2 Stunden
2. Klasse	deutsche Sprache	1 Stunde
	Zeichnen	2 Stunden
	Geographie und Geognosie	2 Stunden
	Bergbaukunst	2 Stunden
	populäre Maschinenlehre	1 Stunde
1. Klasse	deutsche Sprache	1 Stunde
	Zeichnen	1 Stunde
	Bergbaukunst	2 Stunden
	Markscheidekunst (mit praktischen Übungen)	2 Stunden

Dafür waren zwei Hauptlehrer angestellt. Die erste Aufnahmeprüfung im Oktober 1862 bestanden zwölf Jungen für die vierte Klasse, neun konnten schon in die dritte Klasse eingestuft werden. Mit dem Lehrjahr 1863/64 wurde die zweite, 1864/65 die erste Klasse eingerichtet.
Auch im Plauenschen Grund bei Dresden, gab es eine lange Tradition der Kohlegewinnung. Die meisten Werke waren in der Nähe von Rittergütern entstanden; Bauvereine und Aktiengesellschaften gab es erst nach 1835. Dazu gehörte der „Potschappler Aktienverein“. Die zwei größ-

ten Werke im Becken waren aber jene von Zauckerode und Burgk, die sich durch Zukauf ständig vergrößert hatten.
Auf der linken Seite der Weißeritz lag das „Königlich Sächsische Steinkohlewerk zu Zauckerode". Dieses war 1806 aus dem Rittergut Döhlen nach Ankauf durch den sächsischen Fiskus entstanden und hatte sich zum größten im Revier entwickelt. Anfangs lieferte das Werk nur Kohlen zur Heizung und für Schmiedefeuer aus, aber als die Umwandlung der Kohle zu Koks gelang, wuchs die Bedeutung gerade auch für die Freiberger Schmelzhütten gewaltig. 1807 nahm der „Döhlener Kunstschacht" seinen Betrieb auf und erreichte in den 1850ern eine Tiefe von 96 Lachtern. Zur Entwässerung dienten zwei Stollen, zur Weißeritz und zur Elbe. Auf diesem Schacht wurde 1821 die erste Dampfmaschine der sächsischen Steinkohlewerke aufgestellt. 1839 erreichte der zusätzliche „Albertschacht" eine Tiefe von 59 Lachtern und ein Jahr später der „Oppelschacht" die von 79½ Lachtern. Weiterhin gab es noch sechs kleinere Schächte, die aber allein der Wetterführung dienten. Zur Wasserhebung setzte man hauptsächlich ein Wasserrad mit Kunstgezeuge von 25 PS ein und für die Förderung drei Dampfmaschinen von jeweils 18 PS. Die jährliche Förderung lag um 1850 bei 1.500.000 Scheffel im Jahr, wovon ein großer Teil in 13 Öfen zu Koks verarbeitet wurde. Die Leitung des Werkes lag beim Finanzministerium in Dresden bei einem Finanzrat. Für die Beaufsichtigung des Maschinenwesens war der Maschinendirektor und für die Überwachung des Betriebes und den Haushalt ein Obereinfahrer des Oberbergamtes bestellt. Die eigentliche Verwaltung des Steinkohlenwerks lag in dieser Zeit in den Händen von einem Bergmeister, einem Kassierer, zwei Beamten, zwei Obersteigern, einem Vice-Steiger, einem Werkmeister, einem Maschinensteiger, einem Schmiedemeister, einem Aufbereitungssteiger, einem Hutsteiger, neun Untersteigern, sieben Oberförderleuten, einem Oberkohlenschreiber, zwei Kohlenschreibern, drei Kohlenschreibergehilfen, einem Kassenschreiber, einem Knappschaftsschreiber, sechs Expedienten und einem Werkarzt. Die Arbeiter unterteilten sich in die eigentlichen Kohlenhäuer, die Gesteinshäuer, die Zimmerlinge, die Bergknechte, Bergjungen, Maschinenwärter und Heizer, Wäscher und Verkoker und sonstige Tagarbeiter. Insgesamt fanden hier 1.150 Bergarbeiter Beschäftigung.
Auf beiden Seiten der Weißeritz befanden sich die Schächte der „Freiherrlich von Burgker Steinkohlen- und Eisenhüttenwerke", einem komplexen Wirtschaftsunternehmen auf Grundlage der Kohleförderung. Hier wurden schon 1823 die ersten Versuche zur Steinkohlenverkokung unternommen, und im aufgekauften damaligen Eisenhammer Dölzschen, der späteren „König-Friedrich-August-Hütte", ging der erste sächsische Koks-Hochofen in Betrieb. Die Eisenerze kamen aus Berggießhübel, von Zechen, die der Freiherr ebenfalls erworben hatte. Auf der linken Seite

des Flusses befanden sich fünf, teils zur Förderung und teils nur zur Wasserhaltung dienende Schächte mit einer Tiefe zwischen 17 und 30 Lachter. Die Hauptschächte und Stollen zur Wasserhaltung lagen auf der rechten Seite der Weißeritz. Die sieben Schächte erreichten um 1845 eine Tiefe von 32 bis 190 Lachtern. Dazu kamen 1844 durch die Übernahme des „Steinkohlewerkes Claus" noch neun Schächte mit einer Tiefe von bis zu 24 Lachtern. Zur Förderung der Kohle wurden in jener Zeit noch Handhaspel, Pferdegöpel, aber auch fünf Dampfmaschinen eingesetzt. Um 1840 betrug die jährliche Förderung 900.000 Scheffel Kohle. Die Verwaltung lag in den Händen der Hauptadministration, die für die Kohlengruben und die Eisenhütte und auch für den landwirtschaftlichen Betrieb zuständig war. Sie stand unter Leitung eines Hauptbuchhalters. Beigeordnet waren ein Schichtmeister, ein Controlleur, ein Oeconomieschreiber und zwei Schreiber. Beim eigentlichen Betrieb des Steinkohlenwerkes waren angestellt: ein Bergfaktor, drei Obersteiger, ein Kunststeiger, zwei Reviersteiger, sieben Untersteiger, fünf Fahrgehilfen zur Vorbereitung auf Officiantenstellen und ein Bergeleve, drei Kohleschreiber, acht Kohlenmesser und sechs Gehilfen, ein Arzt, drei medizinische Gehilfen und vier Wundärzte sowie 900 Bergleute in Förderung und Aufbereitung.

Ganz anders stellte sich die Situation im dritten großen Kohlenrevier Sachsens im Raum von Lugau und Oelsnitz. Erst durch Zufall und dann nach Bohrversuchen begann der Abbau 1844. Abgesehen vom „Fürstlich-Schönburgischen Steinkohlenbergwerk", waren es von Anfang an Aktiengesellschaften, die den Betrieb aufnahmen. Dazu gehörte der „Lugauer Steinkohlen-Abbauverein Westphalia", der einen Schacht von 165½ Lachtern in die Tiefe trieb und 1860 das erste Flöz erreichte. Von Anfang an kamen Dampfmaschinen zu Förderung und Wasserhaltung zum Einsatz: zuerst eine mit der Kraft von 8 PS, die bald durch eine solche von 50 PS ersetzt wurde. Betriebsdirektor des Werkes war Friedrich Constantin Freiherr von Beust. Zur Belegschaft gehörten hier zwei technische Beamte, zwei Comptoiristen, zwei Maschinisten und 48 Bergarbeiter als Häuer, Förderleute, Zimmerlinge und Schmiede.

Eine eigenständige Gesellschaft bildete die „Lugauer Bergbau-Gesellschaft Rhenania", deren „Einigkeitsschacht" 1859 eine Tiefe 367½ Lachtern erreichte. Zur Wasserhaltung diente eine Dampfmaschine von 36 PS und zur Wasserhaltung und Förderung eine solche von 11 PS. Das Werk wurde ebenfalls von Beust geleitet. Die beiden Gesellschaften hatten ihre Geschäftsbetriebe vereinigt, mit dem Sitz in Zwickau. Zur Belegschaft von „Rhenania" gehörten 1860: zwei technische Beamte, zwei Maschinisten und 60 Bergarbeiter als Häuer, Förderleute, Zimmerlinge und Schmiede.

In räumlicher Nähe befanden sich die Anlagen des „Niederwürschnitzer Steinkohlenbau-Vereins“. Er war von Leipziger Kaufleuten 1856 gegründet worden, wo sich auch der Hauptsitz befand. Begonnen hatte das Unternehmen mit zwei kleinen Schächten mit Haspelbetrieb, die aber bald wieder aufgegeben wurden. Dafür brachte man in kürzester Zeit an anderer Stelle den „C-Schacht“ und den „D-Schacht“ nieder, die beide auf reichhaltige Flöze trafen. Gleich zu Beginn erhielt das Werk einen eigenen Bahnanschluss, die Kohle konnte damit unmittelbar verladen werden. Auf dem „D-Schacht“ stand zur Wasserhaltung eine 25 PS starke Dampfmaschine und eine solche von 14 PS für die Förderung zur Verfügung. Auf dem „C-Schacht“ dienten je eine 10-PS-Dampfmaschine zur Förderung und zur Wasserhaltung. Damals beschäftigte das Werk 214 Mann: einen Bergfactor, einen Obersteiger, einen Rechnungsführer, zwei Untersteiger, zwei Kohlenschreiber mit zwei Assistenten, einen Schmiedesteiger, zwei Kohlenmesser, drei Maschinenwärter, 83 Häuer, 47 Förderleute, zwei Kesselheizer, neun Ausläufer, einen Anschläger, zwei Kohlenauflader, 32 Kohlenwäscher und Durchwerfer, zwei Straßenwärter, einen Nachtwächter sowie einen Tagjungen.

Abgesehen vom „Königlichen Steinkohlenwerk“ gehörten die Unternehmen des Kohlenbergbaus nicht zum Sächsischen Bergstaat, und es bestand deshalb kein Zwang zu einer Uniformierung. Trotzdem kleideten die Werke ihre Belegschaft einheitlich ein, waren sie doch auch vollwertige Bergleute. Den Anfang machte Freiherr von Burgk, die anderen zogen nach. Dabei folgte man eigenständiger Tradition oder übernahm weitgehend die Ordnung des Erzbergbaus. Eine Verfügung des Oberbergamtes legte 1861 dazu fest, dass die Rangabzeichen der Beamten auf den Kragen sich deutlich von denen des Erzbergbaues unterscheiden müsse – so durch gewechselte Farben, also statt der goldenen Tressen silberner und statt der silbernen Sterne goldener.

Für die Officianten der Burgker Berg- und Hüttenleute erschien 1854 ein neues Reglement über die Parade- und Dienstbekleidung. Da diese auf einer längeren Tradition beruhte, hatte die Verfügung des Oberbergamtes keine Bedeutung. Im Schnitt des Habits hoben sich die Burgker Bergleute schon deutlich von denen des Erzbergbaues ab. Hinzu kam, dass der Freiherr von Burgk als ehemaliger Offizier eine besondere Vorliebe für das Militärische hatte: Das zeigte sich in der Uniform, aber auch in besonderen Paradegriffen mit dem Steigerhäckchen bis hin zur Einteilung seiner Belegschaft in Kompanien.

Allgemein bestand die Paradekleidung aus einer rabenschwarzen Puffjacke mit Rabatten, darauf jeweils acht Knöpfe und ein stehender, offener Kragen. Auf den zwei dreieckigen Taschenklappen unter der Taille gab es jeweils drei Knöpfe. Zwischen ihnen war die Schoßpartie in Falten gelegt und darüber befand sich, zwischen zwei Knöpfen, eine Patte mit Schnurbesatz. Die

Oberarme waren als Puffe gestaltet, oben von einer Wulst und unten von einer Patte begrenzt. Darunter hing jeweils eine Armtour. Die Aufschläge hatten schwedische Form, darauf jeweils zwei Knöpfe. Alle Knöpfe waren vergoldet und trugen die Berginsignien.
Als Unterbekleidung dienten schwarze oder weiße Pantalons. Während zur Halbparade die schwarzen vorgeschrieben waren, legten Beamte und Officianten zu großen Paraden immer weiße an. Genau vorgeschrieben war, dass sie nicht zu weit sein durften, sondern die Form der Beine hervorheben sollten. Die Mannschaften trugen immer schwarze Pantalons. Dazu kamen das Bergleder an einem schwarzen Gurt. Dieser hatte ein glattes, versilbertes Schloss, darauf in Gold das verkleinerte Hutschild.
Die Kopfbedeckung bestand aus einem schwarzen Schachthut mit der fünfschartigen, meißnischen Mauerkrone. Anders als beim Erzbergbau war er nicht zylindrisch, sondern ober etwas weiter. Vorn befand sich das Hutschild und links die sächsische Landeskokarde. Darüber ein Federbusch in unterschiedlicher Ausführung, den Rängen entsprechend.
Bewaffnet waren die Beamten und Officianten mit einem Säbel. Das Koppel dazu – mit Schlangenschloß – kannte unterschiedliche Ausführungen und wurde sichtbar unter dem Gurt des Bergleders getragen – eine Besonderheit der Burgker Berguniform! Weiterhin gab es ein vergoldetes Berghäckchen oder einen Klauberhammer in unterschiedlicher Ausführung.
Neben der Paradeuniform gab es auch noch die Ausführung zur Halbparade sowie die gewöhnliche Dienstbekleidung und die Arbeitsbekleidung als Negligé, womit der Hausanzug gemeint ist. Alle Bekleidungsarten waren nach Rängen abgestuft. Die Rangordnung und die Differenzierungen an der Paradeuniform waren:

Oberofficiant I. Classe

an den **Kanten des Kragens, der Aufschläge, Achselstreifen, der Schoßpatte und den Rabatten** doppelt glatter Schnurbesatz, wobei auf den Rabatten die innere Schnur, in Höhe der Knöpfe, nach innen in einem Knoten gelegt war;
auf den **Ecken des Kragens** jeweils drei goldenen Sterne und dahinter eine goldgestickte doppelte Schleife;
die **Armtour**, gab es zugleich zwischen den Köpfen der Taille, bestand aus schwarzseidenen Bouillons über Fransen;
an den **Kanten des Bergleders** eine schwarzseidene golddurchwirkte Schnur;

Bergfaktor
Hauptbuchhalter

auf dem **Schachthut** oben doppelte und unten einfache Goldtressen, vorn in Silber gesticktes Schild, darauf Schlägel und Eisen in Gold, umgeben von einem Purpurmantel mit Hermelin, darüber eine Freiherrnkrone; ein stehender, oben schwarz und unten gelber Federstutz;
das **Säbelkoppel** aus chamoisfarbenem Tuch mit breitem goldenen Tressenbesatz;
vergoldetes durchbrochenes **Steigerhäckchen**, in der Mitte Schlägel und Eisen im Eichenlaubkranz

Oberofficiant II. Classe

Schichtmeister
Buchhalter

Puffjacke wie bei der I. Classe, auf dem **Kragen** jedoch drei Sterne ohne Schleife;
gleiche **Armtour**, aber Bouillons übergedrehte Fransen;
am **Bergleder** die gleiche Schnur;
Schachthut wie bei der I. Classe, aber mit hängendem schwarzen Federstutz mit gelber Füllung;
Säbelkoppel aus schwarzem Leder mit breitem goldenen Tressenbesatz;
Steigerhäckchen wie oben

Officiant I. Classe

Obersteiger

Puffjacke wie oben, auf **Kragen** zwei Sterne;
als **Armtour** gesponnene Bouillons über Fransen;
Schwarzseiden-golddurchwirkte Schnur am **Bergleder**;
gleicher **Schachthut**, aber geprägtes Schild in Silber, darauf vergoldete Schlägel und Eisen umgeben von ebenfalls silbern geprägtem Mantel und Freiherrnkrone; Federbusch wie bei den Oberofficianten II. Classe;
Säbelkoppel von schwarzem Leder ohne Tresse;
durchbrochenes **Steigerhäckchen**

Officiant II. Classe

Untersteiger,
Reviersteiger,

Puffjacke wie oben, jedoch mit nur einem Stern auf dem **Kragen**;
als **Armtour** doppelt gedrehte Fransen;

Schachthut wie bei der I. Classe;
Säbelkoppel und **Steigerhäckchen** wie oben

Kunststeiger,
Kohleschreiber

Expedant

auf **Kragen**, **Rabatten** usw. der **Puffjacke** doppelter Schnurbesatz und Schlingen nach innen, aber kein Stern;
Armtour wie bei Officianten der II. Classe;
am **Schachthut** nur oben eine Tresse in Form der Mauerkrone, vorn das geprägte Schild, links über der Kokarde ein schwarzer, hängender Federbusch ohne Füllung;
kein Säbel, **Steigerhäckchen** ganz glatt

Anwärter auf
Officiantenstelle

Unterofficiant

Puffjacke wie die Expedanten, jedoch ohne die inneren Schlingen auf den Rabatten;
gleicher **Schachthut**;
an Stelle des Steigerhäckchen ein **Klauberhammer** aus poliertem Stahl an einem langen, schwarzen Stiel

Kohlenmesser

An der Spitze seines kleinen „Bergstaates“ stand der Freiherr von Burgk, der den Titel „Bauherr“ führte. Seine Uniform, die nicht Bestandteil des Reglements war, hatte zwar die gleiche Ausführung wie die seiner Officianten, war aber anders ausgeschmückt. Seinen Schachthut zierte oben die doppelte meißnische Mauerkrone, aber die Außenkanten waren gezackt. Um den unteren Rand hatte er eine breitere Tresse und darüber noch eine schmale mit Zacken in Kronenform, vorn den gestickten, farbigen Hutschild mit Freiherrenkrone. In der Mitte lief um den Schachthut noch eine goldene Eichenlaubtresse. Im Sächsischen Bergstaat stand diese Auszeichnung eigentlich nur dem Chef des Berg- und Hüttenwesens zu! Über der Kokarde war ein stehender weißer Federbusch, stark unterbunden von schwarzen und gelben Federn. Alle Kanten an der Puffjacke hatten einen Vorstoß aus dreifacher gedrehten Schur, das Innere der Rabatten in Höhe der Knöpfe als Schlinge gelegt. Auf dem Kragen keine Sterne, dafür eine dichte Stickerei von schwarzem Eichenlaub. Diese Stickerei wiederholte sich auch auf den Aufschlägen. Das rote Säbelkoppel war mit einer breiten Goldtresse belegt. An den Außenseiten der weißen Pantalons befand sich jeweils ein Doppelstreifen aus breiter Goldtresse. Wie der Oberberghauptmann führte auch der Bauherr als besonderes Zeichen zur Parade eine Barte. Das silberne Blatt war natürlich aufwendig verziert und hatte eine etwas andere Form als beim Erzbergbau. Zur Parade war der Freiherr beritten. Das Zaumzeug des Pferdes war rot gefärbt und passte zu der roten Satteldecke und den beiden vorderen Satteltaschen. Beide zierte außen eine breite Goldtresse.

Auch sein Sohn Arthur Dathe von Burgk, der Mitinhaber der Steinkohlen- und Eisenwerke war und deren Führung 1854 komplett übernahm, trug die gleiche Uniform. Allerdings fehlte am Schachthut das umlaufende Eichenlaubband. Die Satteldecke seines Pferdes war blau mit einer breiten, goldenen Tresse.

Zum Gebrauch bei feierlichen Anlässen außerhalb von Paraden gab es für die Officianten die Uniform in Halbparade. Zur Puffjacke trugen sie schwarze Pantalons und einen dreieckigen Hut. Dieser unterschied sich in den Klassen durch die verschiedene Gestaltung der Agraffen. Nur der Oberofficiant I. Classe hatte einen hängenden schwarzen Federbusch. Das Säbelkoppel der Oberofficianten war schwarz mit goldener Randschur, bei den anderen war es einfach schwarz.

Normalerweise wurde die Dienstuniform angelegt. Sie bestand aus einem, nicht über die Knie reichenden, schwarzen Rock und schwarzen Pantalons. Vorn befanden sich zwei Reihen zu je acht goldenen Knöpfen, sowie hinten auf den geraden senkrechten Taschen jeweils am Ansatz und unten ein weiterer Knopf. Auch die Aufschläge zierten hinten zwei kleine Knöpfe. An allen Kanten – außer unten am Kragen – gab es einen karmesinroten Besatz. Auf den Kragen befanden sich die üblichen Rangabzeichen. Quer über die Schulter liefen goldene Epaulettenbänder auf karmesinroter Fütterung, die auf beiden Seiten schwarz gerändert waren. Für Expedanten gab es Bänder ohne schwarzen Rand und mit schwarzer Fütterung. Dazu gehörte eine runde, steife Mütze mit schwarzlackiertem Schirm. Auf dem schwarzen Band vorn befanden sich die Berginsignien, die aber deutlich kleiner sein mussten, als die der Bergarbeiter.

Zusätzlich gab es für die Officianten eine Arbeitskleidung: der schwarze bergmännische Kittel, wobei für den Kragen, die Aufschläge und Patten schwarzer Samt verwendet wurde. Die Armtour bestand bei den Officianten aus doppeltgedrehten und bei den Expedanten und Unterofficianten aus einfachen Fransen. Dazu die Deckelmütze und ein Klauberhammer.

Die Mannschaft der Burgker Steinkohlenwerke trug zur Parade natürlich den schwarzen Bergkittel, dazu lange, schwarze Hosen. Der Kittel wurde vorn mit einer Reihe von zwölf Knöpfen geschlossen: Jeweils sieben befanden sich auf den Brustklappen und je fünf auf den Aufschlagspatten.

Gleich für alle Branchen war der oben leicht ausgestellte, schwarze Schachthut mit dem von einer Freiherrnkrone gekrönten, silbermetallenen Schild mit goldfarbenem Schlägel und Eisen, links die sächsische Landeskokarde. Durch den Haarstutz unterschieden sich die Handwerker, dazu zählten neben den Zimmerlingen, Maurern und Schmieden auch die Maschinisten, von den Häuern. Ihr Haarstutz war vierfach gelb-schwarz geteilt, der der eigentlichen Bergleute ganz schwarz. Innerhalb der Fachgruppen gab es noch Abstufungen dem Range nach, am Schachthut durch einen zusätzlichen gelben Streifen am unteren Rand erkennbar. Zudem hatte der Vorarbeiter einen schwarz-gelb geteilten Stutz. Auf dem Kragen seines Bergkittels befand sich zusätzlich ein gelber Streifen. Wo sich üblicherweise auf der Ärmelpatte die Berginsignien befanden, war in Burgk die Kompanienummer angebracht. Während alle, unabhängig von der Tätigkeit die Bergbarte in ihrer besonderen Form schulterten, bestand die „Bewaffnung" der Häuer aus einem Klauberhammer.
Zum Unternehmen gehörte auch die „König-Friedrich-August-Hütte". Deutlich unterschieden sich die Hüttenarbeiter durch ihre Uniform von den Bergleuten: Im Gegensatz zu jenen trugen sie eine braune Puffjacke mit Rabatte, aber ohne Schöße, um die Rabatten, den Kragen und die schwedischen Aufschläge herum einen gelben Besatzstreifen, dazu weiße Pantalons und ein schwarzes Bergleder. Am schwarzen Schachthut trugen sie vorn das Schild mit den Berginsignien und links die Landeskokarde. Der Haarstutz war rot, bei Höhergestellten rot-schwarz. Die Hüttenarbeiter kennzeichnete auch noch eine gelbe Litze auf dem Kragen und oben am Schachthut eine doppelte gelbe Tresse in Form der Mauerkrone. Die einfachen Hüttenmänner hatten nur eine solche. „Bewaffnet" waren sie alle mit der silberfarbenen Bergbarte.
Die Officianten der Hütte erschienen in der vorgeschriebenen schwarzen Puffjacke, bei Expedanten hatte die Puffjacke – bei gleicher Ausschmückung – aber die braune Farbe. Der hängende Federbusch am Hut war rot mit gelber Füllung.
Aufwendig gestaltete sich die Uniform des Musikkorps. Deutlich war hier die Vorliebe des Freiherrn für das Militärische zu erkennen, besonders bei der Verwendung der großen Trommeln, die es sonst im Bergbau nicht gab. Allgemein bestand das Habit aus schwarzer Puffjacke ohne Schöße, gleichfarbigen Hosen, Bergleder und dem Schachthut. Innerhalb des Korps unterschieden sich die Trommler grundsätzlich von den Bläsern.
Herausragend war natürlich der Tambourmajor. Die Kanten des Kragens, der Rabatten, der Aufschläge sowie der Arm- und Schulterpatten zierte eine schwarz-goldene Schnur. Zusätzlich befand sich am Kragen noch umlaufend eine goldene Tresse. Die doppelte Armtour bestand aus gemischten, gedrehten, goldenen und schwarzen Fransen. Auf der Stirnseite des schwarzen

Schachthutes das übliche silberfarbene Schild mit den Berginsignien. Am oberen Rand eine breite und unten eine schmale, gerade, goldfarbene Tresse. Links über der Landeskokarde gab es den schwarzen, hängenden Federbusch mit gelber Füllung. Imposant wirkte das breite Bandolier, das er von der rechten Schulter zur linken Hüfte trug. Es war schwarz und an den beiden Rändern mit breiten Goldtressen besetzt. Bewaffnet war er mit einem Hirschfänger.
Auch der Schellenbaumträger hatte diese Uniform, nur bestand seine Armtour aus dünnen, gemischten, goldenen und schwarzen Fransen. Anders gestaltete sich aber der Schachthut: Über dem Hutschild befand sich auf der geraden, goldfarbenen Tresse eine kleine Kokarde und ein hängender Federbusch mit gelben Spitzen unten.
Für die Trommler galt die gleiche Uniform. Abweichend war der durchgängig gelbe Besatz an den Kanten des Kragens, der Rabatten und der Aufschläge; auf den Schultern schwarz-gelb geränderte Schulterklappen. Die Armtour bestand aus schwarz-gelb gemischten Fransen. Am Schachthut befand sich nur oben eine gerade, gelbe Tresse mit der Kokarde in der Mitte. Der schwarze hängende Haarbusch hatte gelbe Spitzen und saß in der Mitte über der Kokarde. Dazu kam das breite, gelbe Bandolier für die Trommel und zum Schutz der Beinkleider ein Schurz aus gelbem Leder, der bis über das linke Knie reichte. Die Trommel selbst war gelb lackiert sowie oben und unten mit schwarz-gelben Rändern versehen.
Deutlich unterschieden wurde zwischen den Tambouren als Taktgebern und den eigentlichen Musikern. Bei ihnen hatten nur der Kragen und die Aufschläge einen etwas breiteren goldfarbenen Litzenbesatz. Auf den Rabatten, in Höhe der Knöpfe, gab es schwarze Schnüre, die in Knoten ausliefen. Die Armtour bestand aus goldenen und schwarzen Fransen gemischt. Bewaffnet waren sie mit einem langen Hirschfänger, hatten auf dem Schachthut das geprägte silberne Schild mit Mantel, links die Kokarde und darüber den hängenden, schwarz-gelben Haarbusch.
Beim Kapellmeister war die Uniform etwas ausgeschmückter: Am Schachthut hatte die umlaufende Mauerkrone zwei Streifen, auf dem Kragen befand sich unterhalb der breiten Borte noch eine schmale und um die Patten der Armtour liefen schmale Einfassungen.

Der Bergerschacht der Freiherrlich von Burgker Steinkohlen- und Eisenhüttenwerke erhielt 1824 einen neuen Pferdegöpel zur Förderung. Im Hintergrund rechts raucht bereits der Schornstein für die 1822 auf dem Wilhelmschacht installierte Dampfmaschine. Eine solche nutzte ab 1844 auch der Bergerschacht zur Förderung und Wasserhaltung.

Segen-Gottes- und Neuhoffnungsschacht der Freiherrlich von Burgker Steinkohlen- und Eisenhüttenwerke um 1860. Am 2. August 1869 ereignete sich im vereinigten Grubenfeld beider Schächte eine Schlagwetterexplosion, die 276 Bergleuten der eingefahrenen Frühschicht das Leben kostete.

Burgker Steinkohle- und Hüttenwerke 1854

Oberofficiant I. Klasse   Der Bauherr   Oberofficiant II. Klasse

Burgker Steinkohle- und Hüttenwerke 1854

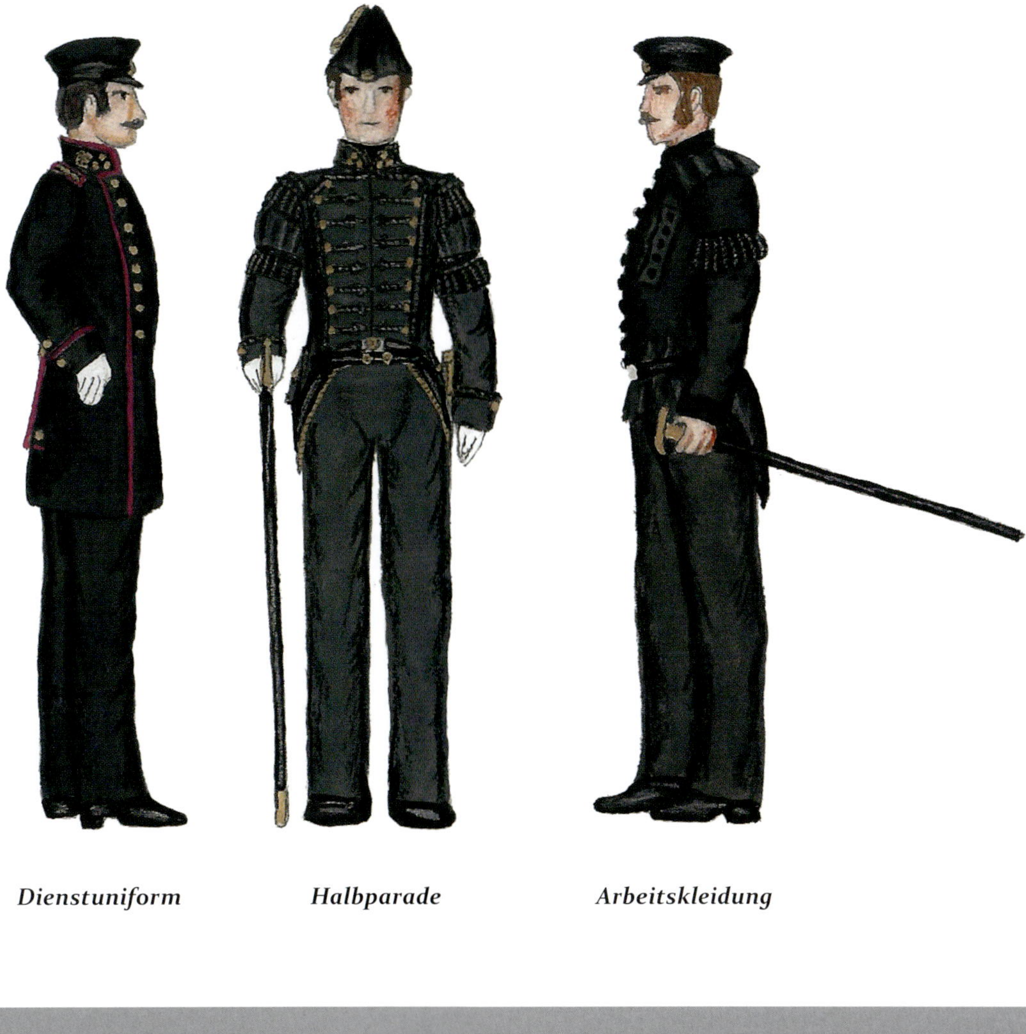

Dienstuniform ***Halbparade*** ***Arbeitskleidung***

Burgker Steinkohle- und Hüttenwerke 1854

Officiant I. Klasse *Officiant II. Klasse*

Burgker Steinkohle- und Hüttenwerke 1854

Dienstuniform ***Halbparade*** ***Arbeitskleidung***

Burgker Steinkohle- und Hüttenwerke 1854

Expetant ***Unterofficiant***

Burgker Steinkohle- und Hüttenwerke 1854

Halbparade *Dienstuniform* *Arbeitskleidung*

Expetant *Unterofficiant*

Burgker Steinkohle- und Hüttenwerke 1854

Handwerker *Häuer*

Burgker Steinkohle- und Hüttenwerke 1854

Variante der Arbeitskleidung
(mit Fell besetzte Mütze als Kopfschutz und
Schachtjacke aus dünnem Leder)

Burgker Steinkohle- und Hüttenwerke 1854

Hüttenexpetant ***Hüttenmänner***

Burgker Steinkohle- und Hüttenwerke 1854

Tambour Schellenbaumträger Hautboisten Tambourmajor

Die meisten Steinkohlewerke entstanden in den 1850er-Jahren ohne jegliche Tradition. Von Anfang an wurde aber auch von den dort Beschäftigten der Anspruch erhoben, richtige Bergleute zu sein, was sie durch gleiche Rituale und gleichen Habit unterstrichen: Bergparaden und die entsprechende bergmännischen Kleidung. Als Vorlage dienten dabei die Vorschriften des Erzbergbaus, allerdings in gewechselten Farben – Silber statt Gold. Untereinander unterschieden sich die Belegschaften der verschiedenen Unternehmen durch die Farben der Federn und der Aufschlagspatten, sowie kleineren Details.

1854 erließ das Direktorium des „Erzgebirgischen Steinkohlen-Actien-Vereins“ in Zwickau eine Einkleidungs- und Paradedienst-Ordnung, die die Paradeuniform ihrer Knappschaft genau regelte. Eine Ordnung der Dienst- und Arbeitskleidung sollte später erfolgen.

Die Beamten und Officianten erhielten die übliche Puffjacke, mit silbernen Litzen und Knöpfen sowie Rangabzeichen auf dem Kragen. Das Säbelkoppel war bei höheren Officianten mit einer breiten, silbernen Tresse besetzt, wie auch die Beschläge des Säbels versilbert waren. Die Patten der Ärmelaufschläge bestanden aus smalteblauem Tuch. Dieselbe Farbe hatte der stehende Federbusch, der mit weißem Kern stark unterbunden war; vorn – im silbernen Eichenlaubkranz – die verschlungenen Anfangsbuchstaben des Vereins.

Für die Arbeiter galt der allgemeine Bergkittel. Rangabzeichen befanden sich auf dem Kragen. Auf den Achselpatten die Berginsignien, weiterhin eine Armtour aus schwarzen Fransen. Die Borten auf dem Schachthut waren bei ihnen weiß, der Federstutz schwarz, mit weißen Federn stark unterbunden.

Bei Paraden trugen die sechs dienstältesten Zimmerlinge vorn ein braunes Schurzleder, die Schmiedearbeiter ein solches aus schwarzem Leder, bei weniger feierlichen Aufzügen aber das normale Bergleder. Als Kennzeichen der Musiker diente der blaue Federstutz und die silbernschwarzen Fransen an der Armtour.

I. Rangordnung für die Beamten und Officianten

Beamte und Officianten I. Klasse

auf den **Kragen** der Puffjacke zwei silberne Streifen und zwei goldene Sterne; **Armtour** aus einer Reihe silberner Bouillons; auf dem **Schachthut** oben zwei in der Form einer Mauerkrone und unten eine gerade Tresse, ganz weißer Federstutz mit starker Unterfüllung; blaues **Säbelkoppel** mit breitem, silbernen Besatz	Bergverwalter

Beamte und Officianten II. Klasse	
auf dem **Kragen** zwei silberne Streifen und ein goldener Stern; auf dem **Schachthut** oben zwei und unten eine Tresse, die oberen als Mauerkrone, blauer Federstutz mit starker, weißer Unterfüllung; **Säbelkoppel** blau mit breitem silbernen Besatz	Kassierer Bergverwalter-Assistent Markscheider
Beamte und Officianten III. Klasse	
ein silberner Streifen auf dem **Kragen** und drei goldene Sterne; **Schachthut** mit nur einer Litze oben als Mauerkrone und einer geraden unten, blauer Federstutz mit starker, weißer Unterfüllung; schwarzes **Säbelkoppel**	Vicekassierer Schichtmeister Obersteiger Hilfsmarkscheider
Büreauofficianten IV. Klasse	
auf dem **Kragen** ein silberner Streifen und zwei goldene Sterne; **Schachthut** und **Säbelkoppel** wie bei III. Klasse	Viceobersteiger Lagerhalter
Büreauofficianten V. Klasse	
in silberner Streifen auf dem **Kragen**, mit einem goldenen Stern; Schachthut und Säbelkoppel	Untersteiger Kohlenschreiber Materialienschreiber Hilfsuntersteiger Kohlenmesser

II. Rangordnung für die Arbeiter

I. Klasse	
auf dem **Stehkragen** des Bergkittels zwei silberne Sterne	Zimmerlinge Maschinenwärter in der Grube Häuer Grubenmaurer Maschinenführer und Maschinenwärter über Tage

Feuerarbeiter in den Schmieden
Kokbrenner

Anschläger
Zuschläger I. Klasse
Abnehmer
Eisenbahnzugführer
Kesselheizer
Oberladeknechte
Tagezimmerleute
Tagemaurer
Ladeknechte I. Klasse
Straßenarbeiter

II. Klasse
auf dem **Stehkragen** des Bergkittels
ein silberner Stern

Zuschläger II. Klasse
Förderleute in der Grube
Nachtwächter
Ausläufer
Wäscher
Koksbrennergehilfen
Bahnwärter
Ladeknechte II. Klasse
Straßenarbeiter

Erdarbeiter III. Klasse
keinen Stern;
Kittel nicht aus Tuch, sondern aus Leinwand

Jungen in der Grube
Laufburschen
Jungen über Tage

Musiker
als Mitglieder des Knappschaftsverbandes,
die ihnen zustehenden Sterne;
die nicht zur Knappschaft gehörenden
zwei Sterne auf dem **Kragen**

Erzgebirgischer Steinkohlen-Actienverein 1854

III. Klasse
Obersteiger

I. Klasse
Bergverwalter

II. Klasse
Markscheider

Erzgebirgischer Steinkohlen-Actienverein 1854

IV. Klasse
Lagerhalter

V. Klasse
Koksmeister

Erzgebirgischer Steinkohlen-Actienverein 1854

III. Klasse der Arbeiter
Laufbursche

I. Klasse der Arbeiter
Häuer
(unabhängig von der Klasse haben die Rottenführer als Auszeichnung eine silberne Litze am Kragen)

II. Klasse der Arbeiter
Wäscher

Erzgebirgischer Steinkohlen-Actienverein 1854

Zimmerling *Musiker* *Schmiedearbeiter*

Neue Zeit

Schon 1843 kam der Landtag zu der Auffassung, dass das fehlende Interesse der Investoren am Bergbau an der seit Jahrhunderten bestehenden Berggesetzgebung lag und diese einer tiefgreifenden Reform bedürfe. Die Arbeit an einem solch neuen Gesetz kam durch die Revolution von 1848/49 zum Erliegen, wurde aber danach wieder aufgenommen und führte schließlich zum „Gesetz über dem Regalbergbau". Hauptmangel war ja, dass es keine Einheit zwischen Erz- und Kohlenbergbau gab. Auch wenn das Berggesetz allgemein gültig war, bezog es sich nicht auf die Rezessherrschaften der Fürsten und Grafen von Schönburg und auch nicht auf die Oberlausitz. Die Oberlausitzer Verfassung sah nach den Böhmischen Bergwerksverträgen, die durch König Ferdinand I. im 16. Jahrhundert erlassen worden waren, die Zustimmung aller Rittergutsbesitzer vor. Da dort der Bergbau noch keine Bedeutung hatte – die Braunkohlelager wurden erst später erschlossen –, verzichtete man auf diese Befragung. Die Herren von Schönburg stimmten nach Verhandlungen zu. Wesentlich am neuen Gesetz war, dass den Grubeneigentümern die Führung des Haushaltes überlassen wurde und den Bergämtern nur die bergpolizeiliche Aufsicht zustand, ebenso wie volkswirtschaftlich notwendige Eingriffe.

Trotz – oder wegen – dieser tiefgreifenden Änderung kam es schon nach wenigen Jahren zu Kritik seitens der Bergbautreibenden und Grundeigentümer, die schließlich in Petitionen mündeten. Der Landtag ersuchte die Staatsregierung zur Überarbeitung des Gesetzes mit dem Ziel, „die möglichst unbeschränkte Nutzung des Bergwerkseigentums und die Entbehrlichmachung einer speziellen Behördenkontrolle" zu gestatten. Da der Landtag damals aber nicht permanent tagte und die Arbeit zwischen den Sitzungsperioden von Ausschüssen beider Kammern erledigt wurde, verzögerte sich die Entschlussfassung zur Revision des Gesetzes über den Regalbergbau. Um trotzdem handeln zu können, erhielt die Staatsregierung von den Kammern 1864 die Vollmacht, durch Verordnung:

1. von der Einrechnung von Betriebsplänen in geeigneten Fällen abzusehen,
2. die Verpflichtung der Grubenofficianten bei den Bergämtern vom freien Willen der Bergwerksbesitzer abhängig zu machen,
3. auf die persönliche Vorstellung der anzunehmenden Bergarbeiter bei den Bergämtern, die Anzeige der angenommenen Bergarbeiter und die Verbindlichkeit zur vorzugsweisen Annahme *feiriger* – nur bedingt arbeitsfähiger – Bergarbeiter zu verzichten.

Ein Jahr später legte die Regierung dem Landtag einen Entwurf für ein Allgemeines Berggesetz vor. Der Entwurf berücksichtigte den Erz- und den Kohlenbergbau. Eingeflossen sind dabei Gedanken des Allgemeinen Berggesetzes von Preußen, das Sächsische Gewerbegesetz von 1861 und das Bürgerliche Gesetzbuch von Sachsen aus dem Jahre 1863. Nochmals wurden die Beratungen darüber durch den Deutschen Krieg 1866 unterbrochen. Schließlich konnte aber das „Allgemeine Berggesetz" am 16. Juni 1868 verkündet werden. Es galt jetzt auch für die Oberlausitz und markierte das Ende des Sächsischen Bergstaates in seiner klassischen Form. Oberberghauptmann Friedrich Constantin von Beust hatte zwar am Gesetz mitgearbeitet, es ging ihm aber in Teilen zu weit, weshalb er sein Amt aus Protest niederlegte und Sachsen ganz verließ.

Am 1. Dezember 1868 gab das Finanzministerium die Aufhebung des Oberbergamtes sowie der Bergämter zu Freiberg, Marienberg und Schwarzenberg bekannt. An deren Stelle trat das für alle zuständige Bergamt Freiberg. Als technische Lokalbeamte wurden ihm acht Berginspektoren beigegeben:

- drei für den Erzbergbau im Freiberger und Altenberger Revier mit Wohnsitz in Freiberg,
- einer in Dresden für den Steinkohlenbergbau im Weißeritzgebiet und für den Braunkohlenbergbau im Bautzner Regierungsbezirk,
- einer war in Zwickau für den Steinkohlenbergbau der Gerichtsbezirke Zwickau, Werdau, Crimmitschau und Wildenfels sowie für den Erzbergbau im Vogtländischen Revier zuständig,
- einer saß in Chemnitz und war verantwortlich für den Steinkohlenbergbau in den Gerichtsbezirken Stollberg, Lichtenstein, Glauchau und den übrigen Teilen des früheren Zwickauer Inspektionsbezirkes, aber auch für den Braunkohlenbergbau der Regierungsbezirke Dresden, Leipzig und Zwickau,
- einer mit Sitz in Marienberg für den Erzbergbau im Marienberger Revier, in Annaberg, Geyer und Ehrenfriedersdorf

und schließlich

- ein Oberinspektor in Schneeberg mit Zuständigkeit für den Erzbergbau in den Revieren Schneeberg, Schwarzenberg, Johanngeorgenstadt, Eibenstock, Scheibenberg, Hohenstein und Oberwiesenthal.

Natürlich bedurfte das neue Landesbergamt einer Struktur. Die Leitung übernahm Bergrat Bernhard Braunsdorf als Bergamtsdirektor. Ihm zur Seite standen vier Bergamtsassessoren und als außerordentliche Mitglieder die Berginspektoren. Als weiteres Personal des Bergamtes waren ein Referendar und ein Auditor, sowie für Büroarbeiten eine neunköpfige Expedition angestellt. Hinzu kam noch ein Bergamtsmarkscheider mit seinem Assistenten. Daneben existierten die Fiskalischen Bergwerksverwaltungen, die für die Unterhaltung der großen staatlichen Entwässerungsstollen in den verschiedenen Revieren zuständig waren. Auch das Steinkohlenwerk zu Zauckerode und das Braunkohlenwerk zu Kaditzsch blieben unter staatlicher Verwaltung.

Die Aufgaben der früheren regionalen Bergämter hatten jetzt die Revierausschüsse übernommen – als Interessenvertretungen der Bergwerksbesitzer, wobei es vorkommen konnte, dass neben bewährten Bergbeamten auch „Zivilisten" den Vorsitz innehatten, wie in Schneeberg der Bürgermeister oder in Marienberg ein Rechtsanwalt. Die Revierbeamten waren aber solche, die vorher bei den Bergämtern angestellt gewesen waren.

Mit der Auflösung des Bergstaates gab es keinen Uniformzwang mehr. Trotzdem wurde die Tradition von den Knappschaftsverbänden beibehalten.

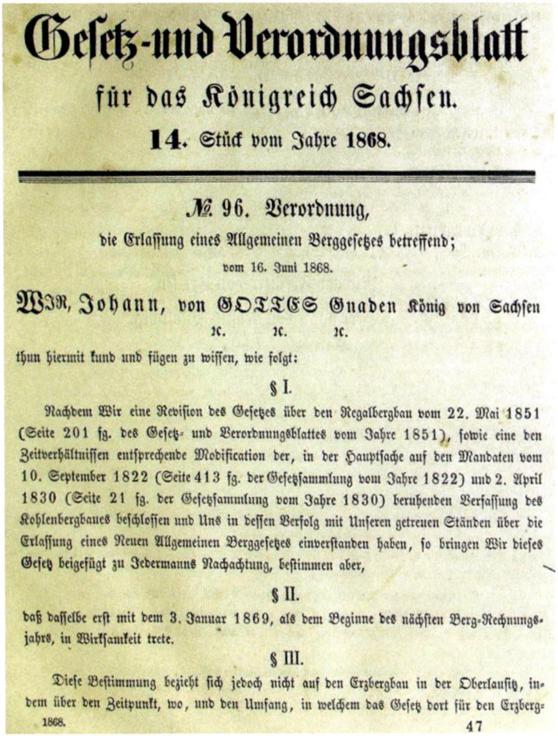

Gesetz- und Verordnungsblatt
für das Königreich Sachsen.
14. Stück vom Jahre 1868.

№ 96. Verordnung,
die Erlassung eines Allgemeinen Berggesetzes betreffend;
vom 16. Juni 1868.

Wir, Johann, von GOTTES Gnaden König von Sachsen
rc. rc. rc.

thun hiermit kund und fügen zu wissen, wie folgt:

§ I.

Nachdem Wir eine Revision des Gesetzes über den Regalbergbau vom 22. Mai 1851 (Seite 201 fg. des Gesetz- und Verordnungsblattes vom Jahre 1851), sowie eine den Zeitverhältnissen entsprechende Modification der, in der Hauptsache auf den Mandaten vom 10. September 1822 (Seite 413 fg. der Gesetzsammlung vom Jahre 1822) und 2. April 1830 (Seite 21 fg. der Gesetzsammlung vom Jahre 1830) beruhenden Verfassung des Kohlenbergbaues beschlossen und Uns in dessen Verfolg mit Unseren getreuen Ständen über die Erlassung eines Neuen Allgemeinen Berggesetzes einverstanden haben, so bringen Wir dieses Gesetz beigefügt zu Jedermanns Nachachtung, bestimmen aber,

§ II.

daß dasselbe erst mit dem 3. Januar 1869, als dem Beginne des nächsten Berg-Rechnungsjahrs, in Wirksamkeit trete.

§ III.

Diese Bestimmung bezieht sich jedoch nicht auf den Erzbergbau in der Oberlausitz, indem über den Zeitpunkt, wo, und den Umfang, in welchem das Gesetz dort für den Erzberg-

1868. 47

Literaturverzeichnis
Ungedruckte Quellen

Sächsisches Hauptstaatsarchiv Dresden

10026-Loc. 00516/10: Die Parade- und Interimsuniform der kurfürstlichen Berg- und Hüttenbediensteten.

10036-Loc. 41741: Bergmännische Dienstuniform und Rangordnung.

10168 Grundherrschaft Burgk, Nr. 086-0070: Instruktion für Beamte und Arbeiter bei dem Burgker Steinkohlen- und Eisenhüttenwerk.

10168 Grundherrschaft Burgk, Nr. 086- 0071: Gratifikation an Beamte und Arbeiter.

Bergarchiv Freiberg

40006-62: Von Berghauptmann v. Herder veranlaßte Uniformierung.

40006-136: Neuregelung des Tragens von Berghabit beim Gottesdienstbesuch 1827–1847.

40006-1597: Rangordnung und Uniformreglemente des Bergstaates 1830–1862.

40007-755: Anschaffung und Tragung der Paradebekleidung bei öffentlichen feierlichen Vor-fällen und Anrechnungstage sowie das Exerzieren von Bergleuten.

40010-702: Anschaffung und Tragen der Paradekleidung.

40010-372: Uniformierung des Eisenhüttenpersonals und dessen Teilnahme an der Bergparade zur Erbhuldigungsfeier für König Anton.

40010-702: Uniformierung des Eisenhüttenpersonals und dessen Teilnahme an der Bergparade in Freiberg anläßlich der Erbhuldigungsfeier für König Anton.

40022-372: Rangordnung des Bergstaates, ins gleich das Reglement für das Tragen der Parade- und Interimsuniform.

40034-1–126: Rangordnung und Uniformreglement der Bergbeamten.

40035-10008: Regulativ für die Rangordnung und Uniformreglement der Bergbeamten.

40035-1019: Berguniform und Bergrangordnung 1842–1858.

Bergbaumuseum Oelsnitz/Erzgebirge

Inv.-Nr.: 050008816: Einkleidungs- und Paradedienst-Ordnung für den Knappschaftsverband auf den Werken des Erzgebirgischen Steinkohlen-Actienvereines.

Staatliche Kunstsammlung Dresden

C. H. Fehling: Die Kleidung derer hohen und niedren Berg Officiers, Berg Beamte u. Berg Arbeiter, wie solche in d. Bergmännischen Aufzug in Plaischen Grund ohnweit Dresden gegangen am 26. Sept. 1719, Kupferstich-Kabinett, Inv.-Nr. C 6777.

Städtische Sammlungen Freital

Neues Reglement für die Dienstbekleidung der bei den Burgker Steinkohlen- und Eisenhüttenwerken angestellte Oberofficianten, Officianten, Expetanten und Unterofficianten, Kgl. Hofdruckerei von C. C. Reinhold und Söhnen, Dresden 1854.

Gemälde von Eduard Heuchler: Grosse Kirchparade von der Freiherrl. Burgk'schen Berg- und Hüttenknappschaft, 1854.

Gedruckte Quellen:

Anonym: Geschichte und Beschreibung des sächsischen Bergbaues, Zwickau 1827.

Anonym: Beschreibung der Grenzen der Königl. Bergamtsreviere, in: Mittheilungen des statistischen Vereins für das Königreich Sachsen, 8. Lieferung, Dresden 1837.

Bericht der vierten Deputation der ersten Kammer über die Beschwerde der Bergarbeiter aus Freiberger Bergamtsrevier Carl Adolph Butze und Genossen, 22.02.1843, in: Landtags-Acten von den Jahren 1843/44. Beilagen zu den Protokollen der ersten Kammer, Erste Sammlung, Dresden 1844, S. 237–274.

Verordnung, die Erlassung eines Gesetzes über den Regalbergbau betreffend; 22.05.1851, in: Gesetz- und Verordnungsblatt für das Königreich Sachsen, 15. Stück, 1851.

Verordnung, die Ausführung des Gesetzes vom 22sten Mai 1851 über den Regalbergbau betreffend, 16.12.1851, in: Gesetz- und Verordnungsblatt für das Königreich Sachsen, 27. Stück, 1851.

Bekanntmachung, die Aufhebung des Oberbergamts und der Bergämter zu Freiberg, Marienberg und Schwarzenberg, sowie die Errichtung eines Bergamtes zu Freiberg betreffend, 01.12.1868, in: Gesetz- und Verordnungsblatt für das Königreich Sachsen, 31. Stück, 1868.

Sekundärliteratur

Ackermann, Gustav Adolph: Systematische Zusammenstellung der im Königreich Sachsen bestehenden frommen und milden Stiftungen, wohltätige Anstalten und gemeinnützige Vereine, Leipzig 1845.

Altmann, Götz: Erzgebirgisches Eisen: Geschichte – Technik – Volkskultur, Dresden 1999.

Bässler, W.: Druckblatt „Königlich Sächsische Bergbeamte, Offizianten u. Academisten in Parade", Freiberg o.J.

Breithaupt, August: Die Bergstadt Freiberg im Königreiche Sachsen, Freiberg 1825.

Beust, Friedrich Constantin von: Ueber die Fortschritte des Berg- und Hüttenwesens in Sachsen seit dem Jahre 1817. Vortrag gehalten am 25. September 1850, Freiberg o.J.

Cancrinus, Franz Ludwig: Beschreibung der vorzüglichsten Bergwerke in Hessen, in dem Waldeckischen, an dem Harz, in dem Mansfeldischen, in Chursachsen und in dem Saalfeldischen, Frankfurt am Main 1767.

Charpentier, Toussaint von: Kurze Beschreibung sämtlicher bei dem Churfürstl. Sächsischen Amalgamirwerke auf der Halsbrücke bei Freiberg vorkommenden Arbeiten, Leipzig 1802.

Fritzsch, Karl-Ewald/Sieber, Friedrich: Bergmännische Trachten des 18. Jahrhunderts im Erzgebirge und im Mansfeldischen, Berlin 1957.

Fritzsch, Karl-Ewald: Die Kleidung des erzgebirgischen Bergmannes im Urteil des 19. Jahrhunderts, in: Deutsches Jahrbuch für Volkskunde, 12. Bd., Berlin 1966.

Funke, C. Ph.: Naturgeschichte und Technologie für Lehrer und für Liebhaber der Wissenschaft, Braunschweig 1802.

Haubold, Christian Gottlieb: Lehrbuch des Königlich-Sächsischen Privatrechts, Leipzig 1847.

Hermann, Robin: Sächsischer Erzbergbau, Chemnitz 2014.

Hermann, Robin: Sächsisches Hüttenwesen, Chemnitz 2015.

Hempel, Karl: Aus der Geschichte des Mansfeldischen Kupferschieferbergbaus, in: Dorfbuch Hergisdorf, Dölau 1937–1944.

Heinz, Hellmuth: Der Steinkohlebergmann im Plaunschen Grund (Haus der Heimat Freital, Museumsschriften 5), Freital o.J.

Henkel, Johann Friedrich: Medicinischer Ufstand und Schmelz-Bogen der Bergsucht und Hüttenkatze, Dresden, 1745.

Heuchler, Eduard: Die Bergknappen, Dresden 1857.

Heuchler, Eduard: Des Bergmanns Lebenslauf, Freiberg 1867.

Hoffmann, Carl Robert: Der belehrende Bergmann, Pirna 1830.

Kalender für den sächsischen Berg- und Hüttenmann auf das Jahr 1829, hg. v. d. Königlich sächsischen Bergakademie, Freiberg 1829.

Kalender für den sächsischen Berg- und Hüttenmann auf das Jahr 1832, hg. v. d. Königlich sächsischen Bergakademie, Freiberg 1832.

Koettig, R. F.: Geschichtliche, technische und statistische Notizen über den Steinkohlen-Bergbau in Sachsen, Leipzig 1861.

Köhler, Alexander Wilhelm: Bergmännischer Kalender für das Jahr 1790, Freiberg, Annaberg 1790.

Köhler, Alexander Wilhelm: Bergmännischer Kalender für das Jahr 1791, Freiberg, Annaberg 1791.

Köhler, Alexander Wilhelm: Anleitung zu den Rechten und der Verfassung bey dem Bergbaue im Königreich Sachsen, Freiberg 1824.

Lampadius, Wilhelm August: Grundriss einer allgemeinen Hüttenkunde, zum Vorlesen und zum Selbstunterrichte, Göttingen 1827.

Langheld, Carl: Die Verhältnisse der Bergarbeiter bei dem sächsischen Regalbergbau, Freiberg 1855.

Lauf, Ulrich: Das sächsische Knappschaftswesen, in: Kompaß – Zeitschrift für Sozialversicherung im Bergbau, Heft 8/1987.

Laube, Adolf: Studien über den erzgebirgischen Silberbergbau von 1470 bis 1546, Berlin 1974.

Lehmann: Grundlinien der Verfassung und des Wirkens der Bergbehörden im Königreiche Sachsen, in: Zeitschrift für Rechtspflege und Verwaltung zunächst für das Königreich Sachsen, Leipzig 1838.

Lottner, F. H.: Bergbau- und Hüttenkunde, Essen 1859.

Ludwig, Karl-Heinz: Einkommen und Löhne von Knappen und Arbeitern in der europäischen Montankultur des 15./16. Jahrhunderts, in: Zeitschrift für historische Forschung, 14. Bd, Berlin 1987.

Mühlmann, G.: Geologie und Geschichte des Steinkohlenbergbaus von Hainichen, in: Unbekannter Bergbau – Dokumente zum sächsischen Bergbau, hg. vom Bergbauverein „Hülfe Gottes, Alte Silberfundgrube“ e.V. Merzdorf/Biensdorf, Biensdorf 2016.

Müller, Reinhold/Vetters, Dieter M./Göschel, Detlef: Im Dienste Sachsens, Dresden 2001.

Neumann, Knut: Freiberger Berg- und Hüttenparade, Freiberg 1986.

Neumann, Knut: Die Paradekleidung des sächsischen Berg- und Hüttenmannes, in: Glück auf, der Steiger kommt, Marienberg 2000, S. 16ff.

Neumann, Knut: Uniformen der Berg- und Hüttenleute im sächsischen Montanwesen – Nach dem Freiberger Fuß aus dem Jahr 1768, Freiberg 2005.

Oser, Louis: Album der Sächsischen Industrie, Bde. 1 und 2, Neusalza 1856.

Perlberg: Der Steinkohlenbergbau im Königreich Sachsen, in: Berg- und hüttenmännische Zeitung, 2. Jg, 10. Stück, 1843, S. 201ff.

Petzholdt, J.: Mittheilungen über den Steinkohlenbergbau im Plauenschen Grunde bei Dresden, in: Berg- und hüttenmännische Zeitung, 2. Jg., 20. Stück. 1843, S. 425ff.

Pfannstiel, Margot: Die Tulpenkanzel – Bilder aus der Geschichte Freibergs und des Erzbergbaus, Leipzig 1980.

Pforr, Herbert: Sächsische Berg- und Hüttenleute in ihrer Arbeitswelt, Erfurt 2015.
Pölitz, Karl Heinrich Ludwig: Die Regierung Friedrich Augusts, König von Sachsen. Erster Teil: Den Zeitraum von 1703–1806 enthaltend, Leipzig 1830.
Querner, Maurice: Nur mit Schlägel und Eisen, in: Freie Presse Chemnitz, 2.12.2017, S. A 1.
Rentsch, Peter: Zu Entstehung des Proletariats im Zwickauer Steinkohlenrevier (Regionalgeschichtliche Beiträge aus dem Bezirk Karl-Marx-Stadt, H. 7), Karl-Marx-Stadt 1986.
Röder, Philipp Ludwig Hermann: Geographisches Statistisch-Topographisches Lexikon von Obersachsen usw., Ulm 1801.
Rost, G. E.: Trachten der Berg- und Hüttenleute im Königreich Sachsen, Freiberg 1831.
Schmidt, Julius: Geschichte der Serpentin-Industrie zu Zöblitz im sächsischen Erzgebirge, Dresden 1868.
Schönberg, Abraham von: Ausführliche Berginformation, Zwickau 1693.
Schreiber, Fritz: Aufbereitung, Brikettierung und Verkokung der Steinkohle, Braunschweig 1914.
Schröter, Johann Samuel: Mineralisches und bergmännisches Wörterbuch, 2 Bde., Frankfurt am Main 1789.
Stolle, Ferdinand: Zwickau und seine Kohlen, in: Die Gartenlaube, 1857, Heft 32f.
Schumann, August: Vollständiges Staats-, Post- und Zeitungslexikon von Sachsen, 2. Bd., Zwickau 1815.
Spitzbarth, Otto: Von den Bergmännischen Trachten im Mansfelder Kupferschieferbergbau 1200–1950, Sangerhausen 1978.
Treptow, Emil/Wüst, Fritz/Borschers, Wilhelm: Bergbau und Hüttenwesen, Leipzig 1900.
Treptow, J.: Die Zwickauer Bergschule 1862–1912, in: Jahrbuch für Berg- und Hüttenwesen im Königreich Sachsen, Jg. 1912.
Trommer, Harry: Wo das Erz in Fülle blinkt, Leipzig 1956.
Wagenbreth, Otfried/Wächtler, Eberhard (Hgg.): Technische Denkmale in der Deutschen Demokratischen Republik, Leipzig 1983.
Wagenbreth, Otfried/Wächtler, Eberhard (Hg.): Bergbau im Erzgebirge, Leipzig 1990.
von Wagner, Thomas: Ueber die Chursächsische Bergwerksverfassung, Leipzig 1787.
Wahle, Georg Heinrich: Das Allgemeine Berggesetz für das Königreich Sachsen, Freiberg 1891.
Weißenbach, Carl Gustav Adalbert von: Sachsens Bergbau, nationalökonomisch betrachtet, Freiberg 1833.
Weigel, Christoph: Abbildung und Beschreibung derer sämtlichen Berg-Werks-Beamten und Bedienten nach ihrem gewöhnlichen Rang und Ordnung im behörigen Berg-Habit, Nürnberg 1721.
Widenmann, Johann Friedrich: Beschreibung der zu Freyberg gegenwärtig gewöhnlichen Hütten- und Schmelzarbeiten, Freiberg 1789.
Wilsdorf, Helmut: Dokumente zur Geschichte des Steinkohlenabbaus im Haus der Heimat, Kreismuseum Freital 1985.

Wilsdorf, Helmut: Zur Geschichte der erzgebirgischen Bergbrüderschaften und Bergknappschaften (Glück Auf – Beiträge zur Folklorepflege, Heft 23/24), Schneeberg 1986.
Wilsdorf, Helmut: Das historische erzgebirgische Bergmannshabit (Glück Auf – Beiträge zur Folklorepflege, Heft 33–35), Schneeberg 1988.

Abbildungsnachweis

Die Illustrationen hat sämtlich der Autor gefertigt.
Ausnahmen sind diejenigen auf den Seiten 71(2), 139, 159, 267(3) aus dem Archiv des Verlags, sowie die auf Seite 241 (Deutsche Fotothek) und Seite 287 (Sächsische Landesbibliothek – Staats- und Universitätsbibliothek Dresden).